中国礼乐文化丛书

礼义之邦

曹胜高 著

上海文艺出版社

礼义之邦 |目录|

引言 001

第一辑 礼义
礼的形成 003
礼的结构 011
礼义为本 018
建中于民 027
以义制事 036
以礼制心 046
礼以乐合 054
礼乐教化 063

第二辑 礼仪
礼有五经 071
礼始于冠 078
礼本诸婚 084
重于丧葬 092

尊于朝聘　100

和于乡射　111

军征之礼　119

第三辑　礼制

礼制　131

礼器　140

礼数　148

礼容　154

礼服　162

礼物　169

礼俗　176

礼制建筑　185

第四辑　礼度

礼度　195

制礼　206

礼崩　213

作乐　221

乐坏　229

礼不下庶人　237

礼下庶人　244

因俗为制　253

移风易俗　261

礼法合治　270

结语　278

参考文献　287

后记　290

引言

中国是"礼义之邦",还是"礼仪之邦"?

这要先从"礼"的含义说起。礼是古代中国建构社会秩序的根本原则,其按照道德认同和人文精神对人的行为进行约束、对人的心性进行引导,以推动社会向着更文明的方向发展。礼借助于外部形式所确定的行为规范是礼仪,为维护行为规范而使用的器物是礼制,蕴含在行为规范之中的道德认同与人文精神是礼义。

《仪礼》记载了早期中国士冠礼、士昏礼、士相见礼、乡饮酒礼、乡射礼、燕礼、大射礼、聘礼、公食大夫礼、觐礼、士丧礼、丧服、既夕礼等礼仪活动的程序,约定了人在特定社会活动中的行为方式。《周礼》描述了早期礼仪背后的制度形态,尤其是职官体系,设计了各级官吏在礼仪活动中的具体职责,记述了众多礼仪用品的使用制度。《礼记》解释了诸多礼仪的含义,如《冠义》《昏义》《乡饮酒义》《射义》《燕义》《聘义》等,阐释了礼仪和礼制的用意,强调在看似繁琐复杂的礼仪活动中,蕴含着特定的道德赋义。《仪礼》《周礼》《礼记》合称为"三礼",系统说明了礼义、礼仪和礼制的基本形态。

礼仪与礼义的区分是明显而清晰的。礼仪是礼的仪程,礼义是礼的内涵。在日常生活中有很多仪式化的活动,如开学典礼、结婚典礼、成年礼以及运动会的开幕式等,都有程序化的仪式安排,这是礼仪。所有礼仪活动或者礼仪程序的背后,都蕴含有特定的道德认同、价值导向、文化传统和人文精神,这是礼义。礼义是所有礼仪形式的内在规定,礼仪尊重并体现着礼义的原则和精神。如果说,礼仪是礼的形式,礼义则是礼的本质。

古代中国的国家治理、社会运行、道德认同和价值判断等综合起来的公共原则,凝聚为礼义。这些公共原则转化为社会秩序、行为规范,便是礼仪和礼制。借助礼仪和礼制,可以从外到内约束人的心性,《尚书》言之为"以礼制心";将心性修为的成果转化为由内到外的自觉行为,即是儒家推崇的"礼乐教化"。由此,礼义是礼的内在规定性,也成为了礼仪和礼制建构的基石。

最早关于"礼义之乡"的记载,出自《史记·三王世家》:

> 会武帝年老长,而太子不幸薨,未有所立,而旦使来上书,请身入宿卫于长安。孝武见其书,击地,怒曰:"生子当置之齐鲁礼义之乡,乃置之燕赵,果有争心,不让之端见矣。"于是使使即斩其使者于阙下。

汉武帝晚年,戾太子刘据因遭巫蛊之祸,起兵造反,后失败自杀。汉武帝又未立太子,燕王刘旦上书要求来宫殿护卫。此言一出,汉武帝就明白了,刘旦这是想来出任太子以继承皇位。刘旦本一介武夫,有勇无谋。汉武帝一直对其不屑一顾,他现在也居然想来当太子,这立刻触怒了汉武帝。汉武帝将刘旦的上书扔在地上,大骂一通,把他派来的使者斩首,以示警告。在这里,汉武帝提到的"礼义之乡",是对齐鲁地区的一种代称。

西周初期,鲁国是最早用礼来进行社会治理的诸侯国之一。周公制礼作乐,其子伯禽封鲁之后,移风易俗,推行礼治。春秋时,晋国大夫韩宣子访鲁,参观了鲁国所传的典章制度,感叹说:"周礼尽在鲁矣!"[1]鲁国按照礼义原则与礼仪制度来治理国家,尊重仁、义、忠、信、孝、悌等道德观念,用礼乐教化百姓,形成了良好的社会秩序和文化传统。楚汉之争时,项羽封在鲁地。项羽被杀后,鲁人坚持不降,忠于项羽。直到刘邦命人将项羽首级送到鲁地,鲁人按照礼仪安葬了项羽,才接受了汉王朝的管理。

齐与鲁并称为"礼义之乡",在于齐国也重视礼。春秋中期,管仲辅佐齐桓公,将"礼义廉耻"作为"国之四维",强调一个国家应该以礼、义、廉、耻为原则。其中提到的礼义,便是让百姓形成道德认同,尊重社会秩序,外守礼节,内知廉耻。礼节是礼的精神原则和行为方式的结合,廉耻是按照礼义原则形成的价值判断,由此凝聚社会共识,维持公共秩序。

鲁重视礼乐教化,齐重视礼义廉耻,齐鲁便形成了由道德原则确定的社会规范。这些社会规范既能约束个人行为,又能作为社会事务的评判原则,使得齐鲁地区形成了不依靠国家力量约束的社会自运行体系,保持着良好的民风民俗。汉武帝称之为"礼义之乡",正是肯定齐鲁地区的百姓能够遵守礼的原则,言谈举止合乎规范,社会生活井然有序。

其实,战国时期已经以"礼义"来形容鲁人的特点。《庄子·田

---

[1]《春秋左传正义》卷四十二《昭公二年》,《十三经注疏》本,北京大学出版社,1999年版,第1172页。

子方》中记载温伯雪子入齐,路过鲁国时拒绝见鲁人,理由是:"中国之君子,明乎礼义而陋于知人心。"温伯雪子回来路过鲁国时,又有人请见。温伯雪子连续两天见了鲁人,回来叹息,弟子问其缘故,他说:

> 吾固告子矣:"中国之民,明乎礼义而陋乎知人心。"昔之见我者,进退一成规,一成矩;从容一若龙,一若虎;其谏我也似子,其道我也似父。是以叹也。[1]

这段谈论以温伯雪子的见闻,说明鲁人在待人接物时有特定的行为方式,是为礼节;劝告和教诲的语气也不相同,是为礼容。温伯雪子觉得鲁人进退有一定规矩、说话有特定方式,感叹鲁人只守外在规矩方式而不懂人心。这表明此时的鲁国已经遵照礼义形成了特定的行为规范和通行的社会风尚。因此,温伯雪子便以"中国之民,明乎礼义而陋乎知人心"概括自觉坚守礼义的区域。

两周时期,"中国"是一个区域概念。最初是指周王直接管辖的王畿地区,后来逐渐扩大到周王朝管辖的主要区域。现在看到最早提到"中国"的考古资料,是西周铜器何尊铭文中所言的"宅兹中国"。这里的"中国",指的是洛阳地区。随着周王朝的发展,"中国"所指的区域逐渐扩大。《尚书·梓材》言:"皇天既付中国民,越厥疆土,于先王肆。王惟德用,和怿先后迷民,用怿先王受命。""中国"指周王室统治的核心区域。《诗经·大雅·民劳》中说:"惠此中国,以绥四方……惠此京师,以绥四国。"其中的"中国",指代周

---

[1] 王先谦:《庄子集解》卷五《田子方》,中华书局,1987年版,第177页。

王朝统治的核心区域,包括齐、鲁、卫、唐等诸侯国;"四方"则指周王朝的周边区域,包括东夷、南蛮、西戎、北狄等。

温伯雪子所说的"中国",是包括鲁国在内的周王室统治的核心区域,那里人人明乎礼义,待人遵守礼仪。在庄子学派看来,中国与周边区域最大的区别,是中国按照礼义来建构社会秩序,以礼义作为道德准则进行价值判断,与周边区域形成了差别明显的文化传统。

温伯雪子"陋于知人心"的评价,体现了儒家与道家的学术分野。道家倡导保持人的天性,天性不受后天的约束和改造。与天性相符的人心,应该是不受尘俗污染的赤子之心。道家更注重随心所欲,认为礼义约束了人的天性和赤子之心,让人不能道法自然,自由自在。其实,儒家也关注人心,但多从先天道德来理解人的心性。孟子认为人有恻隐之心、羞恶之心、辞让之心、是非之心,分别形成了仁、义、礼、智,作为道德认知。在儒家学说里,人心合乎仁、义、礼、智,体现着人不同于动物的属性,表现为人性之善。道家从自然的角度来理解,人应该尊重自我,少些外部约束,过多的约束会忽略人的自我要求,成为自在的负累,认为礼义约束了人的天性。儒家则从社会的角度来理解,认为社会之所以形成公共秩序,正在于礼义的约束,认为体现群体共识的礼义,比体现个人要求的人心更为重要。

礼的设计原则是"因人情而为之节文"。[1]"节"是节制,"文"是文饰。人有各种各样的感情体验,若要形成稳定的心性,要形成合理的秩序,必须要让情感体验能够合理生成,得以适度表达,这

---

[1] 何宁:《淮南子集释》卷十一《齐俗训》,中华书局,1998年版,第784页。

就需要适当的节制与文饰。人有食、色的需求,这些需求既然合理,就要有节度。对这些需求进行必要约束,便是"节"。如吃饭时要按照座次入座,上菜后要先奉至长辈、宾客面前。通过节制来约束人的争夺、占有、贪婪、随意,强化并倡导合理的、规范的行为,将之提炼、升华出来,用仪式化的方式促成有序的社会交往,就是"文"。用节制约束,用文饰引导,就可以为社会秩序、个人行为提供一个外在尺度,为社会运行提供一套行为规则,为心性修为提供一个参照标准,这便是礼。这些尺度、规则、标准所体现的道德认同、价值判断和人文精神,则是礼义。

经过了周礼的规范,中国的广大区域形成了以礼义作为原则的社会秩序。礼义也就成为道德行为的内在要求和外在规范。汉昭帝始元六年(前81),李陵在《答苏武书》中说自己:

> 身出礼义之乡,而入无知之俗,违弃君亲之恩,长为蛮夷之域,伤已!令先君之嗣,更成戎狄之族,又自悲矣!

汉武帝天汉二年(前99),李陵率军北征匈奴,战败后投降。汉武帝诛其家族,李陵知道无法归汉,遂在匈奴娶妻生子。后来,李陵见到了出使匈奴被扣留的苏武,劝苏武投降。苏武却不为所动,仍然持汉节牧羊。汉昭帝时期,匈奴与汉朝交好,同意苏武回国。李陵写信送别苏武,言及自己老母被戮,妻子被杀,不能归汉。而苏武回去后,必然会受到尊荣,李陵由此感慨自己却只能留在匈奴。李陵是李广的孙子,李广是陇西成纪(今甘肃秦安)人,李陵说自己"身出礼义之乡",不是说自己在齐鲁长大,而是说自己在中国长大,没想到最终却接受匈奴习俗,变成了戎狄之人。可见,西汉时用"礼义之乡"来指代中国,其含义是遵照礼义来确定行为规范的区域。

东晋范宁注《谷梁传》时说:"中国者,盖礼义之乡,圣贤之宅,轨仪表于遐荒,道风扇于不朽。"[1]认为中国之所以与戎、狄、蛮、夷有别,在于其按照礼的原则和精神来治理。其所言的圣人,包括周公和孔子。周公制礼作乐建立了礼仪制度,孔子克己复礼推崇礼乐教化。"克己"是克制内心的私欲,"复礼"是恢复礼乐的精神,主张恢复周朝以礼治国的传统。范宁所言的轨仪,指的是规则和仪式,是礼仪的外在形式。规则和仪式中体现出的礼的精神,涵养了道德认同,凝聚了价值共识。

礼义维持的是道德认同和价值共识。人借助仪式能够形成共同情感,通过共同情感形成道德认知,当道德认知被作为判断事物的依据时,就可以作为价值共识。礼之所以能塑造人,正在于其将道德原则转化为行为准则,通过行为方式来维持道德自觉。孩子从小参加各种各样的家庭活动,会培养出对家人的亲情。参加社会活动,会形成特定的情绪体验。如在升旗仪式中产生的庄严感觉,在参加婚礼时形成的祝福心态,在参加葬礼时感受的肃穆气氛,正是基于情感体验而形成的情感认同。父亲出远门时,孩子随母亲送别,说"爸爸早日回来",这一做法不仅强化了父子感情,也会养成待人接物的良好方式,体现着道德原则和行为方式的合一。

南北朝时用"礼义之邦"来指代中国。《晋书·苻坚传》载:

---

[1]《春秋谷梁传注疏》卷二十《哀公十四年》,《十三经注疏》本,北京大学出版社,1999年版,第352页。

> 吕光发长安,坚送于建章宫,谓光曰:"西戎荒俗,非礼义之邦。羁縻之道,服而赦之,示以中国之威,导以王化之法,勿极武穷兵,过深残掠。"

前秦建元十九年(383),吕光发兵征讨西域。苻坚送行时,言及西域地区没有按照礼义进行治理的传统,与内地不同。周朝以周王室所在的王畿地区为中心,将天下分为五服。其中的荒服是指王朝统治之外的边远地区,只要给周王朝进贡,表示认同周王,可以不改变饮食、服饰的习惯与制度。苻坚叮嘱吕光对西域的治理,要恩威并用,推行礼乐教化,才能实现长治久安。

因此,"礼义之邦"的含义,特指按照礼的精神来治理的区域,其既可以指代一个地区,也可以指代一个国家。北宋司马光在《资治通鉴》中评价东汉破先羌,对"礼义之邦"做了清晰的界定:

> 御之得其道则附顺服从,失其道则离叛侵扰,固其宜也。是以先王之政,叛则讨之,服则怀之,处之四裔,不使乱礼义之邦而已。若乃视之如草木禽兽,不分臧否,不辨去来,悉艾杀之,岂作民父母之意哉![1]

司马光认为,如果御之有道,周边地区就会归顺;如果御之失道,周边地区就会背叛。既背叛要讨伐,要用威服去治理,也要用礼义来教化。关键是不要让周边区域的习俗来扰乱"礼义之邦",毁弃中

---

〔1〕 司马光:《资治通鉴》卷五十六《灵帝建宁二年》,中华书局,1956年版,第1817页。

国以礼义治理天下的传统。北宋宣和年间,宋与金联合灭辽。金朝君臣决策时担心北宋会爽约,就有大臣说:"中国,礼义之乡,必不爽约。"[1]这是从域外正式称呼中国为礼义之乡,用以指代北宋统治的全部区域。

中国之所以成为礼义之邦,正在于较早按照道德原则来确定社会秩序,评判是非对错。不断推行礼乐教化,形成了以礼义治理国家的传统。在中华文化中,礼义被作为评判是非的标准,成为价值判断的依据,用"礼义之邦"来形容中华文明的核心区域,正是强调其按照礼义来治理国家、评判是非、确定秩序,有稳定的道德认同和良好的社会秩序。

礼义之邦的形成,得益于历朝历代的官员主动推行教化,改造旧俗,使得原本比较荒蛮的地区,能够按照礼的规范来做事,按照礼的精神来判断是非,引导诸多未开化的地区成为礼义之乡。南宋朱熹在《龙岩劝谕榜》中倡议龙岩县的百姓:

> 自今以后,各修本业,莫作奸宄,莫恣饮博,莫相斗打,莫相论诉,莫相侵夺,莫相瞒昧,爱身忍事,畏惧官司。不可似前咆哮告讦,抵拒追呼,倚靠凶狠,冒犯刑宪。庶几一变犷悍之俗,复为礼义之乡,子子孙孙,永陶圣化。

他提倡百姓各修本业,不要奸盗,不要饮酒赌博,不要打架,不要无事生非打官司,不要想着去占有别人的好处,更不要相互隐瞒欺

---

[1] 毕沅:《续资治通鉴》卷九十四《徽宗宣和四年》,中华书局,1957年版,第2448页。

骗。朱熹引导百姓改变彪悍民俗，尊重规则，让龙岩县成为礼义之乡。可见，朱熹所推崇的"礼义之乡"，正是按照礼的尊让恭敬等原则来处理人际关系，尊重道德，遵守规则，形成更为文明有序的社会风气。

从西周开始，中国的行政体系不断对社会进行道德引导、秩序改良，推动了礼义从文明核心区域向四周不断延伸。随着中国的发展，礼义之邦所涵盖的区域不断扩大，礼义所体现的道德认同也在不断深化。元朝杨维贞在《竹月轩记》中说："益中青年，而才气甚老，尊师乐友，化势利之俗为礼义之乡，无忝奕叶义门之后。"他鼓励读书人尊师乐友，把原来依仗权势利益来处理人际关系的风俗，转化为相互尊重、相互谦让的礼义原则，推动社会秩序持续向好。

因此，礼义之邦的形成，是用礼的精神不断改造传统旧俗，让百姓知道该如何按照道德原则去做人做事，具备道德自觉，行为自律。明代王阳明在《送李柳州序》中言：

> 自是寓游其地，若范祖禹、张廷坚、孙觌、高颖、刘洪道、胡梦昱辈，皆忠贤刚直之士，后先相继不绝。故柳虽非中土，至其地者，率多贤士。是以习与化移，而衣冠文物，蔚然为礼义之邦。

宋元时期的广西柳州属于边远地区，最初未受礼义熏染，范祖禹、张廷坚等人知柳州，持续推行社会教化，改善民风民俗，使得柳州百姓知礼用礼，逐渐形成良俗，成为礼义之邦。

中华文化较早确立了人际交往、社会协作的原则，以尊让为方式,以恭敬为要求,建构起稳定的亲亲、尊尊秩序,确立了自觉理性的公共秩序,确定了自然秩序、祭祀秩序、社会秩序的运行原则。这些原则以制礼作乐的方式确定下来,成为礼乐制度,作为社会规范。其中蕴含的道德原则、人文精神,合称为礼义。中华民族能够按照礼义的要求去认同情感、涵养道德、约束行为、判断是非,既形成了合理恰当的社会秩序,也养成了合情得体的行为方式。这些社会秩序和行为方式通行的地区,被称为"礼义之乡";无数的礼义之乡合成的国家,被称为"礼义之邦"。

我们在这本书中要讨论的,是古代中国的礼,如何成为道德判断,如何用于行为养成,如何成为社会秩序,并与时俱进地传承发展,成为了中华民族最为深刻的道德认同、价值判断和行为准则。

第一辑

礼义

礼的形成

从字形来看，礼的繁体字是"禮"。"礻"表明其与祭祀有关，"豊"为礼器，"礼"字的本义是击鼓献玉，敬奉神灵。《说文解字·示部》："礼，履也。所以事神致福也。"认为礼形成于侍奉鬼神、以求福报的活动。

《尚书·皋陶谟》追述了尧舜时期建构礼制的过程：

> 天叙有典，敕我五典五惇哉！天秩有礼，自我五礼有庸哉！同寅协恭，和衷哉！天命有德，五服五章哉！天讨有罪，五刑五用哉！

伪孔传的解释是："天次叙人之常性，各有分义，当敕正我五常之叙，使合于五厚，厚天下。"[1]其中的"五常"，伪孔传认为指仁、义、礼、智、信。其实，尧舜时尚未形成明确的五伦观念，五常应该指君臣、父子、夫妇、兄弟、朋友五种基本社会关系。确认了这些基本社

---

[1]《尚书正义》卷四《皋陶谟》，《十三经注疏》本，北京大学出版社，1999年版，第107页。

会关系,才会形成尊卑亲疏的观念。依据社会关系来确定地位,才可能将贵族分为公、侯、伯、子、男等不同等级,再形成吉、凶、宾、军、嘉五礼,用礼仪制度来正诸侯,治万民,就形成了早期中国的基本秩序。

以五礼作为社会的基本秩序,所有的社会成员就明确了在特定时间、特定场景、特定条件下,应该如何行事。特别是"五服五章"制度,规定了天子、诸侯、卿、大夫、士的服饰器物,随时提醒其铭记自己的身份,采用合宜的行为去做事,由此形成了秩序分明、等差清晰的礼制。礼仪活动维系着社会事务的运行,礼仪制度落实于个人行为,二者相辅相成,构成了最初的礼仪制度。

夏、商、周三代之礼继续发展演变,并日渐完善。《礼记·表记》中言:

> 夏道尊命,事鬼敬神而远之,近人而忠焉。先禄而后威,先赏而后罚,亲而不尊。其民之敝,惷而愚,乔而野,朴而不文。

夏人普遍认为一个人的身份地位取决于天命。有统治继承权的是部落领袖,没有继承权的是普通百姓,似乎任何人生来便已经命定。因此,夏人尤其敬重居于支配地位的鬼神。大禹作为最高的神职人员,统率其他部落领袖,降丘宅土,建立土地祭祀体系。[1]以祭祀权的分配来象征统治权的获得,建构了神权与王权合一的

---

[1] 曹胜高:《降丘宅土、敷下土方与九丘观念的形成》,《山西师大学报》,2019年第5期。

运行秩序。

商朝更加尊神,笃信天命由神赋予的观念,以求获得更多的护佑:

> 殷人尊神,率民以事神,先鬼而后礼,先罚而后赏,尊而不亲。其民之敝,荡而不静,胜而无耻。[1]

商人相信天地之间有神秘的力量,能够支配自然、社会与个人。人臣服于鬼神之下,社会秩序要服从于祭祀秩序,商朝由此建构了复杂的祭祀之礼。殷商墓葬里出土了大量礼器,多用于礼神。甲骨文记载着商王几乎无事不占,时时刻刻向鬼神卜问吉凶祸福。从考古材料来看,商人的祭祀之礼不仅有详细的程序安排,所用器物也有严格的规定,形成了细密复杂的礼制。

周朝在夏商重祭祀的基础上,更加强化了人与人的交往秩序:

> 周人尊礼尚施,事鬼敬神而远之,近人而忠焉。其赏罚用爵列,亲而不尊。其民之敝,利而巧,文而不惭,贼而蔽。[2]

周人的"尊礼",更尊重礼的原则和制度。夏商之礼重视天人秩序、人神秩序,周人将礼用于人人秩序,制定了更多的人际交往之礼,注重以礼来约束人的行为。周人也尊重鬼神,但采用了"敬而远之"的态度,平时不谈论鬼神,祭祀时则虔诚以对。相对于夏商淫

---

[1] 《礼记正义》卷五十四《表记》,《十三经注疏》本,北京大学出版社,1999年版,第1485页。

[2] 《礼记正义》卷五十四《表记》,《十三经注疏》本,第1486页。

祀自然之神,周人更注重祭祀先祖。周人认为,周族之所以能够得天下,正在于文王的仁德和善治,由此强化先王之德。周礼中体现的"近人而忠""赏罚用爵列",正表明周人试图用礼来确立道德原则,强化社会秩序。

由此,我们就可以来思考祭祀制度如何转化为道德认同,又如何借助道德认同形成群体共识,将之转化为公共秩序和行为准则,最终确立了社会通行的行为规范。

首先,通过仪式化的祭祀活动,可以引导百姓形成情感认同。孔子言:"齐戒以事鬼神,择日月以见君,恐民之不敬也。"[1]祭祀鬼神之前,要进行斋戒。借助严谨的斋戒仪式,让参与者意识到祭祀活动的庄严。仪式感会促成大范围的情感认同,如祭祀先祖的怀念、感恩、庄重的情感体验,会强化恭敬、诚实、认真等情感认同。在现代社会中,重大典礼前的彩排,也是强化参与者的情感体验,以形成特定的情感共鸣。

其次,情感认同被反复强化,就会形成道德认同。孔子言:"祭如在,祭神如神在。"[2]认为在参与祭祀之礼时,仿佛神灵就在面前,这就将祭祀时的"敬"转化为敬重、尊敬等道德认知,体现于祭祀的各个环节中。早期中国祭祀活动的普及,引导大量的参与者持续形成群体认同。在祭祀场合中,每个人都应该体现出与他人相通的情感,体现出相应的道德要求。孔子就是这一实践的典范:"乡人傩,朝服而立于阼阶。"[3]大傩是每年腊月举行的驱鬼仪式,

---

[1]《礼记正义》卷五十四《表记》,《十三经注疏》本,第1470页。
[2] 朱熹:《论语集注》卷二《八佾》,《四书章句集注》,中华书局,1983年版,第64页。
[3] 朱熹:《论语集注》卷五《乡党》,第121页。

孔子即便在旁观傩祭,也会穿上礼服,以示尊重鬼神,表明他与乡人同样庄重肃穆,有着敬重虔诚的道德认同。

再次,道德认同会促成群体共识。群体共识不仅可以作为社会规则,而且可以作为个人的行为方式。孔子言孝:"生,事之以礼;死,葬之以礼,祭之以礼。"[1]父母在世时依礼侍奉,父母去世后依礼来安葬并遵礼祭祀。孝是普遍的情感认同,也是当时的道德共识,其作为社会的通用规则,转化为日常行为,就成为礼的形式。侍奉、安葬和祭祀中所体现的礼义是孝,具体的礼仪、礼器、礼容、礼节则是礼的形式。

周朝借助了道德认同来确定礼义,形成礼制,建构起运行顺畅的社会秩序。《周礼》载大宗伯掌管五礼,以祭天、享祖、祀地确立祭祀秩序,协调天人关系。周礼制定了各种仪式,形成等级差别序列,约束社会行为。不同身份地位的人所用的礼器均有明确规定,祭祀时所用祭品的数量、规模、形态、质地等各有不同,建构了详细的礼制体系。由此来看,礼的形成,是通过特定的仪式来强化情感认同,转化为道德共识,确定共同的行为法则,确立为社会成员共同遵守的公共秩序。

礼是早期中国祭祀活动、社会秩序和行为方式的累积、整合与发展,是社会秩序不断完善的结果。《论语·为政》记载了孔子与子张的对话,其中谈到了夏、商、周之礼的因革关系。

> 子张问:"十世可知也?"
> 子曰:"殷因于夏礼,所损益,可知也;周因于殷礼,所损

---

[1] 朱熹:《论语集注》卷一《为政》,第55页。

益,可知也。其或继周者,虽百世,可知也。"

孔子认为殷礼来自于夏礼,周礼来自于殷礼,夏、商、周之礼在传承中皆有损益。损是减损,益是增加,有些减损有些增益,三代之礼不断调整,以适应社会的发展变化。三代调整的只是礼的形式,如礼仪、礼制、礼器等,一以贯之的原则和精神则是礼义。如夏、商、周、汉、唐、宋、元、明、清都举行祭天之礼,其祭祀的地点、形式不同,但祭天之礼所体现的礼义却是一致的,期望风调雨顺,保佑天命永久,实现物阜年丰。因此,孔子意识到礼中一以贯之的原则和精神则百代不移。

周朝时,夏、商之礼之所以存在于杞、宋两国,是因为周有"存二代之后"的制度。二代为夏朝和商朝。周朝为了强调自己受命于天的合法性,就必须承认上天曾经授命于夏、商。大禹有治水之功,商汤伐夏桀而立商,上天曾授命给二人分别建立夏、商。周朝若否认天命存在,就无法证明文王受命的合法性;若周朝承认天命,就必须承认夏、商曾受命的合理性。周立国后,将夏遗民封在杞,商遗民封在宋,允许他们用天子之礼来祭祀受命之王,杞、宋分别保留了夏、商的祭祖之礼。周王室举行大朝会、大祭祀等盛大典礼,常邀请杞公、宋公作为宾客前来助祭。

在《论语·八佾》中,孔子谈到了礼曾发生过多次变化,礼义却始终贯穿其中:

子曰:"夏礼,吾能言之,杞不足征也。殷礼,吾能言之,宋不足征也。文献不足故也。足,则吾能征之矣。"

孔子认为,夏、商二代的礼义可以说明。作为夏人后裔的杞人、作为商人后裔的宋人,所保留的礼仪、礼制等诸多细节,却不能详细考察。这就印证了夏、商、周三代一直延续着礼的原则和精神,其所损益的不过是礼的外在形式。形式一旦丢失,难以追寻;但有了礼义,还可以设计出更多的形式。

总的说来,礼是经历了漫长历史进程所确定的秩序原则和行为规则。作为原则和规则,礼是抽象的道德认同和价值判断。作为明确的秩序和行为,礼体现于每个社会成员的日常生活中。这就决定了礼必须与时俱进,才能将原则和规则转化为可行的行为规范,施用于公共秩序。《中庸》言:

> 非天子,不议礼,不制度,不考文。今天下车同轨,书同文,行同伦。虽有其位,苟无其德,不敢作礼乐焉;虽有其德,苟无其位,亦不敢作礼乐焉。[1]

礼用于调整社会秩序,既要赓续传统,又要在不同时代进行调整。历朝历代不断制礼作乐,正是不断调整礼乐的形式,使之符合世道人心,以此维持公认的道德认同。将这些道德认同作为礼义,可以对礼的形式进行调整。因此,制礼作乐有两个条件:一是要有内涵清晰的礼义,充分体现情感认同、道德共识,形成最为广泛的社会认同。二是要有足够的权威来制作与礼义相符的礼仪、礼制,才能确立足以为社会所接受的行为规范,形成行之有效的公共秩序。

礼调整社会秩序的方式有二。一是根据时间、空间进行调整,

---

[1] 朱熹:《中庸章句》,《四书章句集注》,第36页。

使社会秩序合乎生产生活的要求:"以天产作阴德,以中礼防之;以地产作阳德,以和乐防之。以礼乐合天地之化、百物之产,以事鬼神,以谐万民,以致百物。"[1]生产生活合乎天地运行秩序,制礼作乐也要合乎自然规律。比如升降国旗,常在太阳出地平线时把国旗升起来,在太阳降落到地平线时把国旗降下去,这是遵照天时。南方炎热、北方寒冷,民居、服饰、器物便有所不同,这是合乎地理。军队平时、战时的服饰不同,礼节也不一样,这是根据具体情况的变通。二是根据文明发展要求对礼进行损益。早期中国生产力水平低下,物产不足,对不同身份、地位者使用的礼器有详细的规定,以此确定分配秩序,维持阶层稳定。随着生产的发展,有些繁琐的规定就被淡化;随着文明的提升,有些祭祀之礼就被废弛。

礼是中华民族在历史发展中形成的文明成果。中华民族形成了高度的道德认同,按照这些道德认同建构社会秩序,每一个人就能以恰当的行为方式、言谈举止、容貌仪态、心性修为来待人接物,体恤他人的情感,理解他人的处境,尊重他人的选择,形成了文明而理性的公共秩序。

---

[1]《周礼注疏》卷十八《大宗伯》,《十三经注疏》本,北京大学出版社,1999年版,第479—480页。

礼的结构

礼有两个基本立足点：一是情感认同、道德认同、秩序认同所达成的社会共识；二是群体要求与个体行为相统一的行为方式。社会共识体现了礼的精神、原则，可以概括为礼义与礼度；行为方式体现了礼的形式和要求，表现为礼仪和礼制。

礼义和礼仪孰重孰轻，孔子的弟子子游与子夏就曾发生争论。《论语·子张》载：

> 子游曰："子夏之门人小子，当洒扫、应对、进退，则可矣。抑末也，本之则无。如之何？"子夏闻之曰："噫！言游过矣！君子之道，孰先传焉？孰后倦焉？譬诸草木，区以别矣。君子之道，焉可诬也？有始有卒者，其惟圣人乎！"

孔门四科为德行、言语、政事、文学，文学的代表人物是子夏与子游。其中，子夏更多继承经典文本，子游则继承了各种礼说。子游认为，子夏在教育学生时重视洒扫、应对、进退之类的礼节，不过是礼的细枝末节。如果不理解礼的根本，学会那些礼节又有何用？子游所说的礼之本，正是礼的原则和精神，即礼义。子夏重视的洒扫、应对、进退,更接近于礼仪。

《论语·阳货》记载子游与孔子的对谈,也可以看出子游更重视礼义,反对过分拘泥于礼的形式:

> 子之武城,闻弦歌之声。夫子莞尔而笑,曰:"割鸡焉用牛刀?"子游对曰:"昔者偃也闻诸夫子曰:'君子学道则爱人,小人学道则易使也。'"子曰:"二三子!偃之言是也。前言戏之耳。"

孔子听到民间有弦歌之声,认为治理武城这么一个小地方,用礼乐教化是杀鸡用牛刀,没有必要。子游却认为,君子学习礼乐之道,会有爱人之心;小人学习礼乐,就会服从管理。在子游看来,弦歌之声不是简单的奏乐,而是教人懂得礼乐。有了礼乐教化,社会风气才能彻底好转。孔子顿时感到了自己失言,马上改口说,自己只是开了个玩笑。

子游所言的礼之本,是隐含在礼仪之中的根本原则。子游重视的是礼的原则与精神,子夏重视的是礼的形式。从学习礼的路径来看,二者是孰先孰后的问题。但正是孰先孰后,却成为二人争论的焦点。子游认为教学生学礼,应该先明大道而后行事,先通礼义再去学习礼节。子夏则主张先教行事而后大道,先学礼节然后通礼义。

子夏认为子游的说法有些吹毛求疵,子游却看到了子夏礼学的致命之处:子夏推广儒学,常从人所熟悉的细微之处入手,让人掌握具体的规范细节,却忽略了礼中所蕴含的君子之道。孔子就曾对子夏说:"女为君子儒,无为小人儒。"[1]对子夏进行了委婉批

---

[1] 朱熹:《论语集注》卷三《雍也》,第88页。

评,认为他虽然掌握了儒家学说的内容,却过于注重细节,忽略了对儒家学理的重视。用我们现在的话来讲,掌握了一大堆知识,有了一肚子学问,却只是为知识、为学问而努力,不知道用这些知识和学问来修养君子人格。

孔子在安葬司徒敬之时,调整了丧葬礼仪和丧葬制度。子游不解,孔子进行了解释:

> 孔子在卫,司徒敬之卒,夫子吊焉。主人不哀,夫子哭不尽声而退。蘧伯玉请曰:"卫鄙俗不习丧礼,烦吾子辱相焉。"孔子许之。……出于大门,男子西面,妇人东面。既封而归。殷道也,孔子行之。子游问曰:"君子行礼,不求变俗,夫子变之矣。"孔子曰:"非此之谓也,丧事则从其质而已矣。"[1]

孔子在卫国时,司徒敬之去世了。孔子前去吊唁,见主人并不哀伤,孔子也没有按照礼仪规定去哭,象征性地哭了几声就退下了。蘧伯玉请孔子为司徒敬之主持葬礼,孔子采用殷礼安葬之。子游感到很疑惑,认为孔子主张恢复周礼,为何没有坚持周礼,却采用殷礼?孔子认为,卫人为殷人后裔,遵从旧制,应按照殷商旧俗下葬。孔子还耐心对子游解释说:礼要守的是礼义,礼制、礼仪只是形式而已。吊唁逝者,要极尽哀思之情;丧葬之礼的根本,是要尊重逝者,入土为安。只要守住礼义,就可以对使用的礼仪、礼器、礼数、礼容等形式进行调整。可见子游的学说,延续着孔子重视礼义

---

[1] 陈士珂:《孔子家语疏证》卷十《曲礼子贡问》,凤凰出版社,2017年版,第294页。

的传统。

子夏和子游的学术路径不同,他们的学说传到了战国后期,各自的弊端被充分放大。《荀子·非十二子》严肃批评了子夏与子游的后学们:

> 正其衣冠,齐其颜色,嗛然而终日不言,是子夏氏之贱儒也。偷儒惮事,无廉耻而耆饮食,必曰君子固不用力,是子游氏之贱儒也。

荀子认为,子夏的后学们有模有样,言谈举止非常得体,却说不出为何要守礼。子游的后学们苟且偷懒,喜好饮食,说起大道理却头头是道。子游、子夏后学们的倾向,正是二人学术弊端的放大。子夏的后学常拘泥于形式,稍显拘谨;子游的后学多通礼学,主持民间喜丧之事时混吃混喝,常多言君子之道应该如何,却不重细节。荀子认为两派积弊很深,流弊很广,不能成为儒学的主流,故以"贱儒"鄙视之。

在孔子时代,礼学已经分途发展:一派注重外在形式,一派注重内在精神。实际上,真正意义上的礼,需要将外部形式与内在精神充分契合,不可偏废。子夏和子游两派的分歧,恰恰割裂了礼的统一性。因此,孔子感叹的礼崩乐坏,说的是礼乐的形式还在,但其中所蕴含的精神、原则没有传承下来。诸侯没有敬畏之心,才不断僭越礼制;百姓不知孰是孰非,就会有各种非礼之举。

礼义的形成,是人类在发展过程中逐渐形成的区别于动物的伦理、道德、观念、行为的集合。人类的文明发展,既是不断摆脱蒙昧走向文明的进程,也是由必然王国向着自由王国的持续迈进。

在这一过程中，人的社会属性持续加强，权利日渐得到保障，人也形成了不同于动物的人性。人性是人区别于动物本能而形成的社会属性，可以约束人的自然属性。自然属性是人与动物本能相同的食、色等欲望，荀子认为这些本能和欲望是人的本性。孟子认为人性能克制食、色本能，仁、义、礼、智等伦理认知和道德原则才是人性的体现。其中，仁是人类所形成的情感认同，义是在社会发展中所形成的社会认同，礼是在社会生活中体现出来的公共秩序，智是衡量人对情感认同、社会表现和群体秩序的判断。仁、义、礼、智作为道德伦理，是人类社会建构的秩序原则；作为群体共识，是所有社会成员必须遵守的行为规范。

礼的制定，正是借助人文理性确立社会运行的秩序原则和行为法则，使人类不再如动物那样以丛林法则去弱肉强食，形成文明社会。《礼记·曲礼上》解释道：

> 鹦鹉能言，不离飞鸟。猩猩能言，不离禽兽。今人而无礼，虽能言，不亦禽兽之心乎？夫唯禽兽无礼，故父子聚麀。是故圣人作为礼以教人，使人以有礼，知自别于禽兽。

人与禽、兽的区别，在于人类文明发展过程中形成了人人都必须遵守的礼。礼是由先王与圣贤积玉成山建构起来的。如尧、舜、禹、商汤、文王、武王，以及夔、皋陶、契、周公、孔子等，制作礼乐，教民礼乐，推行教化，持续将礼作为通用的社会规范，使之体现人之为人的道德原则，蕴含人之为群的价值要求。正是有了礼，人类才卓然自立于动物界，确立了人类文明秩序。

中华文化认为，礼仪制度是建构理想社会的根本方式。其既

可以适应"天下为家"阶段人人为我的现实,又能有效维持基本社会关系的稳定,成为实现共同理想的必要手段。《礼记·礼运》言:

> 今大道既隐,天下为家。各亲其亲,各子其子,货力为己,大人世及以为礼。城郭沟池以为固,礼义以为纪,以正君臣,以笃父子,以睦兄弟,以和夫妇,以设制度,以立田里,以贤勇知,以功为己。故谋用是作,而兵由此起。禹、汤、文、武、成王、周公由此其选也。此六君子者,未有不谨于礼者也。

中华民族的共同理想是实现小康,共同目标是实现大同社会。小康社会的基本特征,是以家庭为单元建构生产生活秩序。这一阶段最基本的社会关系是君臣、父子、兄弟、夫妇等社会关系,其能够有序运转,必须依靠礼义来维持,才能保证社会成员遵守通用规则,实现社会有序运转。

礼的制定与推广,是通过制度化的设计,以群体认同的认知,来约束个体行为,把人类社会潜在的争执风险消灭于萌芽。在古代中国,礼作为制度,贯穿在社会各个层面;礼作为法则,见诸于社会所有秩序:

> 道德仁义,非礼不成。教训正俗,非礼不备。分争辨讼,非礼不决。君臣、上下、父子、兄弟,非礼不定。宦学事师,非礼不亲。班朝治军,莅官行法,非礼威严不行。祷祠祭祀,供给鬼神,非礼不诚不庄。是以君子恭敬撙节退让以明礼。[1]

---

[1]《礼记正义》卷一《曲礼上》,《十三经注疏》本,第14—15页。

分争辨讼是民间纷争,君臣、上下、父子、兄弟体现社会秩序,宦学事师是教育事务,班朝治军是军事活动,莅官行法是行政秩序,祷祠祭祀、供给鬼神是祭祀活动。这些社会活动需要用礼来维持,确立为礼仪制度。在此过程中采用的恭敬、撙节、退让等行为方式,则是礼仪。

因此,明晰了礼义的本质,可以纲举目张地对礼制和礼仪进行调整,使礼成为更有弹性的制度形态,既可以因时制宜地改善,也可以因人因地发挥作用。礼,既有内在规定性,又有灵活适用性;既有程序规定性,又有制度差别性,这样方能成为合乎世道、尊重人情、关照人心的社会规则的总和。

礼义为本

礼义是中华文明经过漫长历史积累而形成的文化认同。其中的伦理认知、道德认同和价值判断,是逐渐明确并被确立起来的群体共识。《周易·序卦》描述了早期中国社会秩序的形成:

> 有天地,然后有万物;有万物,然后有男女;有男女,然后有夫妇;有夫妇,然后有父子;有父子,然后有君臣;有君臣,然后有上下;有上下,然后礼义有所错。

天地万物是自然秩序的体现,从男女之别的认知开始,人类形成了最初的伦理原则,用以约定人类社会最为基础的行为准则。然后确定夫妇关系来界定婚姻,明确父子关系来稳定家庭,最后扩充到社会关系形成亲疏、尊卑秩序。体现于这些秩序中的本质要求,则构成了礼义。

在早期中国的语境中,"义"有两层含义。一是道德原则,义为责任,是个体应做的份内之事,表现为道德认知。二是行为准则,《中庸》言之为"义者,宜也",义是个体得当、得体的行为。因此,礼义既包括普遍的道德准则与伦理要求,也包括展现出来的合适的

行为与恰当的方式。因此,礼义作为社会秩序的基石,主要用于确定社会运行的基本原则。《礼记·郊特牲》中言:

> 男女有别,然后父子亲;父子亲,然后义生;义生然后礼作;礼作然后万物安。

男女有别是社会伦理的基石,父子有亲是家庭伦理的体现。每个人都要承担这些关系中的责任,并采用恰当的行为方式。礼义是处理家庭关系的道德准则和伦理规则,按照这些准则和规则制定出来的具体的行为规范,就是礼仪。

因道德自觉而形成的行为自律是礼。对个人而言,道德自觉是人在成长过程中日渐形成的道德认同。如晚辈对长辈发自内心的尊重,就会表现出合礼的行为,即便有时热情或尊重有点过,也是可以理解的。若内心不尊重长辈,即使外在形式再表现得尊重,也是不合礼义的假客气,因其不是基于道德自觉而形成的自觉行为。倘若内心不尊重,行为也不尊重,就完全不合礼,则是非礼之举。

礼的道德赋义为礼义,礼的行为方式为礼节。比如,孩子给长辈、客人端饭时,要双手端举,古代称之为奉,以示敬重。一只手举着是给,若用左手端着给人是施舍,是对人的不尊重。古人不食嗟来之食,不在于食本身,而在于给人饭食时不合于礼义。因此,与其说礼体现于端饭的动作,毋宁说更体现于动作中的敬意。

礼的形式容易延续,礼中蕴含的道德共识和人文精神却容易丢失。古代学者忧心忡忡地担心礼义的丢失,故对礼仪、礼制中蕴藏的含义进行了大量的说解。秦汉时期的说解,整合于《大戴礼记》和《小戴礼记》，其中的篇章并非成于一人之手，却最大程度地保留了冠礼、昏礼、葬礼、丧礼、朝聘之礼中蕴含的道德原则和人文精神，让我们可以更为清晰地理解诸多礼义。

如《礼记·冠义》就解释了礼义的深意：

> 凡人之所以为人者，礼义也。礼义之始，在于正容体，齐颜色，顺辞令。容体正，颜色齐，辞令顺，而后礼义备。以正君臣，亲父子，和长幼。君臣正，父子亲，长幼和，而后礼义立。

人之成为人，是因为人遵照礼义原则来做事，这是人之能分的保证。有了礼义的约束，人类才形成了基于道德自觉的社会秩序。礼义的确立，使人站有站相，坐有坐相，说话有分寸。人的容貌、形态、言语与身份相符，社会交往就少了很多误解和误判。借助于得体的礼仪行为，人的言行举止、情感体验、道德认知就会得到强化，自觉处理好君臣关系、父子关系和长幼关系。

对一般人来说，要想体会礼义，首先要遵照约定俗成的礼仪来做事，体会正、齐、顺的礼仪行为中所蕴含的礼义，由身体力行转化为行为自觉，内化于心，强化道德认同。加冠之义，便可以借助礼仪程序中体现出来的长幼、尊卑秩序，让人学会如何去待人接物。推而广之，能够正确处理父子关系、君臣关系。父子、君臣皆遵照礼仪，以合理的行为深化彼此关系，把正君臣的礼节转化为君臣正的认知，将亲父子的礼仪转化为父子亲的认同，将和长幼的行为转化为长幼和的观念。因此，冠礼仪式中的各种程序，依照礼义来制定；个人参与冠礼，不仅学会了仪式化的程序，更借助仪式强化了对礼义的理解。

礼义是衡量礼的程序、制度是否恰当的标准,礼仪是否恰当、礼制是否合理,取决于揖让、进退、俯仰、器物等安排中是否准确地体现了礼的原则和精神。如果恰当地予以体现,就合乎礼义;不恰当体现或体现得不恰当,则不合乎礼义。《大戴礼记·本命》言:

> 礼义者,恩之主也。冠、昏、朝、聘、丧、祭、宾主、乡饮酒、军旅,此之谓九礼也。礼经三百,威仪三千。机其文之变也。其文变也,礼之象五行也,其义四时也。
> 故以四举,有恩,有义,有节,有权。

礼义体现着道德认同和社会期待。常见的九礼及其衍化出来的诸多礼仪规范,构成了众多的礼仪和礼节。这些复杂的形式,遵循着"有恩、有义、有节、有权"的原则。恩是礼中蕴含的情感认同,义是由情感认同所形成的道德认同。二者构成的礼义,是所有礼仪活动的意义和目的所在。节是礼节,权为权变,是根据礼义对礼仪、礼制进行调整,从而保证礼仪、礼节能够与时俱进。

礼义是基于道德共识所形成的规则,是制礼的依据。《礼记·乐记》言:

> 合情饰貌者,礼乐之事也。礼义立,则贵贱等矣。乐文同,则上下和矣。好恶著,则贤不肖别矣。刑禁暴,爵举贤,则政均矣。仁以爱之,义以正之。如此,则民治行矣。

礼义确定以后,道德原则也就明确了;人的身份也就确定了,人际交往的方式也就明确了。礼义所巩固的尊老爱幼、君尊臣卑等道德伦理,可以付诸于行为形成社会秩序。这些社会秩序依靠王朝制度来维持,就使其中的道德自觉和行为自律成为通行的法则。《白虎通·巡狩》言:

> 王者所以巡狩者何?巡者,循也,狩者,牧也。为天下循行守牧民也。道德太平,恐远近不同化,幽隐有不得所,故必亲自行之,谨敬重民之至也。考礼义,正法度,同律历,计时月,皆为民也。

早期中国建构巡狩之礼,正是要展现王对天下的统辖权和管理权。巡狩的目的是考察诸侯是否遵照约定的规则来治理百姓,是否实现了国泰民安。其中的"考礼义,正法度,同律历,计时月",是王对诸侯事务的考核指标。考礼义,关注的正是诸侯所实行的制度是否合乎礼的原则和精神。两周诸侯封国,风土人情不同,礼仪规则也不一样,如宋国用殷礼,鲁国用周礼。这便要考察其所定的礼仪制度是否合乎礼的原则和精神,能否体现周王朝公认的道德认同和秩序认同。

尽管在春秋时期,周王的权威有所削弱,诸侯会盟时却仍关注于彼此行为是否合乎道德要求,是否合乎礼义原则。管仲曾言于齐桓公:

> 且夫合诸侯,以崇德也。会而列奸,何以示后嗣?夫诸侯之会,其德刑礼义,无国不记。[1]

---

[1]《春秋左传正义》卷十三《僖公七年》,《十三经注疏》本,第350页。

齐桓公期望称霸诸侯，管仲告诉他，称霸诸侯的目的，不是为了征服诸侯，而是要赢得诸侯发自内心的尊重。管仲认为诸侯盟会时所展现出来的道德准则、法律要求和礼义精神，会被史官记录下来进行褒贬。凝聚天下共识，就能实现齐国的霸业，若齐国维持礼义原则会盟诸侯、拥戴周王，就会得到天下诸侯的敬重。

管仲所言既不是权谋之言，也不是策略之辞，而在于其认为礼义是立国之本。孔子后来评价管仲"桓公九合诸侯，不以兵车，管仲之力也"，[1]称赞管仲能够将诸侯联合起来，不是通过强迫，而是通过"尊王攘夷"稳定了中原地区的社会秩序，满足了诸侯的共同期待，赢得诸侯的认同。《管子·牧民》中就明确说"礼义廉耻，国之四维"，将礼义廉耻作为国家治理的基本框架。司马迁在《史记·管晏列传》中再次引用这句话，认为齐国之所以能够称霸中国，靠的正是对礼义的坚守，对道德原则的认同，对天下秩序的维护。

周初制礼作乐，将夏、商时期的道德准则和伦理认知转化成制度设计，细化为行为规则。诸侯朝觐周天子的礼义，正是将诸侯对天子的拥戴、敬重之情转化为礼仪形式。周所制定的婚礼、丧礼、葬礼和冠礼，也是按照道德准则形成的仪式化的程序和制度化的规定。这些程序和规定详细记载于《仪礼》，广泛通行于两周。春秋时期礼仪中所蕴含的礼义已经失传，王、诸侯、大夫、士只知道进退、俯仰、揖让，却不理解礼仪所蕴含的道德准则和伦理准则，因此《春秋》和《左传》对其进行了委婉的批评。

孔子在《春秋》中寄托的微言大义，用看似客观的叙述来评判

---

[1] 朱熹：《论语集注》卷七《宪问》，第153页。

历史事件和历史人物,其中是非对错的衡量依据,正是礼义。《春秋》三传在解释孔子春秋笔法的用意时,常用"非礼"对人事进行评价,《谷梁传》用了十五次,《公羊传》用了三十二次,《左传》用了五十二次。《左传·隐公元年》记载了一个非礼之举:

> 秋七月,天王使宰咺来归惠公、仲子之赗。缓,且子氏未薨,故名。天子七月而葬,同轨毕至;诸侯五月,同盟至;大夫三月,同位至;士逾月,外姻至。赠死不及尸,吊生不及哀。豫凶事,非礼也。

鲁惠公去世后,周平王馈赠下葬之物。当时的制度是天子去世七个月后安葬,诸侯去世五个月后安葬。待葬的目的,是让诸侯、盟国都能过来吊唁。大夫去世三个月后、士去世一个月后安葬,是要准备墓地,也为了让亲友来得及到场。结果周王的礼物到晚了,没能赶上下葬使用。周平王的使者同时还带着仲子应使用的礼物,没想到仲子还未去世。吊丧没有及时到达,给未死之人提前赠送丧葬用品,都不合礼义。《左传》就用"非礼"来评价周天子及其使臣的行为。

《春秋》三传中还有一些看似客观的叙述,实际蕴含着对其"非礼"的评骘。如《春秋·僖公三十一年》载:

> 夏,四月,四卜郊。不从,乃免牲,犹三望。

《谷梁传》的解释是:

> 夏,四月,不时也。四卜,非礼也。免牲者,为之缁衣熏裳,有司玄端,奉送至于南郊。免牛亦然。[1]

鲁国在四月举行郊祀。按照礼制,郊祀之前要举行占卜以求吉兆,这次郊祀占卜了四次。按正常流程,占卜一次就可以判断郊祀的吉凶。若吉利就举行,若不吉利就不举行。鲁僖公却占卜了四次,皆不吉利。鲁国却以免牲的方式来举行三望之礼,强行举行郊祀之礼。《谷梁传》所言的"不时",正是对这次郊祀活动的批评。郊祀应在春天举行,四月郊祀不合礼制,免牲也不合礼仪,鲁僖公强行郊祀,完全是非礼之举。

孟子曾言:"孔子成《春秋》而乱臣贼子惧。"[2]孔子以《春秋》叙述历史进程,来确立评判历史人物和历史事件的标准,其中的微言大义,捍卫着早期中国所形成的道德原则和行为准则。孔子坚守礼义,臧否人物、评骘事件,建构了早期中国的历史道义观。[3]《左传·庄公十八年》言:

> 虢公、晋侯朝王。王飨醴,命之宥,皆赐玉五瑴,马三匹。非礼也。王命诸侯,名位不同,礼亦异数,不以礼假人。

虢公、晋献公来朝王,虢公为公爵,晋献公为侯爵。周惠王赏赐好酒美食,并赐予"玉五瑴,马三匹"。按照礼制,诸侯爵位不同,献给周惠王的礼物不同,周惠王赏赐的礼物也应有差别。孔颖达疏:

---

[1] 《春秋谷梁传注疏》卷九《僖公三十一年》,《十三经注疏》本,第153页。
[2] 朱熹:《孟子集注》卷六《滕文公下》,第273页。
[3] 曹胜高《西汉道义观的学理形成》,《古代文明》,2015年第3期。

"《周礼》,王之三公八命,侯伯七命,是其名位不同也,其礼各以命数为节,是礼亦异数也。今侯而与公同赐,是借人礼也。"[1]虢公和晋侯地位不同,周惠王却赏赐了一样的玉和马,《左传》据此认为周惠王的行为非礼。这正是以礼义为原则,对周惠王的行为进行评骘。

礼义既可以评价人的道德伦理,也可以评价人的行为方式。外交场合观礼,是从参与者的言谈举止来观察其对道德认知、伦理原则的体现程度。道德认知表现为仁、义、礼、智、信等德行,伦理原则体现为君臣、父子、夫妇、兄弟、朋友五种秩序。因此,礼义所承载的道德伦理与社会秩序,是礼的本质要求。

---

[1]《春秋左传正义》卷九《庄公十八年》,《十三经注疏》本,第259页。

建中于民

礼义的形成,依赖于两个条件:一是社会认同,二是秩序法则。社会共识是人类在发展中为维持群体协作而确立的道德原则,秩序法则是为了维护社会运行而形成的行为规范。社会认同和秩序法则的确立,不是轻易的约定俗成,而是采用"建中于民"的方式,主动寻求社会成员之间的最大公约数,以确立基本的伦理、道德和行为,方能形成最为广泛的群体共识。

《尚书·仲虺之诰》记载商初谋士仲虺向成汤提出了国家治理的法则:

> 成汤放桀于南巢,惟有惭德。曰:"予恐来世以台为口实。"仲虺乃作诰,曰:"……民之戴商,厥惟旧哉!佑贤辅德,显忠遂良。兼弱攻昧,取乱侮亡。推亡固存,邦乃其昌。德日新,万邦惟怀。志自满,九族乃离。王懋昭大德,建中于民,以义制事,以礼制心,垂裕后昆。"

商汤伐夏成功后回到大坰,也就是现在河南商丘和定陶之间的原野。成汤觉得自己以诸侯身份流放夏桀,恐怕将来会给人口实,有些顾虑。仲虺建议发布一个布告,告诉天下人成汤伐夏的所作所为是正义的。在此布告中,先是历数夏桀的罪过,并宣告了商朝的立国原则是"王懋昭大德,建中于民,以义制事,以礼制心"。这一说法,概括了早期中国在国家治理中所形成的历史认知。国家要维持特定的道德立场,凝聚社会共识,建立恰当的秩序,约束人的行为。其中提到的"建中于民",正是凝聚社会共识的根本策略。

国家建立的首要任务与意义,是能够全面维持正常的社会秩序,只有响应所有社会成员的共同理想和共同期待,才能最大程度地凝聚民心民力。这就需要"建中于民"。伪孔传解释其涵义:

> 欲王自勉,明大德,立大中之道于民,率义奉礼,垂优足之道示后世。[1]

夏商时期的中国由许多部落组成,每一个部落都有特定的利益诉求,有独特的风俗习惯。要建立统一的国家,必须获得所有部落的认同。部落领袖要能"立大中之道于民",寻求各部族达成基本共识,这便是"立大中之道"。满足各部族、方国期待的道德原则、秩序原则,是通行的公共准则,用以消弭分歧,形成公共秩序。将共识转化为行为准则,则为"率义奉礼"。有了公共行为准则,各方国、各部族、各成员各负其责,各安其职,各行其礼,彼此相安,和平相处。清代阎若璩解释道:

---

[1]《尚书正义》卷八《仲虺之诰》,《十三经注疏》本,第198页。

> 此是内外交相养法。事在外,义由内制;心在内,礼由外作。[1]

他将建中于民的原则,理解为"内外交相养法"。通过内在的心性修养来形成道德认知,通过外在的行为约束来坚守准则。用义形成道德判断,用礼建构行为法则,二者相互作用,才既有内在的道德认同,又有外在的行为规范。

建中于民的目的,是选取社会的最大公约数,作为社会运行的基准,以促成最大范围的认同。建中于民的做法,是采用执两用中的方式,按照"允执厥中"的理念,建构最为核心的群体认同。南宋黄榦在《圣贤道统传授总叙说》中,将"建中于民""允执厥中"与"中庸"一脉贯通,视为中国的道统传承,点明了中华文化形成核心价值认同的策略:

> 尧之命舜则曰:"允执厥中。"中者,无所偏倚,无过不及之名也,存诸心而无偏倚,措之事而无过不及,则合乎太极矣,此尧之得于天者,舜之得统于尧也。
> 舜之命禹则曰:"人心惟危,道心惟微,惟精惟一,允执厥中。"舜因尧之命,而推其所以执中之由,以为人心形气之私也,道心性命之正也,精以察之,一以守之,则道心为主,而人心听命焉,则存之心,措之事,信能执其中。曰精曰一,此又舜之得统于尧,禹之得统于舜者也。
> 其在成汤则曰:"以义制事,以礼制心。"此又因尧之中,舜

---

[1] 阎若璩:《尚书古文疏证》,上海书店出版社,2012年版,第265页。

之精一，而推其制之之法。制心以礼，制事以义，则道心常存，而中可执矣。曰礼曰义，此又汤之得统于禹者也。

其在文王，则曰"不显亦临，无射亦保"，此汤之以礼制心也；"不闻亦式，不谏亦入"，此汤之以义制事也，此文王之得统于汤者也。其在武王，受丹书之戒，则曰："敬胜怠者吉，义胜欲者从。"周公系《易》爻之辞曰："敬以直内，义以方外。"曰敬者，文王之所以制心也；曰义者，文王之所以制事也，此武王、周公之得统于文王者也。

至于夫子则曰："博学于文，约之以礼。"又曰："文行忠信。"又曰："克己复礼。"其著之《大学》，曰格物致知，诚意正心，修身齐家，治国平天下，亦无非数圣人制心制事之意焉，此又孔子得统于周公者也。颜子得于博文约礼、克己复礼之言，曾子得之《大学》之义，故其亲受道统之传者如此。

至于子思，则先之以戒惧慎独，次之以知仁勇，而终之以诚。至于孟子，则先之以求放心，而次之以集义，终之以扩充，此又孟子得统于子思者然也。[1]

其中提到的"十六字心法"："人心惟危，道心惟微，惟精惟一，允执厥中"，阐明了中华文化的认同密码。人皆有贪欲、私念，因此建构公共秩序的要义，是寻求人人心中公认的道，将之作为维系社会秩序的核心原则。舜所言的"允执厥中"，侧重于寻求社会共识；商汤所用的"建中于民"，侧重于坚守社会共识。尧、舜、禹、商汤、周文

---

[1] 黄宗羲、全祖望：《宋元学案》卷六十三《勉斋学案》，中华书局，1986年版，第2022—2023页。

王、周武王,正是通过不断寻求、坚守、再寻求、再坚守,凝聚了越来越深、越来越广的社会共识,获得了越来越多的部族与方国认同,建立起了越来越大的王朝体系。

黄榦认为"允执厥中""建中于民"的方式,在商汤时概括为"以义制事,以礼制心"。在周武王时转化为道德认同,用于道德判断:"敬胜怠者吉,义胜欲者从。"敬为道德认知,若执政者敬重国事而不懈怠,就能治理好国家。义是合适的行为,欲是欲望,若能够约束心中各种各样的私欲,相互负责、行为得当,便能把个人修养好。《尚书》所言的十六字心法,在周武王时期由历史经验转化为道德认知,由道德认知落实为行为原则,成为判断吉凶祸福的依据,具有了价值认同的意味。

在黄榦看来,"敬以直内,义以方外"是对"敬胜怠者吉,义胜欲者从"的提炼,明确了道德认同与行为原则的实现方式,是以敬重道德来约束自己内心,以适宜行为来处理社会关系。孔子将之细化为"博学于文,约之以礼"的具体行为,要求士大夫借助后天学习来获取知识,通过礼乐教化来完善心性。其所谓的"文",既指前代传承下来的经典文章,更指人类在社会发展中形成的不同于动物本能的道德、秩序和文明。孔子借助通行的道德原则,强化了士大夫的心性修为,推动了儒学的形成。《大学》以格物、致知、诚意、正心为内圣之法,作为心性修为,细化了"敬以直内"的要求;又以修身、齐家、治国、平天下为外王之道,作为行为方式,延续了"义以方外"的做法。

这样来看,建中于民,既可以约束人的外在行为,是以义制事;还能改善人的心性,是以礼制心。儒家学说从内外两个维度展开,于内强调道德体认,于外重视行为方式。《大学》将心性修为、行为方式结合起来讨论,《中庸》则强调内外交养来改良心性:"先之以戒惧慎独,次之以知仁勇,而终之以诚。"主张戒惧内心的私欲,约束住心猿意马,达到"知者不惑,仁者不忧,勇者不惧"的道德境界,[1]沉着自如地应对外部世界的变动,能够始终如一地维护道德立场和秩序原则。孟子进一步阐释人的心性如何涵养,认为将恻隐之心、羞恶之心、辞让之心和是非之心生发出来,就是仁、义、礼、智的道德认同。人性之善由此转化为道德自觉,以此涵养人的正气,养成"集义所生"的浩然之气,足以无惧于人,无畏于事,达则兼济天下,穷则独善其身。

宋儒认为允执厥中、建中于民、中庸之道,是将社会共识变为道德共识,体现于人的修为,见诸于人的行为,浸润着人的心性,塑造出文质彬彬的君子,既能安身立命,也可建功立业。可以说,"建中于民"所确定的秩序原则,是礼义;按照原则建构的制度,是礼制。

《荀子·礼论》讨论了如何借助礼制来维护礼义,将"建中于民"作为制礼的原则:

> 礼起于何也?曰:人生而有欲,欲而不得,则不能无求。求而无度量分界,则不能不争;争则乱,乱则穷。先王恶其乱也,故制礼义以分之,以养人之欲,给人之求。使欲必不穷乎物,物必不屈于欲。两者相持而长,是礼之所起也。

社会成员有各种各样的欲求,欲求得不到满足就会有争夺,有了争

---

[1] 朱熹:《论语集注》卷五《子罕》,第116页。

夺就会天下大乱,为避免社会失序,必须确立一个公共原则来维持社会秩序,这个公共原则便是礼。

礼的原则有二:一是每个人的言谈举止要合乎自己的身份,人人都按照自己的身份做事,思不出其位,行不出其位,在其位谋其政,社会就能形成一个既有彼此分别又能相互关联的整体。二是要确立明确的分配与供给原则,根据身份职位分配相应的器物,获得相应的供给。对家庭而言,老人劳动得少,却要多供给;年幼者不能劳动,仍要被抚养;成年人上有老下有小,也要有足够的供给,才能满足生活需求。这样确立的老少优先分配原则,不同于弱肉强食的丛林法则,是人类文明进程的结果,形成了人之为人、人之能群、人之能分的文明社会。

人类的社会分配,并不完全是按照多劳多得、少劳少得的原则,而是以此为基础而形成了道德责任。老人需要赡养,小孩需要抚养,鳏寡孤独需要体恤,他们会得到社会的关爱,获得更多的供给。可以说,按劳分配体现了社会秩序的合理性,按需分配则体现着社会的公共性和社会发展的道德感。荀子认为,按需分配的"以养人之欲,给人之求",只有借助于礼才能建立起来,因为礼具有道德赋义和行为要求的两重作用。私欲不能占有所有的物品,物品也不能无限制地满足个人,物品供给与个人私欲必须达成的平衡点,正是"允执厥中""建中于民"的"中",恰是礼最能充分发挥作用的关键所在。

荀子认为,"允执厥中""建中于民"的原则,是礼义的内在要求:

> 先王之道,仁之隆也,比中而行之。曷谓中?曰:礼义是

也。道者,非天之道,非地之道,人之所以道也,君子之所道也。[1]

在情感认同的基础上,社会会形成理性的道德共识。情感认同和道德共识维持着最基本的公共准则,其是以"比中而行之"的原则作为圆心,水波式地向外延展,覆盖越来越多的社会领域,最终守护着日益扩大的公共秩序。

这样来看,"中"所体现的礼义,与"允执厥中""建中于民"所维持的社会秩序同频共振,体现着深厚的社会共识;与"敬义直内""义以方外"的心性修为相互呼应,落实为良好的心性修为。因此,在早期中国,"中"不仅代表王朝,更代表着王朝所确定的准则,代表着天下通行的规则和社会的公共秩序。建中于民,既是确立的道德认同、秩序法则和行为准则,也是将社会成员所期待的共同理想转化为社会公共法则的过程。

周公制礼作乐后,礼成为中国社会自我约束的核心力量,成为个人心性修为的基准。虽然在实践中,也要依赖于律法维持社会底线,但理念上更强调在法之上有道德共识、秩序认同,更重视通过道德自觉、行为自律来尊重社会秩序,维持公共秩序。中华文化以道德自觉为最高原则,以行为自觉为基本准则,以法为维持社会秩序的最后手段。礼所强调的道德自觉和行为自律,支配着古代中国的社会运行、人际交往和心性修为,正在于其所坚守的道德和行为是采用建中于民的法则建立起来的。中华民族的共同期待,是根植于中华文明的群体认同,见诸于诸多礼仪、礼制、礼俗,成为

---

[1] 王先谦:《荀子集解》卷四《儒效》,中华书局,1988年版,第121—122页。

中华文化的标识。即使在天下动荡、社会秩序混乱时,这些约定俗成的道德自觉和行为自律,也仍能维护着社会基层的正常运行。正是靠着几千年所形成的道德自觉和行为自律,在王朝秩序紊乱时不沦丧道德,不紊乱操守,中华民族才能够经历一次次动荡而巍然屹立。

以义制事

以义制事，是指以"义"作为判断尺度，来衡量人的行为，评骘社会事件。那么，如何来理解"义"呢？

《左传·隐公元年》记载郑伯克段于鄢，郑伯采用"以义制事"尺度，对共叔段的行为进行判断：

> 初，郑武公娶于申，曰武姜。生庄公及共叔段。庄公寤生，惊姜氏，故名曰"寤生"，遂恶之。爱共叔段，欲立之。亟请于武公，公弗许。及庄公即位，为之请制。公曰："制，岩邑也，虢叔死焉。佗邑唯命。"请京，使居之，谓之京城大叔。祭仲曰："都，城过百雉，国之害也。先王之制：大都，不过参国之一；中，五之一；小，九之一。今京不度，非制也，君将不堪。"公曰："姜氏欲之，焉辟害？"对曰："姜氏何厌之有？不如早为之所，无使滋蔓！蔓，难图也。蔓草犹不可除，况君之宠弟乎？"公曰："多行不义，必自毙，子姑待之。"
>
> 既而大叔命西鄙、北鄙贰于己。公子吕曰："国不堪贰，君将若之何？欲与大叔，臣请事之；若弗与，则请除之，无生民心。"公曰："无庸，将自及。"大叔又收贰以为己邑，至于廪延。

子封曰:"可矣,厚将得众。"公曰:"不义不暱,厚将崩。"

大叔完聚,缮甲兵,具卒乘,将袭郑,夫人将启之。公闻其期,曰:"可矣!"命子封帅车二百乘以伐京。京叛大叔段,段入于鄢,公伐诸鄢。五月辛丑,大叔出奔共。

郑庄公与共叔段是亲兄弟,他们的母亲武姜喜欢共叔段,却厌恶郑庄公,共叔段不断滋生不臣之心,郑庄公有意纵容,最终共叔段造反,走上了不归路。在这一过程中,共叔段的所作所为,既不合乎兄弟之道,更枉顾君臣之义,郑庄公静观其变。

共叔段被封于京后,利用武姜的宠爱,擅自扩大京的城池面积,提升城墙的高度。大夫祭仲向郑庄公报告,京的建造规模已经超越规制,共叔段已有僭越之心,提醒郑庄公要及时处理。郑庄公则说:"多行不义,必自毙,子姑待之。"这话说得别有深意。一是从制度上讲,共叔段的所作所为很不恰当。二是伦理上来讲,共叔段作为弟弟与臣下,行为与身份皆不相称。如果一个人总是违背道德原则,挑战公共秩序,就会激起社会公愤,毁灭道德认同,最终会自取灭亡。郑庄公以"义"的标准来评价共叔段的行为,却说"子姑待之"。郑庄公故意不处置共叔段,是在等他的不义行为引起公愤,就能顺水推舟地将其消灭。

共叔段果然落入了圈套,继续扩大领地,让郑国西部、北部边境地区听命于自己。公子吕请求除掉共叔段,郑庄公却表示不用动手,静候共叔段自取其祸。共叔段继续扩张,将军子封也愤愤不平,表示如果共叔段继续扩张,就会威胁到国家秩序。郑庄公则说:"不义不暱,厚将崩。"认为共叔段明目张胆地悖逆,行为不当,却不掩饰野心。当所有的人都知道了共叔段的僭越,已经激起举国公愤。郑庄公立刻下令子封帅二百乘攻击,共叔段一战而溃。

在这个故事中,郑庄公评判共叔段的行为时,将"义"与"不义"作为事件评价和判断的标准。"多行不义必自毙"的说法,表明在春秋初年,已经以"义"为标准形成了公共舆论。"不义不暱",一个人做了不义之事,还不隐藏起来,让天下皆知,会自取灭亡。"义"作为行为判断的尺度,已得到充分认同。《左传》在叙述郑伯克段于鄢时强调这句话,将之作为衡量共叔段行为的依据,表明"义"已经成为公共价值判断,可以对历史人物和历史事件进行恰如其分的评价。此事发生在鲁隐公元年(前722年),可见《尚书》所言的"以义制事"的原则,在春秋初年已经成为约定俗成的行为规范和道德准则。

当公共社会以"义"作为依据来判断事情的是非曲直,"义"就成为了社会公认的价值标准。春秋时期,"义"不仅作为国家秩序运行的依据,也成为诸侯公认的外交准则。鲁僖公十三年(前647),晋国发生饥荒,秦借粮于晋,晋得以度过饥荒。第二年冬天,秦国遇到饥荒,向晋国借粮,晋国却不给,大臣们纷纷劝晋惠公守信义:

> 庆郑曰:"背施无亲,幸灾不仁,贪爱不祥,怒邻不义。四德皆失,何以守国?"虢射曰:"皮之不存,毛将安傅?"庆郑曰:"弃信背邻,患孰恤之?无信患作,失授必毙,是则然矣。"虢射曰:"无损于怨而厚于寇,不如勿与。"庆郑曰:"背施幸灾,民所弃也。近犹仇之,况怨敌乎?"弗听。退曰:"君其悔是哉!"[1]

---

[1]《春秋左传正义》卷十三《僖公十四年》,《十三经注疏》本,第370页。

秦曾帮助过晋,晋却背叛了秦,会让邻邦心寒。秦国遇到灾祸,晋却暗自高兴,只能说明晋君不仁。幸灾乐祸违背了仁爱之情,激怒邻国既不恰当,更不负责任。无亲、不仁、不祥、不义,晋国虽然得到了私利,却失去了大义,影响到国际声誉。晋惠公不听庆郑劝告,没有借粮给秦国。第二年,度过了饥荒的秦国攻伐晋国,晋国君臣自知输了公理、公义,底气不足,秦一进攻,晋军即败。

即便是站在国家立场上,晋国大臣也认为应当坚守"义"的准则,承担国际义务。可见,"以义制事"在春秋时已经超越国家观念,成为天下共识,用作判断是非曲直的依据。在这样的历史语境中,"以义制事"就内化为个人的道德认同。孔子言:"不义而富且贵,于我如浮云。"[1]将"义"作为立身根本和处事依据。孟子继续阐释这个原则:"生,亦我所欲也;义,亦我所欲也;二者不可得兼,舍生而取义者也。"[2]认为在生死抉择时,"义"作为行为准则和道德原则,值得用生命来守护。这样,"义"就超越了个人利益,成为社会推崇的行为准则。

在孟子的理解中,仁是情感共识,义是道德共识:"仁,人心也;义,人路也。"[3]仁是人心的体验,落实到行为上,就是恰当的行为方式。合适的方式、恰当的责任,即是义。"以义制事",是按照道德共识衡量人,按照行为准则要求人。孟子强调:"尊德乐义,则可以嚣嚣矣。故士穷不失义,达不离道。穷不失义,故士得己焉;达不离道,故民不失望焉。"[4]无论境遇如何,士人坚守道德准则,自

---

[1] 朱熹:《论语集注》卷四《述而》,第97页。
[2] 朱熹:《孟子集注》卷十一《告子上》,第332页。
[3] 朱熹:《孟子集注》卷十一《告子上》,第333页。
[4] 朱熹:《孟子集注》卷十三《尽心上》,第351页。

觉履行社会责任,就可以自得无求。对士阶层而言,即便走投无路,也要守护道德准则,安贫乐道,穷不失义。如果有机会实现理想,就要弘扬德义,达不离道。

在儒家学说中,士要以守义为原则,以乐道为追求。墨家更加推崇"义",将之作为社会的基本法则、判断事情的依据和行政管理的原则。《墨子·尚贤上》中叙述了墨家理想的社会秩序:

> 是故古者圣王之为政也,言曰:"不义不富,不义不贵,不义不亲,不义不近。"是以国之富贵人闻之,皆退而谋曰:"始我所恃者,富贵也。今上举义不辟贫贱,然则我不可不为义。"亲者闻之,亦退而谋曰:"始我所恃者,亲也。今上举义不辟疏,然则我不可不为义。"近者闻之,亦退而谋曰:"始我所恃者,近也,今上举义不辟远,然则我不可不为义。"远者闻之,亦退而谋曰:"我始以远为无恃,今上举义不辟远,然则我不可不为义。"逮至远鄙郊外之臣、门庭庶子、国中之众、四鄙之萌人,闻之皆竞为义。

诸子对历史的阐释不尽相同,皆试图从历史故事中找到与自身学说相契合的素材,作为论证的依据。儒家认为,尧、舜、禹之得天下,依靠的是仁。墨家认为,上古圣王治理天下,依靠的是义。墨家所言之"义"是基于兼爱而形成,儒家所言之"义"是基于仁爱而形成。基于仁爱而形成的"义",认为小我与大我是同一的。小我是基本社会关系中的"我",如父子、夫妇、兄弟关系中的"我"。大我是将仁爱之心推广到君臣、朋友等社会关系中。这样,儒家所强调的仁爱,是有远近差别的,是"老吾老,以及人之老;幼吾幼,以及人之幼",[1]由家人而至于社会。墨家强调的兼爱,是无差别的爱,没有小我,只有大我。因此,儒家立足于家庭关系谈仁爱,墨家立足于社会关系谈兼爱,墨家所言之"义",更重视社会秩序、社会责任和社会法则。

墨家认为,自古圣王治理天下,建立行政秩序,依靠的是对"义"的广泛认同。"不义不富,不义不贵,不义不亲,不义不近"的说法,推崇的是"义"在社会财富分配、权利获得、社会认同和秩序建构中的基础性作用。墨家以"义"作为社会关系的运行准则,作为道德原则、自觉的追求以及判断是非的依据,认为无论高低贵贱,竞相为义,就能建构起理想的社会秩序。

墨家以善于守城著称。公输盘与墨子之间曾有过一场模拟战术演练。公输盘为楚国制造了攻城的器械云梯,以此模拟攻宋。墨子则模拟防守宋国,结果公输盘失败了。《墨子·鲁问》中记载了二人演练过后的对话:

> 公输子谓子墨子曰:"吾未得见之时,我欲得宋,自我得见之后,予我宋而不义,我不为。"子墨子曰:"翟之未得见之时也,子欲得宋,自翟得见子之后,予子宋而不义,子弗为,是我予子宋也。子务为义,翟又将予子天下。"

公输盘对墨子说,见你之前,觉得能轻易攻下宋国。现在自己虽然失败,但仍知道怎么攻下宋国。言外之意是,杀掉墨子就可以攻宋。但公输盘也知道,这样攻下宋国是不守道义,他不打算这么

---

[1] 朱熹:《孟子集注》卷一《梁惠王上》,第209页。

做。墨子赞许公输盘的守义,认为公输盘坚持道义,会把其道德、事迹公布于天下,使之赢得天下人的敬重。

公输盘就是传说中的鲁班,与墨子为同时代的能工巧匠。二人虽然各为一国,但双方都坚信,评价一件事要不要做,取决于这件事是否合乎道义。可见在春秋后期,无论孔子、孟子所在的士大夫阶层,还是鲁班、墨子所在的工匠阶层,以及楚国、宋国的百姓,都将"义"作为判断事情是否合理的标准。

"义"的原则在诸侯征伐中被广泛使用,成为春秋、战国时公认的国际秩序准则。《管子·形势解》中言:

> 圣人之求事也,先论其理义,计其可否。故义则求之,不义则止。可则求之,不可则止。故其所得事者,常为身宝。小人之求事也,不论其理义,不计其可否。不义亦求之,不可亦求之。故其所得事者,未尝爲赖也。故曰:必得之事,不足赖也。
>
> 圣人之诺已也,先论其理义,计其可否。义则诺,不义则已。可则诺,不可则已。故其诺未尝不信也。小人不义亦诺,不可亦诺。言而必诺,故其诺未必信也。故曰:必诺之言,不足信也。

其中阐释了如何判断是否可行、是否可做的依据。"求事先论其理义,计其可否",是说要做一件事,必须先理性地判断其是否合乎道义,合乎义的原则就去做,不合乎义的要求就不要去做。以道义为前提,以正义为标准,就可以预判一件事的得失成败。如果不顾是否合乎道义、有无可能成功,鲁莽去做,即便侥幸成功了,也毁了道义,而大多数的事会因为不合理义就半途而废了。因此,将道义作为承诺的前提,将信用作为判断承诺的依据。如果合乎道义就欣然前往,如果不合乎道义就断然拒绝;能做成就答应,做不成就停下来,就能成就诸多事业。

春秋、战国时,"义"作为行为的判断依据,得到了充分认同,成为日渐明晰的社会共识。荀子进一步将作为道德原则的"义"落实到作为行为规范的礼上,强化了"以义制事"的适用性。

荀子认为礼是维护义的方式:"礼者断长续短,损有余,益不足,达爱敬之文,而滋成行义之美也。"[1]义的标准与礼的标准相统一,义只有转化为礼,才能形成恰当的社会行为。按照道义原则,社会要维持共同秩序,必须让百姓"养生丧死无憾"。[2]礼承担了社会分配的功能,断长续短、调控社会。社会按照"建中于民"的准则来调节分配,不是简单地解决社会分配与供养问题,而是采用有秩序的社会分配来维持道德原则,维持人之为人的根本,实现人与人之间的关心、关爱、支持、帮助和体恤。以道德与责任相结合的原则,确定养生丧死的制度,来维护社会公平,维持社会秩序。荀子认为,礼体现着仁义的道德原则,表现为以社会分配维持社会公义。《礼记·礼器》也言:"先王之制礼也,不可多也,不可寡也,唯其称也。"礼的目的是维护公平公正,让每一个社会成员都能够依据德行、能力和需求获得相应的生活保障,形成社会公平正义。

董仲舒进一步将社会秩序与天地秩序对应起来,强调人世间的所有秩序,都要遵循道义原则,与天相配。在天人合一的眼光

---

[1] 王先谦:《荀子集解》卷十三《礼论》,第363页。
[2] 朱熹:《孟子集注》卷一《梁惠王上》,第203页。

中,"义"既是自然运行的先天法则,也是社会变动的内在依据:

> 主之好恶喜怒,乃天之春夏秋冬也,其俱暖清寒暑而以变化成功也。天出此物者,时则岁美,不时则岁恶。人主出此四者,义则世治,不义则世乱。是故治世与美岁同数,乱世与恶岁同数,以此见人理之副天道也。[1]

董仲舒把道家学说中天道、人道的二元对立,转化为儒家学说的天人合一,认为人类可以通过自身行为来调节人道的不足,实现天道所倡导的公平。人与天息息相通,天在变化,人也在变化。要想维持人道和天道的统一,应该按照天人共通之"义"来处置天下之事,"义则世治,不义则世乱。"君主按照道义对天下百姓负责,建立公平公正的公共社会,就能实现天下大治。

董仲舒从理论上阐释了人道的合理性,强调"义"是天人合一的法则,既是一切秩序建构的依据,也是社会秩序运行的准则。《春秋繁露·天道施》言:"男女犹道也,人生别言礼义,名号之由,人事起也。不顺天道,谓之不义,察天人之分,观道命之异,可以知礼之说矣。"不符合天道,便是不义。人间合乎天道而确立的法则,促成合宜的公共秩序,体现为礼义。义既是礼的原则,也是礼的内在规范。这样,"义"作为道德判断、价值认同,便转化为社会规范和行为方式,人人可以理解并得以体认。礼以义为准则,就有了行事的标准、成事的原则。义以礼为行为规范,就有了做人的基准、做事的判断。

---

[1] 苏舆:《春秋繁露义证》卷十一《王道通三》,中华书局,1992年版,第330页。

以义制事,是按照道义、正义的原则来评判是非曲直,由此形成了中华文化的价值判断。汉朝流行的"田子之母"故事,表明了"以义制事"的观念在民间得到认同:

> 田子为相,三年归休,得金百镒奉其母。母曰:"子安得此金?"对曰:"所受俸禄也。"母曰:"为相三年不食乎?治官如此,非吾所欲也。孝子之事亲也,尽力致诚,不义之物,不入于馆。为人臣不忠,是为人子不可不孝也。子其去之。"田子愧惭走出,造朝还金,退请就狱。王贤其母,说其义,即舍田子罪,令复为相,以金赐其母。[1]

田子做了三年丞相后回家,将所得的百镒金子献于母亲。田母询问金子的来历,田子说是自己的俸禄。田母认为俸禄要用于生活,怎么可能留存这么多?很有可能是儿子的不义之财。田母认为儿子不守道义,便是不孝,把田子赶走了。田子非常惭愧,回到朝廷退还了金子,请求君主治罪。君主认为,田子母亲深明大义,赦免了田子罪过,认为他知错能改,复用为相。

这则故事在汉朝广泛流传,被赋予了浓厚的教化意味,成为阐释义利之辨的经典文本。在这其中,"以义制事"被作为判断事件是非曲直的依据,与之相关的正义、道义、节义等认知,也被整合为社会通行的价值判断。

---

[1] 许维遹:《韩诗外传集释》卷九,中华书局,1980年版,第307页。

以礼制心

"以礼制心"阐释了作为社会规范的礼,如何以外在约束改变一个人的心性。中华文化讨论人的心性,有两个不同的含义:一是具有道德完满性的理想心性,是对人心、人性的整体概括,是群体之心;一是人人皆有的心思、心绪、心情,是一颗颗自由活泼的个体之心。

孟子所言的四心,是具有道德完满性的群体之心,其由恻隐之心、羞恶之心、辞让之心和是非之心形成仁、义、礼、智,只要将四心展现出来,就呈现为人性之善:

> 尽其心者,知其性也。知其性,则知天矣。存其心,养其性,所以事天也。殀寿不贰,修身以俟之,所以立命也。[1]

从理论上说,人的心性来自于天命。天命具有先天的道德感,决定了人性的本质。人要安身立命,就要按照先天的道德来修身养性,形成仁、义、礼、智的道德认同,体现出人性之善,就促成了人类社

---

[1] 朱熹:《孟子集注》卷十三《尽心上》,第349页。

会向文明理性迈进。

《中庸》提到的个体之心，会呈现出日常感知的喜怒哀乐之情："喜怒哀乐之未发，谓之中；发而皆中节，谓之和。"喜怒哀乐是人人内心中皆有的情感体验，有期待、有梦想、有恼怒、有快乐，这是人之常情。每个人都可以有喜怒哀乐。但在社会生活中，个体情感的表达要有外在约束，既不能没有，也不能太过。小孩子说哭就哭，说闹就闹，是发而无节。随着年龄增长、教化养成，个人的情感要以恰当的方式表达出来，既不能乐不可支，也不可怒不可遏。内在的情感体验可能风起云涌，但在社会交往中要表现得波澜不惊。人的情感表达合乎外在节度，既是情志之和，也是修为之和，更是秩序之和。

因此，孟子所讲的群体之心，是基于道德原则推演出来的；《中庸》中提到的喜怒哀乐，则是日常生活触目可见的个体之心。从理论上讲，群体之心是抽象出来的人心，与礼的精神能完美契合；就现实而言，个体之心千差万别，要使其发而皆中节，只有按照道德原则和行为要求进行引导，才能使受到教养者的情感体验得体、表达得当。

思孟学派认为，礼和心是相互应和的。人的善心能够转化为道德认同，合乎仁义礼智的行为，构建成了合理的社会秩序。个人的情感要合乎社会秩序，必须按照秩序的要求来形成恰如其分的心性认知。社会秩序与个人心性所能达到的平衡节点是"中"，个人心性与天下万物相契合的状态是"和"："中也者，天下之大本也；和也者，天下之达道也。"[1]社会按照"允执厥中"的原则建构不偏

---

[1] 朱熹：《中庸章句》，第18页。

不倚的运行秩序,人要借助外在尺度来调节个人心性,恰当表达情感,契合群体期待,达到"致中和"的状态。

"中和"是早期中国思想对自然法则、社会秩序、个人行为最完美状态的设想,落实在个人的内心体验和外在行为的方式上,是理想与现实、理性与感性、社会与自我相统一。中和,是在个人心性和社会秩序之间寻求到了一个平衡点,让个人心性有了外在的运行尺度,让社会秩序有了圆满的自洽形态。

礼的制定充分考虑了人心、人情,因而礼中天然内嵌着对人心、人情的约束。《礼记·礼器》言:

> 礼也者,合于天时,设于地财,顺于鬼神,合于人心,理万物者也。

其中提到制礼的原则,一是合于天时。按照春生、夏长、秋收、冬藏的时间序列,建立生产生活秩序。如《礼记·月令》设计了每个月的生产、生活、行政、礼乐等运作秩序,能够因时制宜。二是设于地财。根据土地资源形成社会分配,能够因地制宜。三是顺于鬼神。理顺人与自然规律之间的复杂关系。在中华文化观念中,神合于天,鬼合于地;神合于阳,鬼合于阴。阳能使人明,阴能使人昏。鬼神概念被用于描述人类所面对的诸多不确定性,事情顺利了便言"如有神助",事情不顺利便言"见鬼了"。鬼神分别用来界定帮助人的力量与阻碍人的力量。四是合于人心。礼的制定,以人的喜怒哀乐体验为基础,以仁、义、礼、智为道德要求,建立起社会的公约数。礼既要弘扬人性之善,也要抑制本性之恶,为贪欲所设置的外在规范是礼,因性善而达到的理想状态也是礼。这样,既是规则又有弹性。礼以"允执厥中"为理念,以"建中于民"为要求,以"以礼制心"为方式,建构了维持天人、神人、人人、身心等合理运行的尺度与规范。

礼体现着社会的公共法则和人的行为准则。这些法则和准则时时、处处、事事存在,内化为人的心性修为,以"以礼制心"的方式改造人的心性。荀子言:

> 凡用血气、志意、知虑,由礼则治通,不由礼则勃乱提僈;食饮、衣服、居处、动静,由礼则和节,不由礼则触陷生疾;容貌、态度、进退、趋行,由礼则雅,不由礼则夷固僻违,庸众而野。故人无礼则不生,事无礼则不成,国家无礼则不宁。[1]

血气是身体,志意是想法,知虑是聪明程度,三者合情合理,但要正确发挥作用,要以礼来约束。孔子说:"少之时,血气未定,戒之在色。"[2]年轻时血气方刚,会形成色欲,要自我约束。汉儒认为《诗经·周南·关雎》言男女之情要"发乎情,止乎礼义"。发乎情指血气之动,男女皆有,相思的辗转反侧合乎常情。这些相思之情经过理性思考,要转化为恰当的认知和思虑,以琴瑟友之的方式探求志趣,最终转化为夫妻好合的志意,以钟鼓之乐迎娶。将发乎人情的相思,转化为合乎礼义的社会行为。在这其中,血气、志意、知虑尊重了礼义的要求,行为也合乎了礼仪和程序。《孔子诗论》赞美此诗:"《关雎》之改,则其思益矣。"其所言的"改",肯定了《关雎》中体

---

[1] 王先谦:《荀子集解》卷一《修身》,第22—23页。
[2] 朱熹:《论语集注》卷八《季氏》,第172页。

现着发乎情到止乎礼义的心性调整,借助礼义实现了内在思虑与社会秩序的统一。在荀子看来,若没有礼的约束,完全由着自己的血气、认知和想法做事,很容易冲动。若遵照礼义原则调整身心,让个人情思、欲念和要求能够合理表达,中节而发,个人可以形成内心之和,群体则可以形成社会之和。

孟子认为,礼是人心中的道德准则自主生发的行为,是内心自觉生发的,体现着理想主义精神。荀子认为,人的本性为恶,不可能自觉生发出礼,必须按照道德原则制定出来,借助外在规定来约束人的内心。人的饮食、衣服、居处、动静皆有规定,形成人人必须遵守的礼制规范。因此,《孟子》中所言之礼,是人性之善的外化,体现着人先天的辞让之心,是社会理想的秩序形态。《荀子》中所言之礼,是人类生产生活经验的总结,是社会规则的总和,是按照道德原则制定出来的外在规范。

在荀子的学说中,人要养成良好的心性,必须遵从礼的路径,在老师的引导下"治气养心":

> 血气刚强,则柔之以调和;知虑渐深,则一之以易良;勇胆猛戾,则辅之以道顺;齐给便利,则节之以动止;狭隘褊小,则廓之以广大;卑湿、重迟、贪利,则抗之以高志;庸众驽散,则刧之以师友;怠慢僄弃,则炤之以祸灾;愚款端悫,则合之以礼乐,通之以思索。凡治气养心之术,莫径由礼,莫要得师,莫神一好。夫是之谓治气养心之术也。[1]

---

[1] 王先谦:《荀子集解》卷一《修身》,第25—27页。

治气意在涵养正气,孟子言人有先天的完美心性,集义所生就有浩然之气,认为人能够心性自洽、道德自足。荀子认为,人的心性千差万别,高下不齐,要合乎道德要求,体认社会共识,必须在后天调养心性,才能使千奇百怪的欲望合乎道德认同。荀子列出的三个实现方式,皆是从外到内的约束。一是莫径由礼,以礼为路径,按照礼的要求、坚守礼的原则去做事;二是莫要得师,由师长来教导、约束,借助外在监督来改善心性;三是莫神一好,按照礼的约束、老师的要求去反思体悟,再转化为个人的自觉行为。孟子认为,人若要知礼,只要将辞让之心发挥出去便可以;荀子主张,礼的学习要明确原则,由老师监督,经过自我体认,转化为道德认知,才可以形成自觉行为。孟子认为礼在心中,自我体认就能知礼;荀子认为礼在心外,必须严格要求,才能内化于心,外成于行。

这样来看,"以礼制心"实际包括了两个层面的含义,一是在制礼时充分考虑了人心之所向、人情之所系、人性之所求,使得礼能够体认、尊重并契合于人心、人情、人性,由此制成的礼才有可能成为人类行为的外在约束。二是在用礼时,既期望人能自觉合乎礼的道德原则和行为规范,又通过道德原则和行为规范来约束人。所谓的"制",既包括约束人心,也包括发越人心。这样,礼就为心性修为提供了一个参照,既可以作为治气养心的方向,也可以作为言谈举止的尺度。

对一般人而言,要通过外在的礼制来约束内心。对读书人而言,则可以直接以礼义来约束内心。王开祖在《儒志编》中言自己修身养性,以慎独的方式体察内心的道德,有鲜明的求放心、尊德性的意味:

> 凝目于鼻,游心于带,是制心者也,非治心者也。坐则见其存于室,行则见其立于舆,是治心者也,非养心者也。
>
> 中夜息于幽室之中,吾心之清明者还矣。孝弟忠信,生乎此时。[1]

制心是由外到内地控制、约束内心,治心是涵养心性,约束欲念。让内心无论何时何地,都能存想道德原则。心中时时刻刻有道德存想、秩序存念,就不会人前规规矩矩,人后懒散无仪。人能慎独,就可自得。中华文化中所言的存想有二:一是认为处处有神明,靠外在监督自律;一是心怀责任和义务,靠内在道德自觉。制心以礼,治心以德,依赖内在自觉。王开祖言自己在独处时不会胡思乱想,修养内心,更加清明。这种清明是让恻隐、羞恶、辞让、是非四心回归心中,涵养仁、义、礼、智的道德,生成孝、悌、忠、信的信念,以此安身立命,成为言谈举止的规则。

程颐是从不动之心的形成,来解释"以义制心":

> 有造道而不动者,有以义制心而不动者。此义也,此不义也,义吾所当取,不义吾所当舍,此以义制心者也。义在我,由而行之,从容自中,非有所制也,此不动之异。[2]

动心与不动心是修养论的基本命题。孔子曾言:"唯上知与下愚不移。"[3]上智是社会中道德境界最高的人,其之所以不移,在于时

---

[1] 黄宗羲、全祖望:《宋元学案》卷六《士刘诸学案》,第253—254页。
[2] 程颢、程颐:《二程集·遗书卷》,中华书局,2004年版,第273页。
[3] 朱熹:《论语集注》卷九《阳货》,第176页。

刻存想道德原则,仁义礼智之心不会动摇,为不动心。孟子认为,坚守仁、义、礼,可以"居天下之广居,立天下之正位,行天下之大道",成为"富贵不能淫,贫贱不能移,威武不能屈"的大丈夫。[1]这是上智之不移。下愚的不移是因为心中的贪欲、恶念难以改变,固执成见,无法改良。孔子觉得教育的最大功效在于改变中间之人,引导其分别善恶、尊重道德、调整心性。程颐认为,合道、守德为不动之心,是人心中固有的善念,不受外部影响而能守持,构成了做人的底线和做事的原则。有了道德认同,就可以时时、处处、事事以义制心,通过明理体认道德自觉,实现行为自觉。

程颐所言的"以义制心",是以道德认知来体认人的心性。《尚书》中的"以礼制心",是以行为规范来约束人的心性。明白为何去做,是"以义制心",是道德自觉;知道如何去做,是"以礼制心",是行为自觉。

礼既是原则,又是规定。作为原则的礼,是对社会理想秩序的设定,依据人性善的原则制定出来,体现着最恰当的生活方式和最稳定的社会秩序。作为规定的礼,是社会规则的总结,是公共秩序的体现,落实为人人触手可感的现实制度。原则性表现为礼义,规定性表现为礼仪、礼制,将人性善的理想性和本性恶的现实性统一起来,在社会秩序和个人行为之间提供一个弹性空间,无论贤、愚,皆根据德性涵养来体认礼、践行礼,约束私欲,认同道德,改良心性,改善行为,公共社会便能在一个理性而文明的轨道中良性运行。

---

[1] 朱熹:《孟子集注》卷六《滕文公下》,第265—266页。

礼以乐合

在中华文化中,礼别异,乐合同,礼乐相辅相成,既构成了一个个活动的场景,也形成了一个个教化单元。如何来认识乐的作用呢?

自然界有各种各样的声响,有的悦耳,有的嘈杂。这些声响中能够被人类听到的,称之为声。声之中被选择出来,与人心相感应的,称之为音。比如,敲桌子发出来的无规则的声响为声,敲出来的有节律、听起来很舒适的为音。日常说的五音不全,是用来形容有的人唱出来的歌不在调上,其发出的只是声,并非合乎音律的音。唱出来的声音合乎音律,听着悦耳,才是音。把音按照特定的旋律组合起来,赋予特定内容,形成完美的形式,便是乐。乐是以宫、商、角、徵、羽五声作为音阶,以十二律吕为标准音高,借助乐器形成的旋律和节奏,可以用来表达特定的内容。

早期中国形成的乐政体系,将音乐作为国家治理的手段,作为改良社会的方式,既有丰富的乐论来阐释乐的作用方式,也有持续的实践来验证乐的社会功能。大致而言,音乐的作用方式主要有四:

一是乐感人心。音乐可以感发人的情志,促成情感认同。《礼

记·乐记》言:

> 乐者,音之所由生也,其本在人心之感于物也。是故其哀心感者,其声噍以杀;其乐心感者,其声啴以缓;其喜心感者,其声发以散;其怒心感者,其声粗以厉;其敬心感者,其声直以廉;其爱心感者,其声和以柔。六者非性也,感于物而后动。

从个人体验来说,所有乐音都是人心与外物的应和。人的心情不同,发出的声音各异。在人际交往中,面对喜欢或厌恶的人,说话的声调、语态往往不同。声是情志的反映,由声组合而成的音是情志的表达。因此,音乐可以充分体现人的情感,淋漓尽致地展现人的情感流动。《诗经》中的诸多歌诗,或由浅入深地描述情感流动,或重章叠句地抒发缠绵情思,或铺陈其事而进行颂赞。《毛诗序》言:"在心为志,发言为诗。情动于中而形于言,言之不足,故嗟叹之,嗟叹之不足,故永歌之,永歌之不足,故手之舞之、足之蹈之也。"[1]内在情志用语言表达,成为诗;情志郁勃的歌唱合乎音律,形成乐;手舞足蹈应于节奏,形成乐舞,由此有了载歌载舞的经典之乐。相对于礼,乐更为直接、更为直观地展现了人的情感流动和心性特征,为人提供了宣泄情感、表达情志的渠道,也渐渐成为具有充分表达力和感染力的艺术创造。

音乐能够表达人的情志、沟通自然万物、体察社会变动。乐由内到外,可以身心相和;礼由外到内,促进人际融洽。人之所以焦

---

[1]《毛诗正义》卷一《关雎》,《十三经注疏》本,北京大学出版社,1999年版,第6页。

虑痛苦,一是身心不合,欲望大于需求,常恨此心为身役,身不由己地做人做事。二是人际矛盾,人的格局、境界不同,遇事会形成分歧,不被理解、不被重视,会产生忧愁愤懑。用音乐来调节身心矛盾,让喜怒哀乐、得失成败的情绪体验得以适当宣泄、合理生发,可以达成身心之和。用礼来调节人际冲突,设定人与人交往的尺度和分寸,按照彼此的责任、义务来处理矛盾,每个人的行为都不越界,就能形成社会之和。礼在外,乐在内,内外合一,内可以约束身心,外可以沟通情感。

音乐既可以泄导感情,也可以感化人心。传统的音乐理论认为,音乐会使人变得平和,形成易直子谅之心。易是平易,音乐见心见性,宫、商、角、徵、羽应乎五脏,五脏平和,人的性情就能平易。直是情绪充分表达,子是慈爱仁厚,谅是体谅他人。有了易、直、子、谅之心,就能平易、感性、慈爱、体谅他人,获得精神上的愉悦和心性的自足。个人心性安宁、情志平和,人际关系就会和谐,社会秩序就能稳定。

被作为雅乐典范的周乐,是在继承夏乐的基础上形成的音乐艺术,因其承载着周族的发展历史和民风、民俗,得到周人的喜欢。周公在制礼作乐的过程中,将周人的叙述历史之曲、生产生活之歌进行整理,作为周礼的程序性用乐,在周代礼仪活动的特定环节中演奏,成为周人公认的涵养德性、修养心性的经典曲目。

二是以乐养德。《礼记·乐记》阐释了音乐对人的情志的制约作用,其中提到了以乐观德的做法,与以礼制心、以义制事遥相呼应,将乐作为道德修养之法:

乐者,乐也。君子乐得其道,小人乐得其欲。以道制欲,则乐而不乱；以欲忘道，则惑而不乐。是故君子反情以和其志，广乐以成其教。乐行而民乡方，可以观德矣。德者，性之端也；乐者，德之华也。金石丝竹，乐之器也。诗，言其志也；歌，咏其声也；舞，动其容也。三者本于心，然后乐器从之。是故情深而文明，气盛而化神。和顺积中而英华发外，唯乐不可以为伪。

君子感知音乐，体察其中蕴含的道心，借助音乐理解天地运行秩序，体认社会文明的发展，期望借助音乐提升个人修为。小人感知音乐，希望音乐能鼓荡性情，满足个人情感。音乐同时具有道德引导功能和情感宣泄功能，二者本无高下对错之分，只有合适与否之别。典礼用乐可以更好地体现社会秩序，增进沟通，实现共鸣。流行音乐更注重表达个人情绪，让人的情志有发泄的通道。可见中国的传统音乐理论，更注重强调以道心约束人心，要求音乐有更多的道德赋义，引导情绪合理地表达。

有了深刻的道德赋义，音乐就能充分发挥其社会功能，通过音声相和来表达、调整人的情感，增进社会认同。如葬礼时演奏的哀乐低徊悲痛，有时寥寥几声，就使人潸然泪下。人走在街上，听到节奏明快的音乐，会不由自主地踏着节奏，甚至翩翩起舞。音体现为旋律，声展现为心声，音声相和之乐，既能引导人合理宣泄情感，又能要求情感合乎礼义，再进行恰如其分地表达，就形成中和之音。

以道制欲体现了道德赋义对人心的约束方式，按照道德原则和公共秩序来约束人的欲望，音乐要有限度地表达情感，有约束地抒发情志，促成社会成员形成情感认同、道德认同和伦理认同。如果人人都在歌曲中表达私欲,缺少道德自律,缺乏礼义原则,音乐就无法引导社会形成良俗。古代的乐论反对靡靡之音、淫词艳曲,是认为这些音乐会削弱人的情志,纵容人的欲望。因此,古代中国建立乐教,形成乐政,推崇乐治,正是借助于音乐实现教化、促成伦理、引导风气。历代制礼作乐的目的,正是用礼义、乐义来引导人的情志,约束人的行为。借助于礼乐,让社会成员能够尽可能地发乎情,止乎礼义。发乎情,使情感能够中节,可以借助乐义进行引导;止乎礼义,是行为得当,必须借助礼义进行规范。这样,礼别异、乐合同,礼乐相须相行,个体约束情欲以致中和,社会形成秩序以成教化。

三是乐通伦理。当音乐被赋予道德含义时,音乐的外部形式要合乎礼义,内在结构则合乎乐义。《礼记·乐记》又言:

> 凡音者,生于人心者也;乐者,通伦理者也。……唯君子为能知乐。是故,审声以知音,审音以知乐,审乐以知政,而治道备矣。……知乐,则几于礼矣。礼乐皆得,谓之有德。德者得也。

音与人心共鸣,音自人心而生。只有合乎群体期待的音,才能促进社会群体之间的情感共鸣,才能引导人心合乎道心。古代中国提倡雅乐,正是借助雅乐所形成的情感共鸣来深化群体认同,将社会公认的道德准则转化为更为深厚的道德认同。当所有的音乐制作被日渐赋予道德认同,道德认同便成为音乐的社会属性。在奏乐时,特定的曲目能生发特定的道德体验。如婚礼用乐,在于强化夫妇百年好合;运动会所用的进行曲,是鼓舞勇往直前的拼搏精神;

国庆所用的音乐,是歌颂国家繁荣富强。当音乐曲目具有了特定的社会赋义,音乐就担负起了凝聚道德共识、强化价值认同的艺术功能。

礼以乐彰显其情感,乐以礼明确其秩序,以乐合同,以礼别异,礼与乐成为早期中国建构社会秩序的基本方式。礼根据等级分配器物,形成等差秩序。如座次因人的尊卑贵贱、亲疏远近来安排,人们遵照身份地位说话做事,形成有距离、有尺度、有分寸的秩序。乐则通过声、音相合,在特定场域形成情感共识,增强彼此的亲近认同。因此说,礼的作用,让每一个人都在社会秩序的网格中有独特的位置;乐的作用,让网格中的所有人忘记网格的存在,形成感情共鸣。

在礼仪活动中,乐辅助于礼,会加深人的感情体验,形成情感共识,转化为道德认同。如在丧礼中,人们听到哀乐,会增加对逝者的缅怀、敬重,形成共同的情感认同。逝者之所以被众人缅怀、敬重,在于他对社会有贡献,由情感认同转化为道德认同:人的一生应当做一些有意义的事,才会让更多的人缅怀、敬重。特定场合的音乐会促成更强的情感共识,深化礼仪活动的意义。

四是乐能观政。乐既是风土之音的呈现,也是社会风气的展现,更是国家治理秩序的体现。通过音乐,可以观察风土人情,感知社会风气,理解国家治理的成败得失。

对风土之音的感知,是体会不同区域的音乐是否中和。舜命夔典乐,要求音乐达到"直而温,宽而栗,刚而无虐,简而无傲"的艺术效果。[1] 孔子评论《关雎》的乐奏是"乐而不淫,哀而不伤",有

---

[1]《尚书正义》卷三《舜典》,《十三经注疏》本,第79页。

中和之美。[1]季札观乐时,对《周颂》评价是"直而不倨,曲而不屈,迩而不逼,远而不携,迁而不淫,复而不厌,哀而不愁,乐而不荒,用而不匮,广而不宣,施而不费,取而不贪,处而不底,行而不流",[2]音声平和,节度有序。这些音乐评价的方式,皆是先确定音乐是否中节,再确定是否相互应和,既概括了音乐的艺术属性,又对其设置了艺术表现的边界,可以对特定区域、特定时期、特定音乐进行量化分析。

古代中国常通过观风知政来了解社会情形。一是听其声,判断音声是否合乎雅乐规范。如郑声不合雅乐,就受到了孔子批判。二是听其音,即便音声合乎雅乐,所体现的情绪不合乎乐义,也要引起警惕。如变风变雅,就是风土之音与朝廷之音中有不合乎雅正要求的乐歌和乐奏。三是听其乐。乐是由声音组织起来的综合艺术,不仅体现着乐义,而且体现着乐德。季札观乐时,听到《郑风》,立刻感知到"民弗堪也,是其先亡乎";听到《陈风》,则判断其"国无主,其能久乎"。[3]这是对乐歌中乐义、乐德的理解。可见,作乐可以将情感体验、道德认同和社会蕴含寄托在音乐表演形式之中。观乐能了解风土人情、观察社会形态,对其中蕴含的治乱进行臧否。用乐是选择恰当的治理方式,借助于乐、行之于礼、付诸于刑、用之于政,形成礼乐刑政一体的国家治理模式。

中华文化认为,乐与礼相互作用,就能彻底改良社会风气。《礼记·乐记》的阐释是:

---

[1] 朱熹:《论语集注》卷二《八佾》,第66页。
[2] 《春秋左传正义》卷三十九《襄公二十九年》,《十三经注疏》本,第1103页。
[3] 《春秋左传正义》卷三十九《襄公二十九年》,《十三经注疏》本,第1098、1101页。

礼义立,则贵贱等矣;乐文同,则上下和矣;好恶著,则贤不肖别矣。刑禁暴,爵举贤,则政均矣。仁以爱之,义以正之,如此,则民治行矣。乐由中出,礼自外作。乐由中出故静,礼自外作故文。大乐必易,大礼必简。乐至则无怨,礼至则不争。揖让而治天下者,礼乐之谓也。

礼一旦确立,社会行为就分出了贵贱尊卑、亲疏远近。贵贱尊卑、亲疏远近是相对的概念,在不同情境中有着特定的涵义。如举行婚礼时,以新郎、新娘为贵,伴郎、伴娘与宾客不能喧宾夺主。去赴宴时,主人为贵,客人不能炫富摆阔。礼可以使人形成相互尊重的分寸感和秩序感,乐则在礼分亲疏远近之外,通过乐歌来实现增进情感共鸣,让彼此亲近、相互认同。

通过礼义的约束和乐义的引导,人的喜怒哀乐之情便能够中节而发,则乐至而无怨;社会秩序运行有序,则礼至而不争。乐调节内在情感,礼规范外在行为,既有情感认同,又有行为规范。合乎情感需求和道德认同的音乐,会强化民众的群体认同,如歌颂国家富强、社会安定、合家团圆的曲子,容易形成群体认同。人的认同感一旦确立,就会增进认同,强化公共准则,确立价值判断,凝聚成文化认同。

所以说,仁、义、礼、智之类的道德认同,忠、孝、恭、敬之类的情感认同,是礼乐共同强化的群体共识,是礼与乐的共同宗旨。其借助音乐表达,便是乐;付诸于行为实践,便是礼。乐更重视人的内心情感体验,礼更注重外部的行为方式。让内在的情感体验得以恰如其分地表达,是乐的作用;形成得体的动作,维持合理的秩序,是礼的功能。对个人而言,乐可以感人心;对社会而言,乐要时刻符合礼的规定。这样,乐义得到彰显,礼义也得以强化。乐义根植于情感体验,礼义凝聚着道德共识。通过诗来表达个人的情志,通过歌来吟咏人的心声,通过舞来促成群体认同,三者植根于内心,外发为秩序,内化为修养,礼乐相互作用成为教化的手段,就可以彻底改变人的心性,也可以充分改良社会。

礼乐教化

古代中国以"礼乐刑政"四位一体的策略进行社会治理。礼乐以教化的方式引导百姓知道哪些应该去做,确立了社会发展的方向;刑政通过惩罚进行警戒,约束百姓知道哪些不能去做,筑起了个人行为的规范。

《孟子·滕文公上》中说:

> 人之有道也,饱食、暖衣、逸居而无教,则近于禽兽。圣人有忧之,使契为司徒,教以人伦:父子有亲,君臣有义,夫妇有别,长幼有序,朋友有信。

禽兽生存的意义,只有觅食和交配。人类在发展过程中,建立了稳定的伦理秩序,形成了父子有亲、君臣有义、夫妇有别、长幼有序、朋友有信的道德伦理,人类才区别于动物,进入到文明状态。

其中,父子关系不能简单理解为父亲和儿子的关系,而是泛指有血缘关系的长辈与晚辈之间的关系。血缘关系要用亲情维系,孔子言之为"父为子隐,子为父隐,直在其中矣",[1]鼓励亲人之间要相互包容。君臣关系是上级与下级的关系,其靠相互责任来维持,上级对下级负责,下级对上级负责,二者相互负责,关系就能稳定。夫妇之间既要相互尊重,又要有所分工,彼此才能相敬如宾。长幼关系主要指兄弟关系,兄友弟恭才能长久。朋友关系泛指一般的社会关系,要靠信用来维持。这样,古代中国将人伦关系固定化,形成了人与人的相处之道,确定了父子、君臣、夫妇、长幼和朋友的相见之礼。人伦秩序是基本社会关系,其中蕴含的伦理道德,是礼义;维持各种关系所形成的约定俗成的规则,是礼仪。因此,司徒教以人伦,既要教道德伦理,也要教礼仪制度。

《礼记·王制》记载了司徒教民的具体职责:

> 司徒修六礼以节民性,明七教以兴民德,齐八政以防淫,一道德以同俗,养耆老以致孝,恤孤独以逮不足,上贤以崇德,简不肖以绌恶。

其中的六礼,指的是冠、昏、丧、祭、乡、相见礼,为普通百姓在生活中使用的基本礼节。七教是教导百姓学会父子、兄弟、夫妇、君臣、长幼、朋友、宾客七种社会关系的相处规范,与孟子所言的"教以人伦"相呼应。八政规定了饮食、衣服、事为、异别、度、量、数、制八种生产生活的原则。六礼、七教、八政所形成的制度性规定,既能合和,又有差别,蕴含着通用的道德修养和行为准则。司徒通过分类指导,引导百姓懂得礼仪、遵守秩序、稳定生活,确立道德认同,形

---

[1] 朱熹:《论语集注》卷七《子路》,第146页。

成社会良俗。

儒家充分肯定礼乐教化的作用,反对不教而诛。《礼记·缁衣》中言:"夫民,教之以德,齐之以礼,则民有格心;教之以政,齐之以刑,则民有遁心。"注重引导百姓形成道德认同,让他们体认道德自觉,形成行为自觉。百姓知道孰对孰错、孰是孰非,就能自我管理,实现社会的自运行。若单纯以行政和刑法来约束百姓,百姓就会逃避责任,抱着侥幸免祸的心态,社会很难形成道德自觉,所有的行为都需要外在监督。缺少了道德自觉,个人会不断突破社会底线和道德底线,导致社会秩序的解体。

司徒负责在社会基层推行伦理教化,乐正负责贵族子弟的教育。《礼记·文王世子》言:

> 教世子,凡三王教世子必以礼乐。乐,所以修内也;礼,所以修外也。礼乐交错于中,发形于外,是故其成也怿,恭敬而温文。

其中认为三代圣王以礼乐教子弟,是追溯历史经验。世子是天子、诸侯、卿、元士的嫡子,是爵位的继承人。这些家国责任的担负者,必须接受九年系统的礼乐教化。九年之中,他们时刻以礼乐涵养心性,养成恰当的待人接物方式,得体地参与各种国家典礼。礼自外,让行为得当,乐自内,让身心相合。礼乐交错,内心温和愉悦,情感得以畅达;外表恭敬温文,行为得当展现,形成精神温和自足、内心无愧无咎、举止恰如其分的个人修为。

天子、诸侯、大夫、士阶层接受礼乐教育,可以掌握早期中国基本的社会规范,用于国家典礼,用于日常生活,不仅体现个人修为,而且能为百姓表率。天子会见诸侯,诸侯会见卿大夫,以及在人际交往中,常通过观礼、观乐来评判一个人的道德修养与行为规范。如在大射礼中,观察一个人的行为举止,可以确定其所受礼乐教化的程度:

> 古者天子以射选诸侯、卿、大夫、士。射者,男子之事也,因而饰之以礼乐也。故事之尽礼乐,而可数为以立德行者,莫若射。故圣王务焉。[1]

大射,表面上是射箭比赛,实际上是通过射箭来观察射者是否合乎礼乐。观其礼,是观察射者是否心志专一,站姿笔直,持弓矢牢固,按照礼的规范行射。观其乐,是观察射者是否按照乐奏、乐拍去射箭,考察射者对乐的理解。礼乐相合之中,可以评价一个人的德行修为。举行大射仪时,贵族子弟还要跳弓矢舞,以表示对天子或诸侯的臣服,可以据此观察参与者的道德认知和行为规范。射仪的举行,既是比赛竞技,更是调养身心,无论输赢都要坦然接受结果:"射者,仁之道也。射求正诸己,己正而后发,发而不中则不怨胜己者,反求诸已而已矣。"[2]要求射者具有高度修养,不怨天尤人,失败后要从自身查找原因。

礼教人敬让而不争,乐教人合同而中和。礼中所体现的道德原则为礼义,乐中所呈现的道德原则为乐义,礼义和乐义共同维系着德义。《礼记·乐记》亦言:

---

[1]《礼记正义》卷六十二《射义》,《十三经注疏》本,第 1643 页。
[2]《礼记正义》卷六十二《射义》,《十三经注疏》本,第 1654 页。

是故先王本之情性，稽之度数，制之礼义。合生气之和，道五常之行，使之阳而不散，阴而不密，刚气不怒，柔气不慑，四畅交于中而发作于外，皆安其位而不相夺也。然后立之学等，广其节奏，省其文采，以绳德厚。律小大之称，比终始之序，以象事行，使亲疏、贵贱、长幼、男女之理，皆形见于乐，故曰"乐观其深"矣。

用音乐来引导民众的情感，就个人修为的养成，是乐教；就社会秩序的形成，是乐治。乐教教导民众借助音乐来宣泄情感，涵养善性。孟子言人性本善，人情生发出来的音乐，必然合乎道德要求，由情而形成的音声便合乎节度，可以达成中和。按照荀子的说法，人的本性为恶，贪欲就会变成争夺。因此，制礼作乐考虑到人性、本性的两面，将礼乐制定为可资观察稽考的度数。数是礼制、乐制的内在规定性，度是二者可调整的空间，把人的性情、调整性情的规定与可资调整的空间结合起来，形成了礼义、乐义。礼义、乐义合乎天地运行之道，合乎君臣、父子、夫妇、兄弟、朋友等人间伦常，落实到人的内心之中，让人阴阳和合，刚柔并济，合乎人情世故，礼乐成为教化的方式，通行于世。

　　荀子认为，只有通过礼乐教化，才能培养出文质彬彬的君子。如何以礼乐来正身呢？要通过老师来引导教诲：

　　礼者，所以正身也；师者，所以正礼也。无礼何以正身？无师，吾安知礼之为是也？礼然而然，则是情安礼也；师云而云，则是知若师也。情安礼，知若师，则是圣人也。故非礼，是无法也；非师，是无师也。不是师法而好自用，譬之是犹以盲辨色,以聋辨声也,舍乱妄无为也。故学也者,礼法也。夫师,以身为正仪而贵自安者也。[1]

孟子认为,每一个人都可以通过道德自觉学会礼乐;荀子则强调,学习礼乐必须有老师进行监督。荀子批评了非礼非师之说,认为非礼是放弃了礼的社会约束性,非师是放弃了人类的经验传承。在荀子看来,老师不仅是礼乐的阐释者,更是礼乐的坚守者。老师以身为正仪,所言所行一致,能够以道德自觉的原则要求自己、要求学生,给学生以言教;也能够以行为自律的原则身体力行,给学生以身教。荀子所言的"贵自安",既指老师对所教所行的道德原则和行为原则真懂、真信、真做,又指老师能为学生提供为人、做事、处世的指导。

礼乐既是社会准则,又是个人修养,经过礼乐教化之后的士大夫和百姓,能够体恤他人的情感,自觉遵守公共秩序。这样,礼乐在内涵养心性,在外确立规范,注重内在自觉与外在要求的合一,身处高位时不傲骄,身处下位时不背弃,这是道德自觉所催生的得体行为。国家有道时,建言献策,促其发展;国家无道时,沉默容身,无咎无过,这是道德自律而形成的良好心性。有了以乐养德,有了以礼制心,无论何时何地,都能管得住行为,守得住心性。

---

[1] 王先谦:《荀子集解》卷一《修身》,第33—34页。

第二辑

礼仪

礼有五经

《礼记·祭统》言："凡治人之道，莫急于礼。礼有五经，莫重于祭。"礼有五经，指的是将礼分为吉、凶、宾、军、嘉五种基本礼仪，合称"五礼"。

《尚书·舜典》记载，舜"修五礼、五玉、三帛、二生、一死贽"，借助礼器、祭品、礼物举行的祭祀活动，初步确定了五礼的框架。五玉，是五等诸侯各执其玉，其爵位不同，所用玉器也不同。三帛指纁帛、玄帛、黄帛，伪孔传理解为"诸侯世子执纁，公之孤执玄，附庸之君执黄"，[1]不同地位者所持之帛也不相同。牲为祭品，卿用羊羔，大夫用雁，士以野鸡为礼。

在仰韶遗址、良渚遗址中，墓葬规制、陪葬规格不同，表明史前已经形成了社会分层，有了原初礼制的形态。尧舜时期的礼仪，相对于周礼而言，尚处于草创尝试阶段，但已作为制度在使用。《周礼》对五礼的使用方式做了详细设计。其中，吉礼作为五礼之首，用于祭祀邦国神祇：

---

[1]《尚书正义》卷三《舜典》，《十三经注疏》本，第60页。

> 以吉礼事邦国之鬼神示，以禋祀祀昊天上帝，以实柴祀日、月、星、辰，以槱燎祀司中、司命、飌师、雨师。以血祭祭社稷、五祀、五岳，以狸沈祭山林、川泽，以疈辜祭四方百物。以肆献祼享先王，以馈食享先王，以祠春享先王，以禴夏享先王，以尝秋享先王，以烝冬享先王。[1]

在早期中国，神指各种神灵，能够给人以各种各样的帮助，鬼则被视为人去世以后的魂灵。吉礼主要用于调整人与鬼神的关系，用于祭天、祀地和享祖。

祭天是祭祀天上众神。天帝统管日月星辰、风雨雷电，天帝的侍从司中、司命等也被列入祀典。天帝及其侍从是人格神，主宰昊天宇宙，掌管人间的寿夭、天命与祸福。日月星辰、风雨雷电、五岳四海是有特定职能的自然神，分管各种自然现象，成了郊日、夕月以及祭祀风伯、雨师、雷公、电母等礼仪。道教还祭祀掌管金木水火土五星的五德星君，以及二十八星宿。如果遇到了异常自然现象，祭祀相应的神灵以求福佑。如大旱时举行舞雩以祈雨，暴发瘟疫时举行大傩活动以祛病。

祀地是祭祀与土地相关的神灵。一是祭祀土地之神，古代称之为社祀。二是祭祀山川之神，包括山神、河神、江神以及海神、龙王等。三是望祀四方，祭祀五方帝：中央黄帝、东方青帝、西方白帝、南方赤帝、北方黑帝。四是五祀，祭祀户、灶、霤、门、行等神主。户是各家的家宅之神。灶是灶神，现在民间仍祭祀灶王。霤为中霤，早期人类穴居，在屋顶上凿洞，光线由此而入，后世称中室为中

---

[1]《周礼注疏》卷十八《大宗伯》，《十三经注疏》本，第 450—460 页。

雷。门为门神，现在春节还有贴门神的习俗，表达对平安生活的期望。行是路神，以祈祷出行平安。现在有些地区仍有春节时贴"出门贴"的习俗，在正对大门的位置贴"万事如意""出门大吉"之类吉祥话，正是祭祀路神的风俗遗留。

享祖主要用于祭祀先祖。周朝祭祀后稷以来的先公先王，没有封王的为先公，追祀为王者为先王。普通百姓则祭祀祖祢，民间祭祀先祖时，常写"某氏先远三代之先祖之神位"，以祭祀三代先祖。享祖时还祭祀族厉，他们是家族中没有后代的逝者，因其无人祭祀，附祭于先祖。周礼规定，周王有义务祭祀泰厉，即没有子嗣或者暴死的先王，以防其化为厉鬼。诸侯祭祀国厉，大夫祭祀族厉，以此安抚无后之人或战死暴死者，以免其鬼魂作祟。在民间风俗中，正月初五的早上，百姓会在路边祭祀无家可归者，称之为"送穷鬼"，也是祭祀无后的鬼魂，以免其作祟。厉，还包括为国捐躯的将士，古代战殁者不入祖茔，由国家统一安葬、统一祭祀。《楚辞》中的《国殇》，就是祭祀楚国阵亡将士之歌。

凶礼是在丧葬、灾荒时举行的礼仪活动。《周礼》言之为"以凶礼哀邦国之忧"，"凶"为意外凶事、灾难。我们常说逢凶化吉，凶和难是突发的、无法预料的，但也是必然会出现的。凶、难表面看像黑天鹅突如其来，实际上是灰犀牛必然到来。黑天鹅指的是无法预见的风险，灰犀牛必然要出现的危机。因此，意外之事看似是偶然出现的，实际是必然会出现的，要借助凶礼来面对。凶礼又分为丧礼、荒礼、吊礼、禬礼和恤礼五种。

以丧礼哀死亡。丧礼包括人死亡以后举行的丧礼、葬礼、祭礼。在古代中国，丧礼非常繁琐。因为丧礼要详细地体现出生者与死者的远近亲疏，要通过五服制度表现出来。在民间风俗中，人去世以后要"破孝",将白布分别做成各种各样的孝服,让不同的人穿戴。"孝"的含义有二:一是《孝经》所言之孝,为人的感恩之心,体现的是情感认同和道德认同;二是披麻戴孝的孝,指服丧的服饰。在古代中国,麻是最粗劣的衣料。披麻戴孝,以穿着最粗糙的服饰意味着家中有丧。丧礼的五服指斩衰、齐衰、大功、小功、缌麻五种服饰。葬礼根据逝者的地位来安排,墓的形制、陪葬品也均有规格。安葬后,要定时祭祀,有头七、二七、三七等祭祀仪式,父母去世后,还要服孝三年。三年之后,逝者便随先祖祭祀,合并入享祖时进行。

以荒礼哀凶札。荒礼包括救济、薄征、缓刑、减役、开禁等行政行为。遇到灾荒,救助受灾地,要调动粮食、财货,再采用减少受灾地税赋,或延缓其缴纳的方式,以缓解灾情。古代遇上灾荒,还采用暂缓刑罚或减轻刑罚的方式救助,由皇帝大赦天下,免除部分犯人的处罚,以求上天体恤。减役是国家减少徭役征发,舒缓民困。开禁是放宽禁令,把部分皇室拥有的山地、园林开放给老百姓耕种。因此,荒礼不是简单的礼仪活动,其中蕴含着许多制度设计。遇到灾荒,国家救灾系统主动启动,推行救民、利民、便民的措施。

以吊礼哀祸灾。吊礼包括哀吊、慰问、被禳等。哀吊即吊唁,有的地区出现自然灾害或者人为灾祸,要对其哀悼慰问,以示关心。被禳是通过祈祷、祭祀、吊唁等仪式来攘除灾祸。春秋时的诸侯战败,君主要率领群臣哭于社,举行被禳之礼,以禳除灾祸。

以禬礼哀围败。围败是打了败仗,禬礼用于□国战败以后,同盟国家前去救助,帮助其尽快恢复秩序。《诗经·邶风·击鼓》的故事背景,是当年卫成公出奔陈国,受到陈共公救助。后来宋人讨伐陈国,卫国出兵南下救陈,这便是禬礼。现在一个国家战乱,邻国收留难民,进行人道主义救助,就类似于古代的襘礼。

以恤礼哀寇乱。有的地方有贼寇作乱,造成民众死伤,国家要进行抚恤。现在对烈士进行抚恤,也是对古代恤礼的继承。

从凶礼的角度看,礼仪只是象征性或者标志性的仪式,礼的背后有一个完备的制度运行体系。其中既包括行政决策,也包括群体参与,还包括救助规则。凶礼的形成,表明了人类社会在发展中能够休戚与共,相互救助,给予受难者关怀、关爱、补偿。可以说,凶礼的完善程度,体现了人类文明的发展程度和社会文明的进化程度。如果说,吉礼是主动调整天人、人神关系,带有自我保全的意味;凶礼则体现着人类的善念、善意和善心,是深厚的相互扶植。

宾礼是接待宾客之礼,用于迎来送往。其既包括国家之间的使者往来,也包括人与人之间的日常交往。宾礼包括朝觐、朝贡和相见礼。朝觐是诸侯或使者朝见天子,春见曰朝,夏见曰宗,秋见曰觐,冬见曰遇,时见曰会,殷见曰同,时聘曰问,殷覜曰视。在不同时间有着不同的名目,但仪程大致相似。朝贡是称臣之国朝见天下共主,进献贡品,因其远道而来,列入宾礼。

相见礼是主宾相见的礼节。《仪礼》中所载的士相见礼,是士大夫阶层相互拜会所采用的礼仪。不同阶层的人如何相见,有特定的礼俗。其主要原则有二:一是同辈之间是坐客见过客。外地的同辈朋友到本地来,要主动接待。晚辈则要去拜见长辈。与宾客见面时,主人根据亲疏远近,分别在门外、门内、室内迎接。二是凡与客入者,每门让于客。带着客人入内,每到门口,主人应当礼让宾客。到了室内,主人要指明客人应坐的位置,请客人入座。古时送客,双方言别,宾客离开,主人目送。宾客示意主人回去,主人坚持目送,如此三次,以示依依不舍。

军礼是军事活动中所用的礼节。古代军礼包括大师之礼、大均之礼、大田之礼、大役之礼和大封之礼。大师之礼意在用众，即征兵组建军队。古代农战合一，百姓出则为兵，入则为民。平时种地的百姓，遇到战争就组织起来，这是大师之礼。大均之礼是恤众，军队要打仗，先要校核户口，分摊军赋，征兵征粮。兵马未动，粮草先行，要征收赋税以备战。大田之礼意在简众，训练军队、教育士卒。在冷兵器时代，军队训练的成果要通过田猎进行检验，通过打猎测试指挥体系，来增进兵种之间的协调配合，让士卒体验作战的过程。大役是征发徭役，运送粮食、修葺城郭、营建军事设置等。大封之礼有多种解释，或认为是修筑道路，或认为是取胜之后举行的战胜仪式。

嘉礼是日常生活和社会交往的礼仪活动，分为饮食之礼、婚冠之礼、宾射之礼、飨燕之礼、脤膰之礼和贺庆之礼。

饮食之礼是聚餐礼仪，我们现在还通过聚餐来增进彼此的关系。婚冠之礼是加冠和结婚之礼，用男子加冠、女子及笄表示成人。婚礼是男女结婚举行的礼仪。宾射之礼是射箭、投壶之类的活动，实际是主宾一起游戏，加深故旧老友间的友情。飨燕之礼是正规的宴会，常用于重要典礼后的宾主宴饮。如鲁国使者到卫国出使，两国同宗同祖，先在祖庙举行享礼，然后国君飨使臣，陪同者举行燕礼。享礼是规定动作，燕礼是娱宾行为。脤膰之礼是将祭肉赐予同姓之国，表示同享福禄。贺庆之礼在于亲异姓之国，遇到喜庆之事进行贺庆，以示关系亲密。

实际上，五礼是借助制度性设计，将社会凝聚成一个相互协作、相互理解、相互支持的有机体系。以凶礼哀邦国之忧，是通过救灾、减灾、抚恤等制度缓解局部地区遇到的困难，主动担负道义，形成休戚与共的道德认同。以嘉礼亲万民,意在使不同阶层能够和睦相处,引导社会形成荣辱与共的群体共识。以军礼同邦国,是激励全民参与国防,同仇敌忾,同心协力,保家卫国,增进荣誉感。以宾礼亲邦国,有意识地举行各种活动拉近国与国、人与人之间的认同和理解。

　　五礼是由无数的礼仪活动组成的礼乐制度。礼仪活动主要由三个要素组成:一是人员,礼仪是围绕人的活动而形成的各种规定性动作。二是程序,以此确定人的行为,约定孰先孰后、孰上孰下、孰尊孰卑,确定交往规则。三是器物,礼仪活动使用诸多器物,如饮酒用的爵,大射、乡射用的弓箭,以及礼仪过程中的用乐等,有着形式上的差别。人是礼仪的主体,程序是礼仪的方式,器物是礼仪的媒介,三者合一,形成的规范化、程式性的动作,就是礼仪。

　　礼仪是天人、人神、人人进行交往、交际、交流方式的总括,其中最得体、最恰当的交往方式,被固定为礼仪规范或礼仪制度,作为社会秩序的典范和日程行为的基准。因此,礼仪决定着人间交往的秩序,约束着彼此的责任、义务,规定着各自的身份教养。在中华文化中,任何一个人都离不开礼的教育,与人交往要有礼节,参与公共活动要守礼仪。《礼记·昏义》言:"始于冠,本于昏,重于丧、祭,尊于朝、聘,和于乡、射,此礼之大体也。"列举了士大夫使用的主要礼仪,有冠礼、婚礼、丧祭、朝聘、射礼、乡饮酒礼等。

礼始于冠

古代男女皆留发。男子少年时垂髫,成年后束发加冠。贵族束发加冠意味着成人,要举行加冠礼。《礼记·冠义》言:"冠者,礼之始也。"行加冠礼,标志着一个人成年,开始承担社会责任。在加冠之前,一个人在父母的监护下生活;加冠之后为成年人,要对自己所做的一切负责。从这一天起,其作为独立的个体,要践行礼的规定,承担社会责任。

古代男子一般二十岁时行加冠礼。周朝时,加冠礼的对象主要是天子、诸侯、大夫的世子和士的元子。冠礼的意义,对于世子和元子而言,他们是嫡传的继承人,承担治理国家、管理地方事务的责任,加冠礼通过仪式化的方式,标志着他们可以开始行使权力。现代举行成人礼,则标志着一个人具有了全部的权利和义务。

周代加冠要三加。先加缁布冠,意味着不忘本初,自食其力,可以承担家族责任。二加皮弁并佩剑,标志着能行武事,保家卫国,可以承担社会责任。三加爵弁,古代贵族都有相应的爵位,爵弁与其爵位相应,标志着能行文事,知书达理,可以承担国家责任。

如果冠者地位更高,还要四加。"公冠四加,三同士,后加玄冕。天子亦四加,后加衮冕。"[1]若冠者为公爵,四加玄冕。如果继承了王位,四加衮冕。有时国君继位时尚未成年,加了公或天子之冕后,则可以亲自治理国家,后世称之为亲政。

加冠礼采用三加冠、三礼服、三祝辞的程序进行。主宾依次将缁布冠、武弁、爵弁加于冠者,冠者三次更换相应的礼服。每次加冠换服之后,主宾会向冠者致祝辞,让冠者明白加冠的意义所在,以强化其社会责任。《仪礼·士冠礼》记载了这些祝辞:

> 始加,祝曰:"令月吉日,始加元服。弃尔幼志,顺尔成德。寿考惟祺,介尔景福。"
> 再加,曰:"吉月令辰,乃申尔服。敬尔威仪,淑慎尔德。眉寿万年,永受胡福。"
> 三加,曰:"以岁之正,以月之令,咸加尔服。兄弟具在,以成厥德。黄耇无疆,受天之庆。"

"令""吉"是"美好"之意。古代举行礼式,常以占筮选择日期与来宾。三加之辞中对日子的赞美,是通用的套语。初加冠,意在引导冠者要放弃小孩心性,传承美德。周以德治天下,认为周王室有天下,源自文王之德,文王子孙要继承先祖之德,才能天命永存。"寿考惟祺,介尔景福",是加缁冠时祝福孩子一生幸福。加皮弁时的祝辞,要求冠者保持威严,始终如一,谨慎严肃地对待行政事务,担负起保家卫国的责任,进而祝福冠者健康成长。三加爵弁的祝辞,

---

[1] 孙诒让:《十三经注疏校记·仪礼注疏校记》,中华书局,2009年版,第357页。

强调冠者承载着家族的希望,要做兄弟们的榜样,安身立命,福禄绵长。

在加冠过程中,父亲或长辈要三次酌酒给儿子,每次酌酒都用醮辞殷殷嘱托:

> 醮辞曰:"旨酒既清,嘉荐亶时。始加元服,兄弟具来。孝友时格,永乃保之。"再醮,曰:"旨酒既湑,嘉荐伊脯。乃申尔服,礼仪有序。祭此嘉爵,承天之祜。"三醮,曰:"旨酒令芳,笾豆有楚。咸加尔服,肴升折俎。承天之庆,受福无疆。"[1]

这些程序化的醮辞,是在不断强化冠者的责任。加缁布冠、着玄端服后,要求冠者要以孝友之德对待兄弟,承担起家族责任。加武弁与武服时,叮嘱冠者学会待人接物,掌握礼仪,要对得起自己的爵位,担负起家国责任。加爵服后,则让冠者依照身份进献礼品,进行祭祀,以求福佑。

三加冠之后,父辈设筵,冠者首次以成人身份就席。主宾请冠者入席,向冠者授酒器,宾赞者向冠者上食品,冠者以祭食、祭酒祭祀先祖,以示不忘本。来宾以成人之礼与冠者拜揖,祝贺冠者已成人。宾客酌冠者的醴辞是:

> 醴辞曰:"甘醴惟厚,嘉荐令芳。拜受祭之,以定尔祥。承

---

[1] 《仪礼注疏》卷三《士冠礼》,《十三经注疏》本,北京大学出版社,1999年版,第50—51页。

天之休,寿考不忘。"[1]

我们现在依然是成年才可以饮酒,冠礼中加冠者以成人身份向先祖进献祭品,标志着继承先祖事业,将家族美好传统发扬光大。

加冠礼中最有意义的环节是给冠者取字。古人生而取名,成年取字。取字的含义有二:一是标志着成人,古代医疗条件不发达,孩子夭折较多,一个孩子到二十岁时就算成丁了。二是字与家族排行有关。古人取字,常用伯、仲、叔、季表示排行。如伯庸、仲连、叔向、刘季等,标明其在同辈中的排行。取字之后,除了国君、父辈,其他人不能直呼其名,称字以示尊敬。字是别人的敬称,自称仍要称名。如诸葛亮自称亮,他不能自称孔明;曹操自称操,别人称他孟德,他却不能自称曹孟德。

现在看来,加冠礼是一个人的成人礼。加冠之后就不能像小孩子一样由着自己的心性去做事,而要行为得体,担负起君臣、父子、夫妻、兄弟、朋友等关系所赋予的一切责任,因此加冠礼被列为礼之始。

周代的冠礼是给王、诸侯、大夫的世子以及士的元子举行的成年仪式,体现着家庭责任、国家责任和社会责任的统一。秦汉以后削弱了分封制度,冠礼的象征意义减弱。汉朝只有皇帝举行冠礼,民间冠礼则寝息不行。

唐代柳宗元言:"古者重冠礼,将以责成人之道,是圣人所尤用心者也。数百年来,人不复行。"[2]认为中古不行冠礼,是随着冠

---

[1]《仪礼注疏》卷三《士冠礼》,《十三经注疏》本,第50页。
[2] 尹占华、韩文奇:《柳宗元集校注》卷三十四《答韦中立论师道书》,中华书局,2013年版,第2177页。

礼授予权力、身份和地位的作用消失产生的。北宋司马光主张恢复冠礼,认为行冠礼言成人之道,废冠礼就少了成人之道。于是,他根据《仪礼·士冠礼》的有关记载,变通三加之礼,在家族内开始推行冠礼。

传统的三加冠,是分别加缁布冠、武冠和文冠,以象征获得身份和权利。司马光制定的仪式,为初加巾,次加帽,三加幞头。三次加冠,形式是换三种帽饰。小孩头发垂下,成年时把头发梳起来,束发加巾。再加帽子,着常服。三加幞头,着正服。司马光设计的冠礼,是通过仪式化的程序强化个人责任。

司马光制定冠礼,将之作为勉励士人的仪式:"若敦厚好古之君子,俟其子年十五以上,能通《孝经》《论语》,粗知礼义之方,然后冠之,斯其美矣。"[1]朱熹在此基础上对冠礼服饰进行了改良。冠者初加缁布冠,服深衣、大带、纳履。再加帽,服皂衫、革带、系鞋。三加幞头,服公服、革带、纳靴、执笏。父无官职者服襕衫,纳靴。保留了三加冠的传统。

明初洪武年间,朱元璋诏定冠礼,规定了皇帝、皇太子、皇子、品官下及庶人的冠礼形式,一度恢复了冠礼。清入关后,在全国剃发易服,冠礼就彻底废弛了。

笄礼是古代贵族女子婚配前的礼节。《礼记·曲礼上》言:"女子许嫁,笄而字。"《礼记·内则》也言:"女子十有五年而笄。"古代女子十五岁许嫁,举行及笄礼,并取字。许嫁是谈婚论嫁,及笄礼标志着女子成人。郑玄注:"其未许嫁,二十则笄。"[2]若没有许

---

[1] 王梓材,冯云濠:《宋元学案补遗》卷七《涑水学案补遗》,中华书局,2012年版,第780页。
[2] 《礼记正义》卷二十八《内则》,《十三经注疏》本,第871页。

嫁,就在二十岁时举行笄礼。及笄是将头发盘起,象征着女子成人,然后可成婚。

司马光在《书仪》中叙述了其设计的及笄礼:

> 女子许嫁,笄。主妇女宾执其礼。行之于中堂,执事者亦用家之妇女婢妾。

女子订婚之后举行笄礼,由主妇或女宾主持,家族中其他女性观礼。冠笄是将女子头发盘起来,然后读祝辞。女子及笄后拜见父母、姑妈、兄弟姐妹等亲友。《朱子家礼》也规定,女子许嫁后便举行笄礼,过了十五岁即使没有许嫁,也可以举行笄礼。笄礼一般由母亲主持,选择亲姻中贤淑知礼的妇女担任主宾,母亲为女子加冠笄,换服之后,为其取字。

冠礼与及笄礼分别标志着男女成年,开始担负起社会责任。就古人而言,有官职者要继承王位或爵位,要知礼明事;没有官职者也要担负起生儿育女、光宗耀祖的责任。实际上,并不是每一个人都会举行冠礼和及笄礼,多是有文化教养、礼乐传统或者有加冠意识的父母,才为孩子举行冠礼。现在有些家庭为孩子举行的成人礼,传承着古代冠礼和及笄礼。通过成人礼,可以感恩父母的抚养、老师的培养和亲友的鼓励,更能强化一个人认知具备完全民事行为能力,提醒孩子从此要为自己的所有决定负责,并承担起全部的公民权利与义务。

礼本诸婚

婚礼的意义,一是合两姓之好。《礼记·昏义》言:"昏礼者,将合二姓之好,上以事宗庙,而下以继后世也,故君子重之。"婚礼不仅是两个人的结合,更是两个家族的交好。早期中国以姓标识家族,同一姓氏有一定的血缘关系,为了优生优育,要求同姓不婚。在现代社会,姓氏分化已久,只要没有三代血缘关系的同姓,就可以结婚。通过婚姻把两个家族、两个家庭联系起来。基于夫妻关系的社会关系,会更亲近牢固。二是成一生之约。举行婚礼时,男方、女方的家族、亲戚及亲朋好友都会参加,现在的同事、同学、好友也会出席,共同见证男女双方组建家庭。众人的参加,既是见证,也是对男女双方的祝福和鼓励。婚礼的隆重是用来表示彼此敬重,用来体现对婚姻的谨慎,让大家共同见证两人成婚,承担相互责任。因此,婚礼通过仪式感让人形成敬重、幸福的情感体验,让夫妻双方担负起家庭责任和社会义务。

中华文化充分强化婚礼的社会意义。一是立夫妇之义。《礼记·昏义》中言:

敬慎重正而后亲之,礼之大体,而所以成男女之别,而立夫妇之义也。男女有别,而后夫妇有义;夫妇有义,而后父子有亲;父子有亲,而后君臣有正。故曰"昏礼者,礼之本也"。

社会秩序是否良好,主要依赖于夫妇、父子和君臣三个基本社会关系的确立。社会的底线是伦理,伦理又以男女关系为基石。人区别于动物的道德底线是男女关系。伦理关系一旦崩溃,人与动物便没有了区别;人类文明的基石一旦松动,人类的道德秩序便会被彻底毁掉。因此,对婚姻的严格规定,实际是对人类道德伦理的坚定维持。无论古今中外,乱伦不仅受到道德谴责,也为社会秩序所不容。卫宣公筑台纳媳、陈灵公君臣与夏姬淫乱,被时人耻笑。唐玄宗欲纳自己的儿媳杨玉环为妃,只能先让她出家,再纳进宫,但他们却不能举行婚礼,杨玉环只能做贵妃。可见婚礼的意义,不仅显示夫妇好合,更在于立夫妇之义。

二是成夫妻之道。《礼记·昏义》中说:

> 父亲醮子而命之迎,男先于女也。子承命以迎,主人筵几于庙,而拜迎于门外。婿执雁入,揖让升堂,再拜奠雁,盖亲受之于父母也。降出,御妇车,而婿授绥,御轮三周,先俟于门外。妇至,婿揖妇以入。共牢而食,合卺而酳,所以合体同尊卑,以亲之也。

中华文化强调夫妇有别,彼此有自己的生活空间与个人隐私。在婚礼中,处处体现着男子对女子的敬重,这在古代的父权和夫权社会中,尤有象征意义。在迎亲时,男方去女方家中亲迎;在婚礼中,进家门时丈夫要扶着妻子,进门后丈夫要给妻子行礼,都是敬重妻子的表现。这是通过仪式化的动作,来强调彼此的责任和义务。婚礼中最为重要的"共牢而食,合卺而酳",意味着夫妻二人从此之后要休戚与共。共牢而食是夫妻二人一起进餐,意味着以后同甘共苦;合卺而酳是将一个葫芦剖开,装上水后漱口,表示两人生同衾,死同穴,同甘苦,共患难,相互扶持共度此生。

三是行合家之宜。《礼记·昏义》又言:

> 成妇礼,明妇顺,又申之以著代,所以重责妇顺焉也。妇顺者,顺于舅姑,和于室人,而后当于夫,以成丝麻布帛之事,以审守委积盖藏。是故妇顺备而后内和理,内和理而后家可长久也。故圣王重之。

古代称女子出嫁为归。《诗经·周南·桃夭》中有结婚的祝辞:"之子于归,宜其家人。"女子嫁到男子家,是到了自己真正的家。合家之后,两人不仅要共财,而且要共持家务,双方都有责任理顺家庭关系。现在常说的夫妇和顺,并不是简单的妻子顺从丈夫,而是夫妇一起理顺家庭关系。女子要处理好与公公婆婆的关系,处理好家族成员的关系,还要协助丈夫处理各种社会关系。在男耕女织的社会中,男主外,女主内,女子不仅要参与丝麻布帛的劳动,还要管理家庭事务。夫妇相敬如宾,齐心协力,理顺人际关系,使家族和睦相处,生产生活才能有条不紊。

四是体伦理之道。《礼记·昏义》中言:

> 是以古者妇人先嫁三月,祖庙未毁,教于公宫。祖庙既

毁,教于宗室。教以妇德、妇言、妇容、妇功。教成,祭之,牲用鱼,芼之以蘋藻,所以成妇顺也。

女子出嫁之前,要学习处理人际关系的方法,才能更好地适应家族生活。早期中国的女子,出嫁前三个月要在公宫或宗室中学习妇德、妇言、妇容和妇功。妇德是女子应具有的品德。妇言是在家中该如何说话,该说的不说是失人,不该说的说了是失言。妇容是女子颜色和容色。容是在特定的场合中与之相配的脸色,言谈、举止、脸色恰如其分。该高兴的时候高兴,该伤感的时候伤感,面部表情要与周围环境相协调。妇功是女子应该具备的基本生活技能。一是祭祀,古代常是女主人准备祭祀器物,辅助男主人进行祭祀。二是女红,即制衣、刺绣、纺织之事,丈夫所穿的祭服,需要女子负责纺织、缝制。三是饮食,贵族家庭不一定需要女子自己亲自做饭,但需要她安排饮食。四是教子,男子在外做官并不携带家眷,妻子要在家负责孩子的教育。

  正因为婚礼蕴含着深厚的社会意义,古今中外,才常常用隆重的仪式来成男女之婚,寄寓着美好祝福。因此,古代婚仪的设计,也表明了对婚姻的谨慎态度。

  一是纳采,即通过媒妁求婚。早期中国用雁为礼品,后来还增用其他礼品。明朝规定的礼品数量以四为准,或四样点心,或四样首饰,或四样布帛等。清朝以身份规定礼品数量,四品以上以八为准,五品以下以六为准,八品以下以四为准。现在的民俗求婚,也常以四为用,男方正式登门提亲,要带四瓶酒、四样点心来作为礼品。

  二是问名,即询问女方的名字。古代中国是一夫一妻多妾制度,问名会询问女方的生母姓氏,以分辨嫡庶,因为其代表的是财产继承权和身份的贵贱。《红楼梦》中贾政与王夫人所生的贾珠、贾元春、贾宝玉是嫡出,贾政与赵姨娘所生的贾探春和贾环是庶出,其地位是有差别的。

三是纳吉。纳吉是女家将女子出生的年月日时写在庚帖上,由男家带回去卜问吉凶。在古人的观念中,要看男女双方的八字相冲相克还是相合。民间由此形成了诸多风俗,如将女子的生辰八字放在祖先的牌位前,或者压在厨房中的灶神案下,观察家里会有好事还是坏事发生。有好事说明女子旺家,有坏事说明女子败家。在双方没有相互了解的古代社会,纳吉实际是通过某种方式对男女双方负责。现在男女双方结婚,是基于对彼此的充分了解,有共同成长经历或相同价值观的双方,更能相互适应。在古代,如果男女双方八字不合,男家便将庚帖退回,谈婚论嫁自然终止。如果卜问结果是吉,就进行纳征。

四是纳征。纳征是订婚,男方要出彩礼,也叫聘财。古代女子嫁到男方家,不常与父母来往。男方以聘财答谢女方父母的养育之恩。纳聘财标志着订婚,相当于许嫁许娶,代表双方在社会意义上成为了夫妻,只是还没有举行仪式。现在提倡婚事从简,但双方父母还是要见个面,举行个订婚仪式。在此前三个仪式中,一般双方父母是不见面的。双方父母在纳征时正式见面,一般由男方到女方家中进行。

五是请期,即选择结婚日期。男家择定合婚的良辰吉日,要征求女家同意,双方共同商量婚期。有时,女家觉得日子不合适可以拒绝,提议调整。民间也有以"送好儿"称之,好儿是好日子,男方请期时,有的会送彩礼。

六是亲迎，即双方成亲。结婚当日，新郎偕同宾客、亲友亲自往女家迎娶。贵族女子出嫁，新郎要先到女家祖庙前行拜见礼，上香、献礼品，祈求女方祖先庇佑。之后，用轿将新娘接到男方家，完成拜天、地、祖先的仪式后，送入洞房。

在昏礼中，有三个通用文本。一是聘书，即婚约，有婚约就相当于签订了协议，女子也会知道自己将来会过上怎样的生活。有婚约，就可以毁约，古代戏文里常演的故事，有男女双方门当户对定下婚约，男方一朝落难，女家就要毁约。没想到女子坚持履行婚约，戏文便赞美女子从一而终的品行。二是礼书，即过礼文书。在请期时呈上礼单，上面写明赠送的彩礼。三是婚书，是迎亲文书，相当于现在的结婚证。有了婚书，男女双方就有了法律保证。

男方将女子亲迎到家后，还要举行隆重的成婚仪式。

首先是拜堂。拜堂是婚礼中最重要的仪式。宋代之后，主要拜天地、拜祖宗、拜公婆、夫妻交拜，正式结为夫妻。

其次是沃盥。沃是浇水，盥是洗手洗脸。古代以匜浇水，以盘接水，通常由赞宾协助男女双方洗手洗脸。

再次是对席。对席是夫妻双方结婚后共进的第一餐，在婚礼中举行，象征从此同甘共苦。现代婚礼上，新人喝交杯酒，是对席风俗的延续。中国婚礼的对席时间，从北到南，越吃越晚。东北地区婚礼一般在早上进行，主宾共进早餐，上午十点左右便结束。中原地区共进中餐，南方多吃晚餐。

然后是合卺。卺是瓢，将葫芦从中间剖开，男女双方各持一半，盛水漱口后，倒掉水合上葫芦，用红线缠起来，标志双方从此有福同享、有难同当。古代的卺，一定由女家提供。现在民间的风俗，是结婚时女家会拿出两个碗扣在一起，用红线缠上，叮嘱女子要妥善保管，不要轻易使用。这既有合卺之义，又象征夫妻共度此生。

最后是馂余设衽。洞房中闲杂人等离开，新郎将婚礼外套脱下，给新娘宽衣，夫妻合床。

婚礼的第二天，行妇见舅姑礼。古代的舅姑是公公婆婆。新妇要拜见公公婆婆，馈赠一些从娘家带来的礼品，公公婆婆则要准备一顿饭来款待新妇。第三天，新郎陪同新娘去看望岳父岳母，并接回新妇。到此，婚礼的程序便大体完成了。

古代的贵族结婚，还要行庙见礼，标志着新妇成为男方家庭成员，取得了正妻身份。皇帝封后，也要昭告天下，因为皇后是皇帝的正妻。嫔妃则不用诏告，在于她们是皇帝的庶妇。在古代中国，贵族正妻要行庙见礼，百姓之妻则参加祭祖。如果正妻无子，会成为家族的大问题，要么过继，要么妻被妾取代。妾或嫔妃如果成为正妻，也要举行正式仪式，才能为家族和社会认可。

婚礼比冠礼复杂隆重，在于冠礼只是一人之事，婚礼则涉及两个家族。从周朝开始，男女双方的联姻、通婚，小而言之，涉及家族利益；大而言之，涉及国家的生死存亡。周幽王原以申后为后，以申后嫡子宜臼为太子。后来，周幽王废黜申后和太子宜臼，立褒姒为后，立褒姒之子伯服为太子，又加害宜臼。王的婚姻，从来不是夫妻之间的事，而是周王室与重要诸侯之间的力量联合。周幽王废嫡立庶，让申后的父亲申侯非常愤怒，他联合缯国、西夷、犬戎杀死周幽王，由此导致了西周的覆亡。

以普通人的视角来看，婚礼是简单的男女合好；以家族的角度视之，婚礼要合两姓之好，因为婚姻涉及家族荣辱、政治得失，涉及子女的继承权,是社会关系的重组。古代以门当户对来描述婚姻背后的复杂关系,正是在于其涉及到政治、经济、宗法等诸多关系的调整。两国和亲的婚礼,还涉及到外交关系、地缘政治和民族融合,肩负着更为重大的国家责任。

重于丧葬

丧葬之礼涉及范围较广。一是社会观念,活着的人对待死亡、对待逝者,见诸于态度,付诸于行为,表现为如何理解死亡,如何面对死亡。二是道德伦理,如何处理遗体,既体现着生者对逝者的感情,也体现着彼此的伦理关系。三是礼仪规范,以怎样的礼仪告别逝者、安葬逝者,体现着生者与逝者的亲疏远近。在丧葬仪式中所体现出来的秩序形态,承载着群体认同和公共秩序。四是社会判断,丧礼见诸亲疏,葬礼见诸尊卑,身份地位决定了墓葬的规格,由此形成了对逝者生平事迹、道德品质、社会贡献的评价,蕴含着社会判断。古代用祭文、谥号,现在用悼词、挽联评价逝者,都表明葬礼是制度形态、社会舆论、文化传统的交汇。

古代丧葬之礼比较繁琐,仅丧服一事,就存在很多争论。但相对于其他礼仪而言,丧葬之礼得到了较好的传承。现在民间葬礼中仍有古礼、古语、古制的遗存。这是因为,婚礼之类的礼仪自由度较高,举办形式、规模大小,可以由个人或者家庭自主决定。中华文化向来秉持"死者为大"的认知,认为一个人的死亡,并不是一个家庭的事,而是一个家族的事。同一家族成员要进行哀悼、祭祀,宗族、亲戚、同事关系在丧葬之礼的行为有鲜明的要求。在传统社会,长辈去世以后,子孙极尽哀戚之容,丧葬事务由宗族来主办。在现代社会,一个人去世后,子女要安葬父母,也需要亲戚、乡邻、同事的协助。一个家庭的丧葬是家族事务,有时举行公祭,还有更多社会成员参与。因此,丧葬风俗在较大范围内被延续,各种各样的丧葬礼仪,也成为一个地区特定的风俗。

丧葬之礼主要由丧礼、葬礼、祭礼三部分组成。古代百姓的丧礼通常持续三天,天子、诸侯有时会持续数月。一般而言,丧礼由如下主要环节组成。

一是复。逝者刚刚辞世,亲属常不能接受事实,相信逝者的灵魂能够复返,遂举行复礼,祈祷逝者复生。复礼是为逝者招魂的仪式。复者拿着逝者的衣服,一手执领,一手执腰,面向幽冥所在的北方,拉长声音高呼逝者名字,呼唤其灵魂归来。中华文化认为灵魂不灭,能来能去。楚辞中的《招魂》和《大招》两篇写招魂仪式。巫师面向四方呼唤逝者灵魂归来。《山海经》言幽都在北方,早期中国的复礼朝北呼名。后世复礼一般登高对着大路呼喊。其实,招魂只是一种美好的愿望,安抚亲人不愿接受现实的情感。招而不回,就要送魂,也称礼魂。亲属为逝者准备一些东西,送其魂灵远行。民间习俗常用纸扎的马和轿子,写上逝者名字,让逝者魂灵乘马或坐轿到另一个世界去。

二是殓。举行复礼之后,要收殓遗体。有时常在逝者临终或刚去世时把衣服换好,逝者的遗体通常安放在正寝南窗下的床上。古人住四合院,正寝在四合院正房正中的位置。古代常在逝者死而未僵时,用角柶插入上下齿之间,把口撑开,以便日后饭含,叫做楔齿。现代北方地区的习俗中,通常将遗体安放在堂上正对着门的位置,遗体头朝着门,脚朝向屋子里,以便装殓出葬。

三是命赴吊唁。安放好遗体后，逝者家人派人去亲戚、朋友家报丧。现在多通过发讣告来宣告死者辞世。逝者的亲朋好友闻讯后赶来吊丧，慰问家属，进行吊唁。吊唁的方式有两种，或直接到灵堂前祭奠，或到殡仪馆作最后的告别。

与此同时，家人要对逝者沐浴更衣。在古代，常先在西面的墙下掘坎为灶，把洗米水烧热，为逝者洁身。还要为逝者栉发，修剪手指甲、脚趾甲。栉下的乱发，剪下的指甲、趾甲与楔齿用的角埋在坎中。沐浴的含义是洁净反本，寓意着人本来是天地的产物，最终清清白白地复归于天地之中。浴罢，把水倒在坎中。在现代，这一环节大多由殡仪馆来完成。

古代在小殓时，要进行饭含、袭、设冒，饭含就是把珠、玉、米、贝放到逝者的口中。安置好遗体后，再设燎重，为逝者树立牌位。第一天，一般先用纸糊的牌位，逝者身份不同，纸的颜色不同。牌位上写着某人之位，代表逝者的亡灵。第二天，开始举行各种各样的仪式。小殓时给逝者穿上下葬的寿衣。不同地方、不同时期的寿衣样式不同。传统风俗中的寿衣有明确规定，现代的寿衣一般采用逝者生前的衣服样式。

将逝者放入棺木为大殓。小殓在室内，大殓多安置在正堂、院子或门外。小殓时准备丧服。大殓以后成服，家族成员按血缘关系的远近，穿着不同等级的丧服举行丧礼。

大殓之后，要举行复杂的祭祀仪式，包括朝夕哭、奠和既夕哭。朝夕哭是每天早晚要在殡所哭奠，哀痛长辈离世。奠是祭奠，民间即为上香、烧纸钱。遇宾客来吊唁致奠，主人也要答拜迎送，哭踊如仪。哭是痛哭，踊是跺脚、捶胸以示哀痛。《礼记·王制》言："天子七日而殡，七月而葬；诸侯五日而殡，五月而葬；大夫、士、庶人三日而殡,三月而葬。"不同身份的丧期时间不同,从停放灵柩到下葬,逝者亲属都要朝夕哭、奠。既夕哭是在下葬前一天晚上,在殡所,既夕哭是葬前最隆重的一次哭奠。既夕哭中,每一个子孙都要进入堂中单独祭奠一次。如果家中人丁兴旺,会持续很长时间。

在丧礼过程中,还有筮宅、卜日等程序,以准备安葬事宜。筮宅是看阴宅,请人选择墓地葬所。有的会提前修好坟墓,如皇帝一即位,就开始营建陵墓,不再需要死后卜宅。举丧之家都要卜日,选择下葬日期。假如逝者生前没有坟地,就需要筮宅、作墓。对于普通百姓,需要在两天之内挖好墓室;贵族数月而葬,也与墓葬工程量大有关系。下葬要占卜日期,计算时辰。有的提前确定下葬时间,以外应为准。外应是外部出现的征兆,如把遗体运到墓地后,看见东方有人牵牛而过,便开始下葬。

下葬的前一天,先用灵车把灵柩迁入祖庙停放,是为迁柩。在古代,普通百姓没有祖庙、祠堂,会把灵柩放在街上,搭灵棚进行祭祀。第二天下葬,先是发引,柩车启行,前往墓地。运输灵柩有车拉和人抬两种方式。有地位的逝者有棺有椁,棺椁多用檀木、楠木、柏木等贵重木料,多用柩车。普通百姓的薄棺常用杉木、桐木、杨木制作,多用人力抬棺前往墓地。

下葬之日有五个程序:一是奠仪,举行大规模的出殡祭奠。然后拆掉灵棚,启程前往墓地。二是送灵,启程时,逝者的好友读祭文、送挽联,举行一个大规模的祭奠仪式,类似现在的遗体告别仪式。三是出柩,将灵柩运到坟地。出柩时有时候唱哀歌,汉乐府有《蒿里》《薤露》,就是安葬时的挽歌。在出柩过程中,路过逝者生前居住过的地方、儿子家门口,或者关系比较近的长辈的居处,一般要停下来,再举行一次简单的哀吊。每停一次,孝子孝孙都要哭祭。四是下棺,灵车到达墓地,举行祭奠后下葬。子女下墓室打扫,放入棺椁后,子女还要下去检视。墓地先掘好墓圹,安葬时在棺材下铺垫石灰、木炭等,以防潮湿和蛇虫。五是封丘,先用石头或石门把墓室封上,然后封墓道,最后封坟丘。

坟丘的大小由逝者的身份、地位决定。古代的陵墓有严格的规制。如唐代规定了官员墓葬的面积,还明确了墓高、墓碑样式、神道尺寸、坟前翁仲规格等。墓丘通常是将墓室挖出来的土堆在坟头,挖得越深,土就越多,封丘越大;挖得浅,封丘就小。人的身份不同,墓的形制便有了差别。

丧礼一般遵循三个原则。一是事死如事生。丧礼中的祭祀,遵照逝者生前的社会关系来设定,关系越近越要伤悲,关系远些则适度伤感。下葬的陪葬品,也多以逝者生前喜爱的物品为要。现在民间仍流行给逝者烧纸钱,有的还附上纸制的汽车、房子、钱、麻将等,为事死如事生的观念的遗留。

二是极尽哀荣。极尽哀荣是对逝者进行隆祀。隆祀是祭祀的规格要提高一级,周朝的侯去世,用高一级的规格安葬。丧礼的哭祭仪式非常繁琐,也是为了表达对逝者的尊重、敬重和哀悼。传统的丧礼在大殓之后,要早、中、晚连哭三天,每次都给逝者上馔菜,以示尊重。馔菜有三十六或八十一道菜,其中有菜名叫"山妖海怪",以面食、蔬菜、肉类做成想象中的山妖海怪的样子,其并非日常所食,只是为了表示祭者的敬重。在祭祀中,司仪喊初献黄,亚献白,三献爵,也是古语的遗存。这些礼仪实际并非逝者生前所用,而是以更高的礼仪对其进行褒奖。现在我们对逝者的评价,仍以褒扬为主,批评较少,也是极尽哀荣的传统。让晚辈多感念长辈的辛劳,目的是促进家族、宗族和社会的团结。

三是慎终追远。一个人来到世界上是偶然的,离开这个世界是必然的。如何走好这一生,最后赢得生前身后名?逝者是生者的榜样,祭祀逝者便是勉励生者。《左传·襄公二十四年》载叔孙豹之言:"太上有立德,其次有立功,其次有立言。"力有不逮,还可以选择立身。一个人离开世界的那一瞬间,以什么样的角色,给社会做了多大贡献,子女是否教育得好,都可以在葬礼上得以体现。因此,葬礼不是简单的安葬行为,而是被赋予了教化功能,引导每一个人都能够以庄重的态度对待自己的一生。正因为先辈的付出和努力,才使得后人衣食无忧、子孙满堂,安享太平。每一个人都是历史的一环,对先辈慎终追远,是在教育子女要尊老、敬老、养老。

祭礼是安葬完逝者以后举行的祭祀之礼。安葬后的前三天,家人仍按照"事死如事生"的原则祭祀逝者。每餐饭,尤其是午饭时,亲属要带着饭菜到坟上祭奠,表示对逝者的思念与不舍。之后,家人以七天为一个周期进行祭奠,持续七七四十九天,重要的有头七、三七、五七、七七。之后,祭奠的频率逐渐下降。由每天去祭奠,变成每周去祭祀,再后来变成每月去祭祀,最后变成每年按时祭祀。三年以后去孝服,将逝者并入祖庙。

祭礼包括虞礼、卒哭、祔祭、小祥、大祥、禫祭等仪式。虞礼是安葬完后回到家中举行的安魂仪式。逝者亲属把牌位或画像抱回来,放在家中正堂上,开始安魂。此后,还要到墓上举行墓祭。祭祀三天,就不再早晚哭祭了。然后祔祭,把逝者牌位放到祠堂之中,置于逝者的父母牌位旁边,标志着逝者开始跟先祖一起享受祭祀。所有人死后都要祔祭,没有后代的逝者,牌位也放入宗庙之中,按时祭祀。

依次举行小祥、大祥和禫祭。小祥是在第十三个月,逝者亲属可以吃菜和果子。古代的孝子,要在父母去世第一年吃糠咽菜、粗茶淡饭,表示对父母的怀念。大祥是第二十五个月,也就是第二年,逝者亲属可以用酱、醋等调味品。二十七个月之后举行禫祭,逝者家人可以饮酒、去丧服。现代对孝期的计算,一般按第一年、第二年、第三年来算。古代重孝的观念,不管官位多高,父母去世都要辞官回家进行丁忧。因此,葬礼、祭礼不是一个简单的祭祀活动,其中也包含着丰富的道德伦理传统。

古代最常见的祭祀是时祭,即每年在特定时间祭祀先祖。皇帝祭祀宗庙,春祭为礿,夏祭为禘,秋祭为尝,冬祭为烝。民间祭祀先祖之礼经过演化,逐渐集中在四个时间点。清明扫墓,鬼节祭祀,寒衣送衣,年关祭祖。清明扫墓始于唐代,开元二十年(736),唐玄宗下诏言:"寒食上墓,礼经无文。近代相传,浸以成俗。士庶有不合庙享,何以用展孝思?宜许上墓同拜扫。……仍编入五礼,永为恒式。"[1]魏晋南北朝战乱后,许多家族家庙被毁,民间只好去坟前祭祀。唐玄宗正式确定了清明上坟的习俗。夏天祭祀是在鬼节七月十五日,秋冬之际的十月初一烧寒衣。季冬腊八节至除夕,要多次祭祖。这是祭祀先祖的四大时祭。

祭祖仪式在不同朝代、不同地区有差异,但基本程序大致相同。祭祀时先上香,然后读祝文,接下来奉饭羹、献祭品,如奉茶、献帛、献酒、献馔盒和献胙肉。最后献嘏辞,焚祝文,辞神叩拜。民间常用的祭祖仪式,多是先上香,后敬献各种各样的祭品,最后祝祷。

---

[1] 杜佑:《通典》卷五十二《礼》,中华书局,1988年版,第1451页。

中华文化重视先祖祭祀,原因有三。一是思亲。祭祀先祖之前举行斋戒,让身心安静,沐浴更衣,食用素食,通过有仪式感的行为来思念亲人:"思其居处,思其笑语,思其志意,思其所乐,思其所嗜。"[1]回想亲人的音容笑貌,怀念前辈的丰功伟绩、道德操守。二是立教。通过祭祀先祖,形成家族的情感认同,强化道德认同。孔子曾言:"立爱自亲始,教民睦也。立教自长始,教民顺也。教以慈睦,而民贵有亲.教以敬长,而民贵用命。孝以事亲,顺以听命,错诸天下,无所不行。"[2]天下百姓的仁爱之心,最深沉的体验来自于亲人之间的相互关爱。如果要养成"泛爱众而亲仁"的社会风气,首先要从尊重父母、敬爱长辈开始,让人人在家庭、家族中都能体会到关爱,便能在社会上推而广之。中华文化之所以重视丧葬之礼,就是以此养成人的感恩之心、仁爱之心,使得家庭和睦,父慈子孝。三是认同。家的认同体现在慈睦有亲,表现为亲情关系;国的认同体现在敬长用命,表现为社会关系。在家庭之中,通过祭祀先祖养成仁慈和睦的道德认同,自然增加亲人之间的亲情。亲情不断扩大至社会关系,会增强社会成员之间的和睦。这样,通过祭祀把家族伦理转化为社会伦理,把亲亲秩序转化为尊尊秩序,家与国便完成了伦理上的同构,进而形成了最为广泛的秩序认同。

---

[1]《礼记正义》卷四十七《祭义》,《十三经注疏》本,第 1311 页。
[2]《礼记正义》卷四十七《祭义》,《十三经注疏》本,第 1320 页。

尊于朝聘

朝聘之礼,包括朝礼和聘礼,《周礼》言其差别是:"春见曰朝,夏见曰宗,秋见曰觐,冬见曰遇,时见曰会,殷见曰同。"诸侯在春、夏、秋、冬不同时节朝见天子,分别称为朝、宗、觐、遇。非定期见天子为时见,王巡狩时见诸侯为殷见。天子有事时,诸侯派大夫前去问候,则称为时聘、殷覜。诸侯之间也行朝礼和聘礼。在春秋时期,较弱的诸侯常用朝礼朝见方伯之国,如滕侯、薛侯、杞侯、曹伯、邾子等诸侯时常朝鲁。晋文公时,诸侯朝晋。晋悼公时,鲁曾以天子之礼朝晋。

朝聘礼的细节,西周金文有记载。东周诸侯不再定期朝觐天子,礼制细节不甚明确。有的诸侯为了使霸主地位得到承认,行朝见天子礼,以求确认。如齐桓公朝见周襄王,礼仪完备,恭敬有加。晋文公依仗自己的实力,让周天子来见他。《春秋·僖公二十八年》载为:"天王狩于河阳。"以微言大义的方式表明周王是迫于晋文公的压力来相见。这样的朝觐只有形式,失去了本来的意义。

如此看来,传统文献中记载天子、诸侯的定期朝见,只是理论上的阐释,在东周并没有严格地执行。《左传·昭公三年》言:"昔文襄之霸也,其务不烦诸侯,令诸侯三岁而聘,五岁而朝,有事而会，不协而盟。"曾约定三年举行一次聘礼，五年举行一次朝礼。《礼记·王制》说："诸侯之于天子也，比年一小聘，三年一大聘，五年一朝。"也说诸侯要定期朝见天子。从《左传》的记述看来，定期朝聘是儒家的制度化构想，在东周并没有得到实行。

讨论周礼，一定要与历史事实进行对照。《周礼》《礼记》中的记载，有不少是出于理论建构或制度设计，有些是现实的记载，有些只是理想的图景。《仪礼》记载的礼仪，是最为规范、最为完备的礼节，在春秋时也不一定完全通行，就像我们现在所有礼仪文本描述的礼节，并不一定在社会中严丝合缝地坚守。当前学界对《仪礼》的理解，一般认为《仪礼》是两周礼仪活动的资料记载。在孔子时已经礼崩乐坏，孔子与弟子演礼时教习这些仪礼，并身体力行地进行提倡，恰恰证明《仪礼》中的有些礼节已经紊乱或者消散。因此，孔子及其弟子才有必要重新确定、完善并倡导这些礼节。就像朱熹制定《朱子家礼》，其中的许多礼节并非宋朝所通行，而且在其颁行之后，民间也没有完全照搬采用。所以说，《仪礼》记载的礼仪，与两周的实际使用情况究竟如何，还需要深入考察。至少在朝聘中，可以看出，诸侯见天子的朝礼与诸侯之间的聘问，有不少环节与《聘礼》记载并不一致。《左传》中记载了不少朝聘中的违礼情形。不过，《仪礼》为我们提供了尽可能标准的礼仪规范，成为理解礼义、观察礼节和研究礼制的基本参照。

《礼记》中的多数篇章，成于战国到秦汉之际的学者之手，其中不免包含诸多个人的观点，其立意有高下之分，阐释有驳杂抵牾之处。秦汉之际，儒家学说尚未居主导地位，这些学者所述之礼，既有对周制的理解，也有对完美制度的设想，还有一些出于道听途说。《周礼》是战国以至秦汉学者对理想制度的设计，既有合乎历史实践的成分，也有出于理想设计的制度。因此，三礼所载的制度，一部分是历史事实，有过执行，也有过崩坏。一部分是学者为了弥补现实缺憾而设计出来的，是应该怎么做的设想，而不是已经做了的实践。我们理解朝聘礼，要借用早期史料如铜器铭文，参考《左传》《国语》中的史料进行分析。

《左传》所记载的朝聘制度，以诸侯之间的聘问为主，诸侯朝天子的记录较少，诸侯朝见方伯较多。如鲁桓公十五年（前697），邾、牟、葛等诸侯朝见鲁桓公。晋悼公、晋平公时诸多诸侯以天子之礼朝晋国。晋平公继位之初，齐晋争霸，齐国刚嫁女给周宣王，齐国在地位上似乎更胜一筹。晋平公与诸侯在温地会盟，命令前来朝见的大夫起舞歌唱，以示臣服。齐国使者高厚所唱之歌不合规定，惹得晋国卿大夫荀偃大怒，高厚逃归齐国。随后，晋国率诸侯攻打齐国，齐侯不得不以天子之礼朝觐晋平公。

《仪礼·觐礼》叙述了诸侯朝聘的基本程序，主要环节如下：

一是郊劳。诸侯或使臣到达边境，天子或诸侯要派人前去慰问。当时诸侯或使臣朝见，要走过漫长的行程。比如，从齐国临淄、鲁国曲阜出发，到镐京或洛邑，一路上车马劳顿，风尘仆仆。天子或诸侯派人在郊外对朝觐者进行慰劳，陪着朝觐使团入境。进入国都后，要赐给朝觐使团馆舍，安排入住，双方约定朝觐的时间和地点。

二是觐见。觐见，首先要行释币礼，将礼品敬献于宗庙中。释币礼之后，使团正式朝见天子或诸侯，行朝拜之礼。

三是享王。享礼一般在宗庙中举行，仪式感较强，朝觐者献酒、献纳。献纳后举行朝觐仪式，如果是诸侯朝王，诸侯要汇报封地内礼节、法律、音乐、服制的执行情况、汇报贡赋的征收情形等。

四是慰劳。天子听后要慰劳使团,表达肯定、感谢和赞许。然后赐给朝觐者仪仗、服饰和礼器。铜器铭文中有大量周王赏赐诸侯、臣属的记录,常用的是赤舄、赤服、彤弓、彤矢、秬鬯等。仪仗、服饰代表着爵命,礼器代表着荣耀和责任。弓矢用来射侯,表明诸侯可以行诛杀之权,强化朝觐者的责任。秬鬯为祭祀用品,表示着彼此之间的亲近关系。

朝觐礼一般是诸侯亲自朝见天子,或者诸侯派使者朝见天子,主要是下级对上级,诸侯对天子,附属国对宗主国的朝觐。聘礼是天子与诸侯、诸侯与诸侯之间的相互访问、慰问。春秋时期主要以诸侯之间的聘问为主。聘礼分为大聘和小聘,大聘是派遣较高爵位的卿到其他诸侯国行聘,小聘是派遣较低爵位的大夫、士到其他诸侯国行聘。

从周礼的设计来说,各诸侯国的地位由公、侯、伯、子、男五等爵位决定,爵位高的诸侯地位高,爵位低的诸侯地位低。如宋国国君是公爵,地位较高。鲁国是侯国,其始封君是周公之子,在姬姓诸侯中为班长。楚王只是子爵,地位更低。《春秋》中就以宋公、鲁侯、楚子等称呼之。东周王室衰微,礼坏乐崩,诸侯的尊卑不再遵循爵位,而是决定于实力。周襄王十三年(前639),齐桓公去世,晋文公尚未称霸,宋襄公想主盟诸侯。在盂地会盟时,宋襄公自恃爵位高,想主持会议。楚成王却不认同按照爵位来排序,拘禁了宋襄公,并攻打宋国。宋襄公一心想称霸,最后反被楚成王羞辱。国际秩序的变化直接导致了聘礼的演变,诸侯相聘表面遵循程序,实际上折冲于樽俎之间。表面是宴饮,实际蕴含了国与国之间的交锋,体现着各国的不同地位。

春秋时齐鲁夹谷之会,孔子任傧相。会盟接近尾声,齐景公准备设享礼款待鲁定公。孔子说道:"牺、象尊不出于宗庙,上好的音乐不在郊野中演奏。在外享礼时准备了这些礼器,是抛弃了礼节;如果不准备这些,就相当于用秕稗来款待别人。"最终双方没有举行享礼。孔子以知礼、有勇,在齐鲁之会中维护了国家尊严。

战国时的渑池之会上,秦昭王自恃国力强盛,请赵惠文王鼓瑟。赵惠文王虽不情愿,但仍弹了瑟。秦史官如此记录:"秦王令赵王鼓瑟。"以此侮辱赵国。蔺相如说:"听闻秦王善于演奏秦地音乐,请让我献上盆缶,大家借此相互娱乐。"秦昭王不应,蔺相如以性命相挟,秦昭王只好敲了一下缶,蔺相如命令赵的史官记录下来。由此可见,聘礼中的飨燕,从来不是单纯地喝酒、吃肉、唱歌、跳舞,更涉及到国家地位及国君、使臣的尊严。因此,聘礼在具体执行中,即便按照《仪礼》的规定,在礼乐使用上仍有别有深意的细节。

我们来看大聘的仪程,就能理解诸侯聘问之礼的谨慎。

首先是命使,确定使臣人选。随后举行授币之礼,准备礼品。出发之前,使团还要以释币礼告庙,然后出使。周人认为,诸侯的所有权力都来自于先祖,使臣出使,要求先祖保护。告庙之后,国君举行授命仪式,使者接受国君之命,正式成为国家使节。

接下来便出使。如果两个国家相邻,使团到对方边境上停下来,等着对方派人迎接并引入国家。如果两国不相邻,使团要向途经国家假道过境,假道就是借路。比如,晋景公派申公巫臣聘吴,假道于莒。晋国使团到达莒国边境,应当停下来向莒国借路,由莒国派使人相陪过境,路过使团不能自行其是。使团入境之前要演礼,演习一下见对方国君的礼仪。春秋时不同国家的礼仪、礼制、用乐、风俗均不同,演习礼仪是为了避免失礼。对方会派人来郊劳、致馆、设飧,慰问使团,安排住宿,设宴款待,确定聘期。

然后是行聘。使团按约定日期见对方的国君,先举行享礼,将从本国宗庙中拿来的币帛在对方宗庙中进献。对方国君要归饔饩,飨宴使团。在燕飨中,使团有时会提出一些请求,如季札使鲁国,请求观周乐。陪同使团的叔孙穆之,安排乐官为季札歌唱十五国风、小雅、大雅和颂,让他观舞。鲁昭公二年(前540),晋国使臣韩宣子出使鲁国,在太史氏处观看了《易象》与《鲁春秋》。归饔饩是礼节性的、仪式性的宴飨,飨宾介则以燕飨为要。

最后是送宾。使团还要分别问候对方的卿、大夫,举行还玉、贿礼等仪式,对方归还玉圭、回赠礼品,送走来宾,使团返国复命。聘问时间的长短取决于路程的远近和仪程的安排,如过境假道、郊劳治馆都需要时间,会使得使期延长,像季札那样观乐,更会耗费时日。

小聘主要由大夫出访,仪程相对简单。首先是戒宾、陈具。邀请宾客,安排接待使者所用的器具、会见场所。然后主人身穿朝服,以揖礼、拜礼来迎接来宾,并引入庙中举行庙祭。庙祭后举行正馔,礼节性地吃一顿正餐,再以加馔表示对来宾的敬重。正规仪式后,请宾客再吃一顿,以示周到。然后束帛侑宾,赏赐使者,使者辞谢,双方行礼致意。最后卒食,相当于践行使者。用餐完毕,有司收起祭品,送至宾馆,叫归俎。第二天,使者拜谢国君,主人送走使者。由于级别的差异,小聘中的大夫可以与诸侯正式会面,有时诸侯也委托卿主持庙祭和正馔。

聘礼遵循的原则有二,一是明贵贱,二是致尊让。《礼记·聘义》言:"聘礼,上公七介,侯伯五介,子男三介,所以明贵贱也。"根据身份尊卑确定相应的礼节,以相互敬重:"三让而后传命,三让而后入庙门,三揖而后至阶,三让而后升,所以致尊让也。"[1]进入庙门后,作揖三次才到达台阶前,再作揖三次才登堂。虽然繁琐,但都会严格遵守,以免被对方认为失礼。三让三揖体现的是"至尊让"的礼义,主宾以相互谦让表示对对方的尊重。

后世的宾礼受到了朝聘礼义的影响。在公务接待中尤其重视,比如下级要亲自去迎接上级,做好食宿安排。若与来访者同级,可以让下属去接,安排其他人陪同。第二天由陪同者安排活动,准备正式的会见、商谈和用餐,以示尊重。送别方式有二,一是送上级要送到高铁站、机场或高速口告别,遵循着礼送出境的原则。二是同级别在对方出发处话别,多为古代聘礼规矩的延续。

宾礼还包括诸侯相见、大夫相见、士相见等礼仪。两周的士相见礼在《仪礼·士相见礼》中有详细记载。士相见礼规范了中国人交往的基本方式,有助于我们理解人际交往的原则和分寸。

首先是传命。想见某人,要请中间人约见。古代称中间人为介,现在还说介绍人或联系人。介向对方提出见面请求,被约见者听完以后马上推辞:"不行,怎能让他来拜见我?我应当去见他。"这是辞挚,彼此客气一下。在日常客套时,双方要把握好原则,不能主次颠倒。

其次是见面。双方约定后见面,按照规矩入门。入门是客人来到对方家中,主人要感谢对方上门拜访。双方作揖后,主人推辞对方所带礼物,再迎入门内。古时主宾身份地位不同,在不同的位置迎送。现代社会,平辈之间一般在门内迎接。进门时,主人由右侧进入,客人由左侧进入,以示敬重客人。因为主人在自己家,要

---

[1]《礼记正义》卷六十三《聘义》,《十三经注疏》本,第1661页。

把客人置于尊贵的位置。现代社会敬酒时也常站到被敬者右侧，表示尊重，这也是古代规矩的延续。

进屋之后，宾客把礼品送给主人，主客要相互推辞一番。主人受挚后表示感谢，双方开始会谈。谈话完毕以后送客，主人将宾客亲自送出。同辈上门，通常送到家门口，等客人走远了，自己再返回。一般说来，长者上门拜访的情况较少，二者多选在正式场合见面。晚辈上门拜访，长者略微送送即可。主人送客后，还要进行回访。这样就完成了一个标准的士相见礼。现在通常客人走后，会以短信或者电话的方式感谢主人款待，或者在不久后回请一次，这是礼尚往来。

士见大夫礼实际是下级见上级之礼，其要点有四。一是大夫一般在门内迎接，以问候表示关心。二是士进门后，大夫行一拜之礼。三是士与大夫首次相见，大夫要终辞其挚。一般大夫绝不收士的礼品，会坚持让士把礼物带走。四是告辞时，大夫只以再拜之礼送别，不送至大门外。

在士相见礼中，有很多细节成为后代的交往规则。一是交谈的话题："与君言，言使臣。与大人言，言事君。与老者言，言使弟子。与幼者言，言孝弟于父兄。与众言，言忠信慈祥。与居官者言，言忠信。"[1]主宾交谈的话题是有规矩的，不能乱说。与君主交谈，谈的是如何驱使臣下；与卿大夫交谈，谈论的是如何侍奉国君；与老者交流，谈的是怎样教育子弟；与年轻人在一起时，就要讲论怎么孝敬父母，敬爱兄长；与普通人说话，要谈论如何做到忠信慈祥；与官吏交谈，要讲如何忠诚信实。根本原则是，来宾要说符

---

[1]《仪礼注疏》卷七《士相见礼》，《十三经注疏》本，第119页。

合自己身份的话，谈论主人关心的话题。

二是谈话时的目光。古代的做法，同地位高的人谈话，应当注视对方的面部。在自己说话时，要将目光转移到对方的胸部，不应再盯着对方直看。谈话结束时，再看一下对方的表情。对方讲话时，自己不能眼光游移，心不在焉。同长辈说话时，目光应该停留在身体中部，脸和腰带之间，不要盯着对方的脸和脚。跟长辈在一起若不交谈，站立时就看着自己的脚，坐着时看着自己的膝盖，以此体现出对长者的尊敬。现在不必如此拘泥，但要理解其中蕴含的礼义，以做到尊敬长辈，聆听教诲。

三是要注意观察对方的神态："侍坐于君子，君子欠伸，撰杖屦，视日蚤莫，侍坐者请出矣。"[1]若主人打哈欠或伸懒腰，或问时间早晚，或是有人来告知饭菜已经备好，或改变坐姿与位置，来宾要明白自己应当告辞了。晚上与主人聊天，主人询问时间，或者建议食用荤辛食物来提神，来宾就应该请求告退了。

在现代社会中，还可以根据哪些原则来处理好主宾关系呢？

首先，无礼不拜见。《仪礼·士相见礼》说："某不以挚，不敢见。"挚是见面礼，通过得体的礼物，得当地表达对他人的尊敬与重视。一般首次见面时，可随手赠送一些小礼品，作为伴手礼。

其次，礼尚往来。对方赠送礼物，也要有所还赠。在古代社会中，约见平级，去时要带礼品，分别时对方会回赠。如果下级见上级，上级也会还礼。阳货欲见孔子，孔子避而不见，阳货送孔子蒸熟的小猪。孔子必须遵循礼尚往来的原则，不得不带着礼物回见阳货。现在提倡厉行节约，反对铺张浪费，但在私人交往中，仍保

---

[1]《礼记正义》卷二《曲礼上》，《十三经注疏》本，第48页。

留着礼尚往来的风俗。

其次,揖让以明礼。下级见上级,晚辈见长辈,古代常以作揖谦让,现代多起身表示尊敬。如闲坐时,长者入内,要起身站立以示敬重。坐着聊天时,有长辈路过,加入聊天,晚辈要站起来致意,主动端茶倒水。交谈时,如果长者站立,晚辈便不宜坐着。路遇长者,要主动招呼。

最后,礼主于敬。如果不懂礼节应该怎么去做,要保持着对长辈的尊敬。尊敬发自内心,能弥补在礼节上的缺失。敬有两种含义,一是心中之敬,二是行为之敬。敬重长辈,尊敬同辈,会自觉见诸礼节,如双手给别人端饭、端水、奉茶,主动问候。自明代以后,通行"谒拜之礼,幼者先施。坐次之列,长者居上"。[1]现代社会中,下级要先鞠躬、递名片并自我介绍。握手则正好相反,古代称为执手礼,尊长先伸,幼者后握。现代交往中,一般女士伸手,男士再握。地位高的人请长辈居上,会被大家视为有德;身居高位想当然地居于上头,会为众人所不齿。

后世继承了士相见礼的传统,与时俱进,增加了一些新法则。如清代的习俗是士庶相见,主人出迎,相揖而入,登堂再行拜礼。身份相似的人来访,主人要出门迎接,相互作揖,迎入屋内。到了堂上,双方再次致礼。叙语完毕,客人退,行揖礼,主人送至大门外,相揖而别。在当代,远客舟车劳顿,告别时应当远送,近处客人送到门口也无妨。主人相送时,客人应当婉言谢绝。一般来说,卑幼见尊长,尊长不送。学生见老师,老师不必远送。

社会关系的形成,正是依靠交流往来不断加深。时间会消磨

---

[1]《明史》卷五十六《礼志》,中华书局,1974年版,第1428页。

掉人与人之间曾经有过的情谊,距离也会淡化彼此有过的交情。亲人之间的礼尚往来,会让关系更加密切。同事、朋友、师生、同学之间,不常联系会日渐疏远。日常生活中,可通过发短信、微信、电话进行问候,表达自己的关心与敬意。人若懂礼,朋友会越来越多,关心自己的人会越来越多;不懂礼节,朋友便越来越少,关心自己的人也就越来越少。因此,礼不是外在要求,而是个人心性的体现。在工作中,学会与同事、领导打交道;在恋爱时,学会与对方家人沟通交流。在这其中,每个人都在观察别人,也在被别人观察。只有养成善良平和的心性,具备谦恭仁厚的修养,才能发自内心地真诚、敬重、感恩,形成良好的人际关系,而不是需要时热情有余,不需要时相忘江湖。

和于乡射

乡射指乡饮酒礼和射礼。射礼又包括大射礼和乡射礼。大射是由天子或诸侯举行的射礼,乡射是在社会基层举行的射礼。早期中国通过射箭来选拔技艺高超的武士,后来演变为仪式化的射礼。

两周时期的射礼保留着射箭比赛的仪式,形成了习射、比赛、乐射和旅酬等环节。在习射和比赛环节,除了比较射箭技艺之外,还要观察参与者的德行。《礼记·射义》说:

> 故射者,进退周还必中礼,内志正,外体直。然后持弓矢审固,持弓矢审固,然后可以言中。此可以观德行矣。

射者要站有站相,坐有坐相,符合仪式规范。射礼开始时,先射三箭,看谁能够射中,这保留了古时选拔的含义。然后,射者踏着音乐的节拍去射箭,看是否合乎礼乐,由此观察一个人的德行。其中最重要的是观察一个人在射前射后的行为。《礼记·射义》言:"射者,仁之道也。射求正诸己,己正而后发,发而不中,则不怨胜己者,反求诸己而已矣。"[1]射箭射不中,或成绩太差,不要怨天尤人,不要去抱怨射中者射技高超,或者埋怨弓箭不好、场地不合适等场外因素,要好好反思自己是不是学艺不精。孟子非常赞同这一说法,以此作为例子:"仁者如射,射者正己而后发;发而不中,不怨胜己者,反求诸己而已矣。"[2]以射礼修养人的心性,肯定其中蕴含的深厚德义。

《礼记·射义》还介绍了为什么要在射礼前后安排燕礼和乡饮酒礼:

> 古者诸侯之射也,必先行燕礼。卿、大夫、士之射也,必先行乡饮酒之礼。故燕礼者,所以明君臣之义也。乡饮酒之礼者,所以明长幼之序也。

诸侯举行射礼前,先举行燕礼;卿大夫举行射礼,先举行乡饮酒礼。将射礼与燕礼、乡饮酒礼结合在一起,蕴含了两层含义。其一,等级较高的燕礼在于明君臣之义。用宴饮来体现尊卑秩序,就像现在应酬性的饭局,地位低者常要给地位高者敬酒,以示尊重。其二,乡饮酒礼在于明长幼之序。在中华文化中,就餐的座位是有规矩的,乡饮酒礼以长幼为序,公务场合以职务序次,私人场合以年龄序次。大射先行燕礼,赛后旅酬;乡射先行乡饮酒礼,正是表明二者不是简单的射箭比赛,而是通过射箭活动确立君臣之义、长幼之序。燕礼注重尊卑贵贱分等,乡饮酒礼强调尊老爱幼,皆意在确

---

[1] 《礼记正义》卷六十二《射义》,《十三经注疏》本,第1654页。
[2] 朱熹:《孟子集注》卷三《公孙丑上》,第239页。

立秩序,推行教化。

《礼记·燕义》言燕礼的礼义:"上必明正道以道民,民道之而有功,然后取其什一,故上用足而下不匮也。是以上下和亲而不相怨也。"通过宴饮拉近上下、主宾的关系。在燕礼中,主人向来宾献酒,来宾酌酒回敬,主人再酬宾。三杯喝完后,主宾完成献酬仪式,然后自上而下进酒劝饮,是旅酬。旅酬有两种喝法:一是奉酒敬尊长,尊长喝完,自己再喝;一是身份相同者举杯相敬对饮。现在的宴饮仍保留着旅酬传统,主人向每位来宾敬酒,宾客也与所有人碰杯。

乡饮酒礼是中国最常见的礼仪,其经历了三次变化。第一个阶段是尊长,《礼记·乡饮酒义》中说:"乡饮酒之礼,六十者坐,五十者立侍,以听政役,所以明尊长也。"现在家族聚餐,也是长辈坐上位,为乡饮酒礼的礼义遗留。第二个阶段是尊贤,秦汉举荐贤能之士,要举行乡饮酒礼,以示敬贤。第三个阶段是东汉之后,常借助乡饮酒礼养老,民间推荐贤良之人担任三老,将尊老、敬贤合二为一。东汉明帝在太学中行养老礼,采用乡饮酒礼仪。现在在春节前后,国家领导人、地方官员看望老专家、社会贤达,也是养老、尊贤传统的延续。

"饗"的字形,是鄉人共同进食饮酒。民间的乡饮酒礼,大致分为三个类型。其一,两周三年举行一次大比。比赛时,乡大夫推荐贤能之士,在乡学中会饮,以宾礼来款待贤能,这是经典意义上的乡饮酒礼,被赋予了尊老、尊贤的礼义。其二,秦汉之后,常在春天和秋天举行乡饮酒礼,成为民间聚餐传统。其三,党正在季冬蜡祭饮酒,岁末家族、宗族、邻居举行聚餐,也采用乡饮酒礼。现在有些地方仍保留有岁末全村聚会宴饮的传统,体现着明长幼之序的礼义,其座次、就餐和敬酒风俗与传统的乡饮酒礼一脉相承。

传统的乡饮酒礼有一套完整的流程。首先是定宾介,选择聚会的主持之人,这是乡饮酒礼中很慎重的环节。村中举办红白喜事时,一般邀请德高望重的人来主持。山东地区的饮酒,多为主人坐主位,宾客坐在左右,设主陪坐下位,陪客人喝酒,照顾宾客。在洛阳地区,正式请人吃饭,要找与客人身份相当者来主持。主人坐下位,宾介坐上位,客人依次坐在宾介两边。关中则常请客人坐上位,主人坐旁边。各地座次风俗不同,一般客随主便,不宜轻易推辞。在宴请时,主人要照顾客人,不宜多喝酒,宾介常代表主人去敬酒。

定好宾介后,要陈器具。在家中请客,主人要准备场地、酒具和食品等。现在常在饭店饮酒,主要是订饭店、定座位、备酒、点菜等。以前在家中备席要杀猪宰羊,现在约在饭店,主人一般要比客人先到,准备好器物、场地,主人迟到被视为失礼。

敬献宾是宴饮开始后的敬酒仪式。饮酒时要以酒敬宾客,周礼是下级给上级奉酒,端一杯酒敬给上级。一般坐在主位上的人请大家喝酒,大家一起感谢。用现在的话来说,是主持者敬宾客一杯,宾客也要反过来敬主持者一杯。然后主人、主持者一起敬献众宾。这样就完成了第一轮仪式性的喝酒,即"酒过三巡"。古代在这一过程中,有乐工来献歌。乐工演出完毕,要献给乐工一杯酒。乐工的首领喝完酒,乡饮酒礼的规定动作便结束了。

然后是赞举觯,由辅助宾介的人举觯,主宾进入到随意敬酒、饮酒的环节。现在饮酒时每人要敬其他人一次,俗称"走圈"。古代叫行酬,主宾分别行酬。在行酬中的饮酒,无算爵,即不规定酒的杯数,想喝几杯就喝几杯,想与谁喝就与谁喝。没有规定动作,音乐也可以一遍一遍地演奏。

乡饮酒礼由两个基本程序组成，一是正式宴饮的规定礼节，二是无算爵、无算乐时的自由宴饮。这两个程序与燕礼大致相似，旨在加强感情，尽兴尽欢。燕礼和乡饮酒礼中最重要的礼义，是体现尊让絜敬之道。尊是尊重对方，让是谦让，敬酒时要尊重别人，别人给自己敬酒时尽量谦让。絜是时时刻刻保持着干净，古礼中请客人饮酒，要当面再洗一遍酒杯。敬，是充分敬重对方，让对方感受到满满的诚意。《礼记·乡饮酒义》中说：

> 主人拜迎宾于庠门之外，入三揖而后至阶，三让而后升，所以致尊让也。盥洗扬觯，所以致絜也。拜至、拜洗、拜受、拜送、拜既，所以致敬也。尊让、絜敬也者，君子之所以相接也。君子尊让则不争，絜敬则不慢，不慢不争，则远于斗辨矣，不斗辨则无暴乱之祸矣。斯君子所以免于人祸也。故圣人制之以道。

主人迎宾客于门外，双方作揖三次；至阶前三让后再上台阶，是致尊让的礼义。喝酒之前要盥洗，洗手洗杯以示洁净，是致絜敬的礼义。其中的"拜至，拜洗，拜受、拜送，拜既"等做法，充分体现了在公共秩序中，尊重别人、敬重别人是最为重要的礼节。年轻人从小耳濡目染，养成诚敬的心性，能够得体地待人接物，也是乡饮酒举行的意义所在。

中国人的性格含蓄，有些话不知如何说出口，便借喝酒倾诉，拉近彼此的距离。在宴饮之中的尊重、谦让，是为了交好关系、减少误解。生活中处处有竞争，宴饮时能尊重、能谦让，还要相互赞美,增进了彼此的感情。现在的饮酒礼仪中,仍保留着敬重、谦让的传统。比如敬酒时,要站在对方右边,便于端着酒杯碰酒方便;不要隔着人敬酒,避免对中间的人失礼;晚辈给长辈敬酒时,要站起来走到对方面前,敬酒时酒杯要低于对方,以示谦逊。敬酒时,酒要满杯,不能半杯。通过敬酒来体现对人不怠慢,遇事不争执,养成不斗不辨的习惯,体现处处尊让、时时絜敬的心性。

乡饮酒中蕴涵着充分的教育、示范作用:

> 乡饮酒之礼,六十者坐,五十者立侍,以听政役,所以明尊长也。六十者三豆,七十者四豆,八十者五豆,九十者六豆,所以明养老也。民知尊长养老,而后乃能入孝弟。民入孝弟,出尊长养老而后成教,成教而后国可安也。君子之所谓孝者,非家至而日见之也,合诸乡射,教之乡饮酒之礼,而孝弟之行立矣。[1]

在宗族乡邻中,六十岁的老人坐着,五十岁相对而言年轻些,要立侍,听从长者吩咐。这是明尊长的礼义。侍于尊者有两种做法,一是站着侍奉,二是坐在下位,照顾长者吃饭。古人行分餐制,面前摆好食品。年龄越大,待遇越丰盛,以体现敬老、尊老、养老之义。公共场合的餐饮,不仅仅是吃饭,而是时时刻刻要明白自己的身份、所处的位置,照顾好在场的每一个人,不能只顾着自己吃饱喝足。乡饮酒礼中尊长养老的礼节深化了孝悌观念。待长辈以孝,能够感恩;对待同辈以悌,遵守秩序。这样,百姓通过日常聚餐饮

---

[1] 《礼记正义》卷六十一《乡饮酒义》,《十三经注疏》本,第1632页。

酒,就能涵养德性,养成尊长养老的道德认同。

中华文化重视乡饮酒礼,正在于其中蕴含着礼教、乐教和政教的多重功能。《礼记·乡饮酒义》解释其用意:

> 乡饮酒之义,立宾以象天,立主以象地,设介僎以象日月,立三宾以象三光。古之制礼也,经之以天地,纪之以日月,参之以三光,政教之本也。

古人认为,社会秩序来自天地,礼自地出,乐自天作,社会秩序是天地秩序的投射。社会秩序中的各种礼节,皆是为了约束人的动物性本能。在儒家看来,食、色为人的本性。从个人修为的角度来说,要通过慎独来约束本性之恶,唤起人性之善。从社会建构的角度来说,要改变弱肉强食的自然法则,形成群体协作的社会秩序。这就需要建构诸多礼节来约束人的本性,充分展现人性之美。

饮食之礼是对食欲的约束,通过社会化的行为,确定了面对食欲这一本能需求时应具备的行为原则。《礼记·礼运》言:"夫礼之初,始诸饮食。"充分意识到饮食之礼对人本能的约束。因此,饮食之礼可以调整最为基本的社会关系。一是协调人神关系,祭祀之礼献酒食,祭祀之后以亲疏远近分配祭肉,来建立家族秩序。二是协调国家秩序,天子诸侯的飨燕体现君臣之义。三是亲近人与人的关系,如乡饮酒礼体现着尊老爱幼的分配秩序,强化着待人接物有主有次、有先有后的公共意识。

饮食是为了果腹,为了建构上下有序、尊卑有等、远近有别的公共秩序,必须从饮食的细节入手,有意识地控制人的食欲,形成饮食之礼。孔融让梨的故事流传至今,不在于孔融让出的梨,而在于孔融面对饮食时知道尊让。没有尊让,人人就会抢夺,何谈建立有序社会?古代以饮酒之礼教育百姓,不仅让百姓养成尊老养老的观念,而且让百姓知道如何身体力行,代代相传,以促成长幼有序、尊卑有等的社会秩序。

军征之礼

军征之礼简称军礼,见诸于国防制度和军事活动。周朝的礼,广义上指以礼制为基础的国家制度,《周礼》中的大役、大均、大封之类的礼,更接近于军事制度。我们主要来谈谈军事活动中所用的礼仪。

讲武是最常见的军礼,其含义为"简车徒以讲武",[1]用于军事训练和检阅军队。一般在孟冬之月,"天子乃命将帅讲武习射御,角力"。[2]北方地区的孟冬是农闲时节,将帅率领士兵举行讲武活动,进行射箭、驾车、作战与体能训练。孟冬讲武是制度性的安排,有时为了作战,也会举行临时性的军事训练和演习。《逸周书·世俘解》中记载,周武王在征伐之前举行过校猎活动,擒虎二十有二,猫二,麋五千二百三十五,犀十有二,氂七百二十有一,熊百五十有一,罴百一十有八,豕三百五十有二,貉十有八,麈十有六,麝五十,麋三十,鹿三千五百有八,这些正是周武王率军校猎讲武的战果。

---

[1]《后汉书》卷四十《班彪列传》,中华书局,1965年版,第1363页。
[2]《礼记正义》卷十七《月令》,《十三经注疏》本,第551页。

西汉在长安设南北军为常备军，其讲武检阅活动，常从秋季开始。常备军从全国选拔，"能引强蹶张材力武猛者，以为轻车、骑士、材官、楼船"。[1]普通的弩用手臂拉开，蹶张弩是射者躺在地上，脚蹬弓，手拉弦来射箭，射程远，是秦汉时期的重杀伤性武器。材力武猛者，是体质好、体力好者，来做轻车、骑士、材官、楼船士卒等。他们常在立秋时开始演练阵法，持续讲武，在十月举行都试，对士卒进行考核，相当于完成了三个月军训之后，检阅训练成果。

　　在讲武中，时常举行校猎活动。校猎也称田猎，是农战合一的产物。两周时全民皆兵，相当大的一部分军人出自于农民，农忙时种地，农闲时组成军队操练，形成了春蒐、夏苗、秋狝、冬狩的军训制度。利用农隙训练士卒，既训练野外生存、安营扎寨、开辟道路和布置战场，又通过狩猎、田猎进行协同作战。当时军队的后勤保障体系不如现在完善，不仅要训练队列、教习刺杀等作战技巧，还要训练开路、安营、扎寨等后勤保障技能。《左传·隐公五年》言："三年而治兵，入而振旅。归而饮至，以数军实。"经过三年训练后，百姓武装起来，就可以作战了。

　　秦汉时期军队常备化，依然通过校猎来训练军队。汉赋中用大量篇幅铺陈校猎场景，就可以看出，两汉依然采用校猎的方式进行军事演习。校猎的作用：一是训练军队，提升士卒的单兵作战能力与兵种协同作战能力，提升军队的战斗力。二是借助军事演习耀武扬威，震慑周边国家，使其不敢轻易来犯。隋大业三年（607），突厥、西域及东湖的君长前来朝贡，隋炀帝在榆林举行冬狩之礼，在二百里的区域内演习军队，向邻国展示了隋朝军队的强大。

---

[1] 郑樵：《通志二十略·礼略》，中华书局，1995年版，第731页。

讲武和校猎是军事训练活动,军队征伐是正式的军事行动。《礼记·王制》中记述了天子亲征的仪式:

> 天子将出征,类乎上帝,宜乎社,造乎祢,祃于所征之地。受命于祖,受成于学。出征执有罪,反,释奠于学,以讯馘告。

天子出征时要祭天。古代祭天有两种,一是定时祭天,如冬至时祭天,或者四季孟月的郊祀;二是临时祭天,在发生重大事情时举行祭天之礼。天子出征时祭祀天帝,称之为类,以求天帝护佑。与此同时,也要祀社,平时在规定时间祀土地之主为祀社,特殊或意外时祭祀土地之主为宜社。造乎祢,到祖庙中祭祀亡父,求得保佑。祃是祭祀出征之地的山神、河神或土地主,祈求诸多神灵保佑。然后,天子在祖庙中举行出征仪式,发布命令。由于古代国子在学宫中接受训练,学习诗书礼乐,有战事时参与作战。因而,天子与群臣、宗室在学宫谋划军事行动,讨论作战方案,这是受成于学。如果战胜凯旋,则在学宫中举行仪式,感谢将士们的参与,在宗庙中举行献俘礼。

《礼记·大传》记载了牧野之战中武王伐商成功后的做法,可以观周初的亲征礼:

> 牧之野,武王之大事也。既事而退,柴于上帝,祈于社,设奠于牧室。遂率天下诸侯,执豆笾,逡奔走。追王大王亶父、王季历、文王昌,不以卑临尊也。

武王柴于上帝,进行祭天仪式;祈于社,祭祀土地之主;设奠于牧室,在牧野临时设立祭祀先祖之所,率领诸侯举行盛大的祭祀仪式,追念先祖的功业。

如果不是天子亲征,只是命令将士出征,要举行命将仪式。《尉缭子·将令》中说:"将军受命,君必先谋于庙,行令于廷,君身以斧钺授将。"选定将帅后,国君进行宗庙祭祀,告知列祖列宗,以求先祖护佑,并与将帅在宗庙中确定作战策略,然后举行仪式,将象征军事权力的斧钺授予将帅。

命将是军礼中最为神圣庄重的仪式,象征国君将社稷存亡托付给了值得信赖之人。刘邦授予韩信为大将军,先用砖石筑坛,再选择良日吉时,君臣认真斋戒。刘邦亲自授予韩信斧钺,拜其为大将军。北齐命将,先让太卜到祖庙中谋庙,占卜灼龟,取出鼓与旗。皇帝着衮冕到庙中拜见太祖,陈说战事,然后引将上来,亲自将钺授予将军,言:"从此上至天,将军制之!"再将斧交给将军时言:"从此下至泉,将军制之!"将军接受斧钺后行将令,皇帝说:"苟利社稷,将军裁之!"然后将军上车出征。皇帝又说:"从此以外,将军制之!"以体现"将在军,君命有所不受"的信任。[1] 皇帝通过斧钺象征,将天下的权力移交给将军,表达对将军的信任。

率军出征,要举行誓师仪式。天子或将军要陈述作战的利害,动员大家全力以赴,并约法规定奖惩。现在举行重大活动前也要召开誓师大会,是古代誓师方式的遗留。《尚书·甘誓》记载夏启在大战前召六卿誓师:

---

[1] 杨丙安:《十一家注孙子校理》附录《孙子本传》,中华书局,1999年版,第307页。

> 王曰："嗟！六事之人，予誓告汝：有扈氏威侮五行，怠弃三正，天用剿绝其命，今予惟恭行天之罚。左不攻于左，汝不恭命；右不攻于右，汝不恭命；御非其马之正，汝不恭命。用命，赏于祖；弗用命，戮于社，予则孥戮汝。"

夏启首先告诫六卿作战的意义，是因为有扈氏不遵守秩序，上天授意自己剿灭他们。然后宣布纪律，如果下令攻左边、攻右边或驾马前进而士卒不执行，就是不听命令。最后宣布奖惩措施，若是服从命令就有赏，不听命就会被杀死于社中。后世的檄文也用于誓师，来宣传作战的合法性。如三国曹魏陈琳的《讨曹操檄》和唐代骆宾王的《讨武曌檄》。

誓师后军队出征。有的行军中人衔枚，马嘴套嚼子，马蹄裹草，以便于突袭；有的行军则大张旗鼓，以增加威慑。军队驻扎时设营垒。《六韬·军略》言其制度："设营垒，则有天罗、武落、行马、蒺藜。昼则登云梯远望，立五色旌旗；夜则设云火万炬，击雷鼓，振鼙铎，吹鸣笳。"在营地周边设置天罗、武落、行马、蒺藜等设施，防备敌人偷袭。设置警卫在高处远望，白天用旗帜、晚上用火把传递信息，营垒周围设置游哨、骑哨，用于警戒。

双方交战也要讲军礼。《司马法·仁本》记载春秋时的交战之礼，实际是兵对兵、将对将，双方列阵击鼓，然后冲锋：

> 古者逐奔不过百步，纵绥不过三舍，是以明其礼也；不穷不能，而哀怜伤病，是以明其义也；成列而鼓，是以明其信也；争义不争利，是以明其义也；又能舍服，是以明其勇也；知终知始，是以明其智也。六德以时合教，以为民纪之道也，自古之

政也。

长勺之战后，曹刿曾言"一鼓作气，再而衰，三而竭"，[1]可见齐鲁军队作战采用对垒进攻，双方击鼓冲锋，若一方不敌撤退，就是失败。依照军礼，追逐败者不超过百步，逃跑后再追，也不超过三舍，一舍是三十里，追击逃兵不超过九十里。在城濮之战中，晋军"退避三舍"以让楚军，以此报答晋文公当年流浪时被楚成王款待的恩惠。三舍，就是古代军礼中交战双方约定的缓冲区域。孟子中有"五十步笑百步"的故事，也是出于军礼中步兵追击不超过一百步的约定。由此可见，古代的军礼中体现着道义，约定双方争义不争利，军事行动要维护和平，维持正义。

春秋后期的作战不再遵从约定的军礼，开始采用突袭之类的新战术。城濮之战中，"胥臣蒙马以虎皮，先犯陈、蔡。陈、蔡奔，楚右师溃"，[2]晋军以精锐部队先攻打楚国较弱的陈蔡联军，再攻打其他部队。这不是三军对垒，而是避实就虚。与长勺之战的打法不同，不再遵守兵对兵、将对将的交战之礼。尽管传统军礼仍在延续，但新的战法开始施行。守着传统军礼而打了败仗的宋襄公，遭到了时人的耻笑。《左传·僖公二十二年》载：

> 冬十一月己巳朔，宋公及楚人战于泓。宋人既成列，楚人未既济。司马曰："彼众我寡，及其未既济也请击之。"公曰："不可。"既济而未成列，又以告。公曰："未可。"既陈而后击

---

[1]《春秋左传正义》卷八《庄公十年》，《十三经注疏》本，第241页。
[2]《春秋左传正义》卷十六《僖公二十八年》，《十三经注疏》本，第448页。

之，宋师败绩。公伤股，门官歼焉。

　　国人皆咎公。公曰："君子不重伤，不禽二毛。古之为军也，不以阻隘也。寡人虽亡国之余，不鼓不成列。"子鱼曰："君未知战。勍敌之人隘而不列，天赞我也。阻而鼓之，不亦可乎？犹有惧焉。且今之勍者，皆吾敌也。虽及胡耈，获则取之，何有于二毛？明耻教战，求杀敌也，伤未及死，如何勿重？若爱重伤，则如勿伤；爱其二毛，则如服焉。三军以利用也，金鼓以声气也。利而用之，阻隘可也；声盛致志，鼓儳可也。"

宋襄公与楚人作战，宋军已摆好阵势，楚军尚未渡过河。司马认为敌众我寡，应该趁楚军未过河时进攻，宋襄公却不同意。等楚军渡过河还未组织军队时，司马又建议趁此时攻打楚军，宋襄公还是不同意。等到楚军摆好阵势再去进攻，结果宋军失败了，宋襄公也受了伤。国人都抱怨他固守古礼，而宋襄公却说，自古以来君子打仗要求不乘乱进攻，不擒年老的士兵，对方没有排好队列就进攻，这不是君子作战。子鱼却认为，现在打仗要有一些变通，以打败对方为主，不能再拘泥于礼节。

　　打了胜仗之后要举行凯旋仪式，宣告胜利。常见的仪式有告庙、饮至、舍爵和策勋。战胜归来告庙以感谢先祖护佑，饮至是举行庆功宴，然后加官进爵，表彰将士。城濮之战后，"振旅，恺以入于晋。献俘授馘，饮至大赏，征会讨贰。"[1]晋文公举行盛大的凯旋仪式，高唱凯歌回到晋国，然后献俘杀俘，举办庆功宴，犒赏三军。《木兰诗》中写到："策勋十二转，赏赐百千强。可汗问所欲，木

---

[1]《春秋左传正义》卷十六《僖公二十八年》，《十三经注疏》本，第455页。

兰不用尚书郎。"便是言花木兰的功劳,能够升职十二次,做到正二品的尚书郎,可以奖赏千百金。

战胜之后,有时要勒铭以告功。东汉窦宪追击匈奴,出塞三千里,至燕然山刻石记功,铭文为班固所写,颂美窦宪的功勋,成为了"勒铭燕然"的典故,用来形容功业彪炳史册。有时不用勒铭,而用露布,公开报捷,宣告战争胜利。北魏时,若打了胜仗,会将胜利的消息写于布上,做成旗帜传阅,让天下人知晓,是为露布。隋文帝开皇年间,太常卿牛弘撰写《宣露布礼》,确定露布的具体用法。开皇九年(589)隋朝平定陈朝后,驿站挂上露布,战胜的消息迅速传于长安。露布到达京城后,百官和四方客使皆着朝服在广阳门外列队拜露布,仪式盛大。唐朝每次平定动乱也会宣布露布,露布成为了胜利的公告。

有时战胜后,还会举行受降礼,接受败者投降。鲁宣公十二年(前597),楚国围郑,郑国都城被攻破后,郑襄公赤露上身,手牵一羊来到楚阵前,口称:"孤家违背天意,没能侍奉好您,使您心怀愤怒亲临敝国,实乃孤家之大罪,岂敢不唯命是从?"楚庄王下令后退一舍三十里,允许郑伯投降。三国时期,邓艾袭蜀,后主刘禅投降时,将一口棺材放在车上,把自己捆起来,跟着棺车走到邓艾面前请降,以示愿受处置。

宋太祖平蜀后,为蜀王孟昶专门制定了投降礼。受降当天,军队陈列在皇宫前的街道上,孟昶率其官属来到明德门外,素服纱帽,由通事舍人领着北向序立。孟昶跪下奉表,献上投降书,复位待命。宋太祖让侍臣大声朗读,接受了蜀王的投降。孟昶跪谢不杀之恩,通事舍人将其搀起,宣布赦免其罪过。孟昶再拜呼万岁,表示臣服。接着宋太祖赐衣,封其为秦国公。孟昶下跪受衣,标志着成为了大宋臣子。改服之后,孟昶乘马来到宋太祖面前,被赐座。宋太祖也换上常服,百官进来侍奉,孟昶为宋太祖跳舞,以示效命。宋太祖召孟昶上殿,孟昶拜谢后,再退出。中书率领百官恭贺皇帝平定天下,然后,宋太祖宴请近臣,孟昶陪同。由此可见,受降礼的关键,是投降者表示臣服。

献俘礼之后举行饮至礼,类似于后世的庆功宴,君臣、将士吃饭饮酒,载歌载舞,以示庆贺。

古代打了胜仗称为有功,打了败仗称为不功。《周礼·夏官司马·大司马》记载战败之礼:"若师有功,则左执律,右秉钺,以先恺乐献于社。若师不功,则厌而奉主车。王吊劳士庶子,则相。"司马牵着国君的车回来,搀扶国君,慰劳、抚恤死者,安葬殇者。

古代军队承担着救灾、禳灾的使命,因此,有些禳灾之礼被列入军礼中。古代发生日食时,天子素服,太史登上灵台,见到日有变,令士兵击鼓,令史以上持剑等待日蚀结束。都城高度戒备,卫尉率兵绕着皇宫奔走。古时以日象征天子,日蚀被理解为天子可能有危,军队要戒严,伺察守备。

时傩也是军礼之一。古人认为天气长期不晴朗,会引发生疫情,举行傩礼以驱邪祛疫。士兵将祭品斩碎埋于宫门及城四门外,用牲血来禳除阴气。一般在秋分前一日、季冬和岁末举行大傩。隋代举行傩礼,士兵分队穿着不同颜色的衣服,拿着皮鞭,有人扮成方相氏,有人击鼓,在城门处被禳。方相氏被视为驱鬼之神,现在民间春节时还有百姓带着大头盔游行,是古代驱邪祛疫方式的遗留。

军礼由无数仪式、诸多环节组成。有些程序一直通用,如命将、阅兵、誓师、凯旋、庆功、表彰等仪式一直沿用到现在,只是繁简有别。早期中国非常重视谋庙问卜，《孙子兵法》将其称为庙算，专指遇到军事活动时，要到宗庙中询问列祖列宗，祈求保佑。现在不再使用这一仪式，但战略决策的过程仍然存在，要根据双方作战的态势，进行理性决策。军礼中还有些仪式逐渐淡化了，如傩礼、合朔伐鼓、马政等。

　　我们了解古代礼仪的目的，是掌握主要程序中所蕴含的基本原则，对中华文化的核心思想、传统美德、人文精神和思维方式有更深刻的理解。所有的礼仪，均是借助约定俗成的仪式、行之有效的程序来强化责任，明确义务，约束行为。在具体的仪式中，参与者根据自己的身份行事表达，言谈举止得体。礼仪从表面上看，很像是在走程序，实际上是通过礼仪对人员进行分类，对事务进行约束，强化集体荣誉感、行为庄严感和做事责任感。

第三辑

礼制

礼制

礼仪由诸多仪式组成，辅助礼仪活动的各种陈设、器物及服饰等方面的规定，构成礼制。如生日的仪式有许愿、吹蜡烛、唱祝福歌等程序，有吃饭场所、聚餐规模、蛋糕蜡烛规格等要求。同样是过生日，三十岁的生日与八十大寿的规格有所不同，体现在场地、器物、参与者等方面。礼制体现了礼仪的规格，是礼义在器物、数量、形制等方面的差异化规定。所有的礼仪活动都有具体的制度约束，这些约束无时无刻不体现在礼仪的进程中，成为礼仪的标准与尺度。

在古代中国，礼制有三层含义。第一层含义是规定，所有的礼仪在器物数量、尺寸、范围、隆重程度方面都有具体的规定，这些规定既是约定俗成的，又是可以调整的，有一个明显的等差体系。第二层含义是控制，当生产不能满足需求时，分配必定要有原则，以具体规定来控制消费，让人量力而行，既让人生活得体，又使社会正常运行。控制行为是礼制的内在原则，不仅为个人消费设置了标准，也对社会规范设置了框架。第三层含义是制定，根据现实需求制定礼仪的程序、规范和用度。有一些程序、规范和用度可以自行制定，如自己的生日、孩子的满月酒等，是否举行，如何举行，可以量力而行，自行取舍。但有一些社会制度是个人无法决定的，如朝聘之礼，只有天子可以制定；外交礼节需要双方确定。这些由双方或者多方确定的规则，构成了秩序运行的制度形态。

礼是约定俗成的，礼制是经过规范化而形成的制度，是将社会发展中形成的经验和生活方式确定为规范，为后世效法。《礼记·礼器》言：

> 礼也者，反本修古，不忘其初者也。故凶事不诏，朝事以乐；醴酒之用，玄酒之尚；割刀之用，鸾刀之贵；莞簟之安，而稾鞂之设。是故先王之制礼也，必有主也。

反本修古是前事不忘后事之师，借助具体的规定体现礼的原则和要求。在日常生活中，四时祭祀有醴酒之美，但周人认为最隆重的祭祀，还是清淡如水的玄酒。平时用舒适的莞簟，郊祀时则要用粗糙的稾鞂，以特殊形制来体现祭祀的庄严。祭祀时割肉用装饰华美的鸾刀，杀牲要选择最好的牛羊猪，以体现规格之高。由此来看，制礼是在社会约定俗成的规范中，有意提升或降低某些规格来表达特定的含义，以此强化责任，规范行为。

《礼记·檀弓》记载曾子与子思有过一段深刻的对话。曾子在亲人去世后，悲伤得七天不吃不喝。子思说："先王制礼的目的，是让做得过的人能够降低标准，做得不够的人能够提高标准。因此，君子在亲人去世后三天不吃不喝，身体虚弱，拄着杖能够勉强起来。"子思不赞成曾子过于哀悼而损伤自己的行为，丧礼规定三日尽哀即可，既让子女尽了伤悼之情，又让生者不至毁伤。

为何士人之丧要设三日而葬呢？《礼记·问丧》进行了解释。

其一,是满足孝子的思亲之情。孝子在亲人去世后内心悲哀愤懑,自然会匍匐而哭之,希望死者复生,为顾念思亲之情,不能刚去世就将死者安葬。其二,是出于古代的医学常识。古人认为人会昏迷三天,若三天后醒来是复生,若是未醒就永远不会醒了,才可以安葬。其三,孝子在亲人刚去世时会非常痛苦,三天后逐渐接受现实,慢慢释怀,三日之丧有助于减缓孝子之痛。其四,三天时间可以准备好安葬逝者的棺椁、衣服、器具等。其五,三天时间内也能通知亲戚、朋友前来吊唁。古代设计的三日之丧作为礼制,成为延续至今的传统。

由此来看,礼制是基于人类经验所形成的秩序,其借助于具体要求来引导人情、人性,形成约定俗成的规矩,让人得以适当地表达情感、得当地承担责任。礼制的这种规定性,在《荀子·礼论》中做了详细阐释:

> 礼者,以财物为用,以贵贱为文,以多少为异,以隆杀为要。

礼制主要体现在财物用度上,以多少体现尊卑贵贱。如天子用具最为贵重,规格最高。在祭祀中,天子九鼎,诸侯七鼎,大夫五鼎,元士三鼎。这种超越正常使用需求的规定,遵循着增多和减损的原则,形成等差序列,意在使人意识到社会分等,以形成社会秩序:"先王案为之制礼义以分之,使有贵贱之等,长幼之差,知愚、能不能之分,皆使人载其事而各得其宜。"[1]荀子认为,社会分层管理

---

[1] 王先谦:《荀子集解》卷二《荣辱》,第70页。

要有序,必须让人人皆知自己的身份,借助制度性的规定,实现贵贱分等,长幼有差。

周爵分公、侯、伯、子、男,形成了天子、诸侯、大夫、士、庶人的社会分层。爵与社会职务有一定联系,却不完全对应。大国之君是公爵,其属官可以为卿。有的小国之君为子爵,设大夫管理国家。大国上卿相当于周王的中卿,大国下卿相当于周王的上大夫。中等诸侯之国只设卿,相当于周王的下卿。在制度序列上,诸侯永远不能高于王,诸侯之臣也不能高于王之臣。地位的贵贱分等,体现在各级爵位和职官所用的器物上,有着详细的区别,每个人根据能力、德行获得相应身份,享用相应的制度保障。

礼制的分等,一是体现在数量上,二是体现在规格上。《左传·昭公三年》记载子太叔为梁丙、张趯说朝聘之礼。张趯说:"吾得闻此数。"言及礼制的数量规定。天子授命,上公九命为伯,三公八命,侯伯七命,卿六命,子男五命,大夫四命。公伯之国,卿三命。侯伯之国,大夫两命,士一命。每一次任命伴随而来的,是相应的器物、形制、数量等规定,使得每一级爵位、每一次受命、每一份职务都有相应的待遇,形成了网格状的制度保障。如天子之舞八行八列六十四人,诸侯只能用六行六列三十六人,大夫则用四行四列十六人,士用二行二列四人。天子、诸侯、大夫、士所用的舞曲各有规格,所有人的待遇得以明确,行为得到约束,否则被视为僭越。

礼制规定有三个明确的社会意义:一是别贵贱,序尊卑;二是经国家,定社稷;三是明法度,行教化。

别贵贱,序尊卑,体现了礼制的秩序功能。天子、诸侯、大夫、士和庶人,每一级的衣食用具都有明确规定,既保证有效供给,又能形成等级秩序。根据宗法制,天子的嫡长子继承天子之位,其余儿子封为诸侯;诸侯的嫡长子继承诸侯之位,其余儿子可以被封为大夫;同样,天子的庶孙可能只被封为大夫或士。由此,遵循地位、身份相匹配的原则,形成了贵贱分等。晋国的师服概括为:"天子建国,诸侯立家,卿置侧室,大夫有贰宗,士有隶子弟。"[1]天子可以分封诸侯,诸侯则将儿子分成一个个家族,卿、大夫和士各有责任、权利和义务。周初分封时,周武王将周文王子孙封为诸侯,天子一代一代继承,诸侯的数量没有增加,但周王的子孙越来越多,不能全部封为诸侯。诸侯的儿子为大夫,大夫的儿子为士,子又生孙,孙又生子,到了后来,士的子孙便没有职务可封了。齐桓公主持葵丘之会时提出了"士无世官",约定士人不能再继承家族的职事,于是出现了游士阶层。孔子开设私学,传授原先官学所拥有的知识,帮助士人能够安身立命。如子贡经商,子路到卫国蒲地作宰。士人通过自己的能力重新获得职事,松动了西周所形成的稳定的贵贱分等制度。

在历史进程中,职务的高低贵贱是相对稳定的。但对每一个人来说,身份却并非恒定的。天子也不是生来就是天子,天子继位前只是世子、太子。对普通人来说,朝为田舍郎,暮登天子堂,通过科举考试,社会地位也会发生翻天覆地的变化。社会职位与待遇相匹配的原则,自古以来没有改变,尊卑贵贱的职务分等依然延续,由此所形成的制度化的级差待遇,仍在现代社会延续。

经国家,定社稷,体现了礼制的制度功能。国家的运行,要确立与制度相应的行政体系,礼制被作为维持国家秩序运行的外在规范。周礼是根据商周时期社会的管理经验,借助于西周不断强

---

[1]《春秋左传正义》卷五《桓公二年》,《十三经注疏》本,第153—154页。

化的道德观念制定而成的,通过礼义、礼仪来维持国家运行的稳定顺畅。如祭祀之礼,旨在理顺天人关系,依据为礼义,表现为礼仪,落实为礼制。在特定的时间举行特定礼仪,按照相应的礼制举行活动,采用的仪式不同,使用的礼制也有差别。

朝聘之礼规定得更详细,行礼的规范,礼品的种类、数量都有明确规定。前文所言,虢公与晋献公朝见周惠王,周惠王赐予同样的礼品,时人便认为这不合礼制,因为虢公与晋侯的地位不同,朝见所上礼物不同,回赠的礼品也应不同,周惠王的做法不合礼制,是非礼之举。据说慈禧过寿时,有人呈上一块绿翡翠手镯,慈禧非常喜欢。李莲英却说那人为何不送红色的?按照礼制,贵妃用绿翡翠,皇后用红色的,慈禧由此认为那人讽刺她本不是皇后,十分生气。可见,礼制对器物有细微的规定,约定俗成的力量远远超过翻新出奇的讨巧。

礼约定俗成后,每一个动作和制度都有明确规定,蕴含了深刻的礼义。如乡射礼中射箭的要求,婚礼时夫妻对拜的次数,加冠时的祝辞等,都是约定俗成的,只有精通礼仪的人才能够去修改。如若不能调整,就只能遵守,以保持传统制度的稳定。因此,一个朝代建立后,常在前代礼制的基础之上对礼进行斟酌损益,以适应新的社会形态,而不是大破大立。古代中国之所以形成行之有效的国家秩序,正是强化基于道德自觉的礼义,构建起与时俱进的礼制,规定了什么能做,什么不能做,确定了该如何去做。祭祀、朝聘、军征、乡射、婚礼、冠礼、丧礼等礼制,已经渗入社会的方方面面,使一切生活都有规可循,不知不觉地形成秩序认知,养成自觉行为。现在很多乡村的百姓对法律并没有多少了解,却靠着道德自觉和行为养成,不会轻易违法,是因为他们在成长过程中通过礼仪、礼制的规定,认知了礼义,涵养了道德,自觉约束了行为。

明法度,行教化,体现了礼制的教化功能。礼是基于道德自觉而形成的行为方式,所有的礼制设计都蕴含着特定的道德要求。在《周礼》中,大司徒负责教导百姓:

> 一曰以祀礼教敬,则民不苟。二曰以阳礼教让,则民不争。三曰以阴礼教亲,则民不怨。四曰以乐礼教和,则民不乖。五曰以仪辨等,则民不越。六曰以俗教安,则民不愉。七曰以刑教中,则民不虣。八曰以誓教恤,则民不怠。九曰以度教节,则民知足。十曰以世事教能,则民不失职。十有一曰以贤制爵,则民慎德。十有二曰以庸制禄,则民兴功。[1]

大司徒十二教是早期中国管理百姓的制度性设计,通过礼法合治的原则,既让百姓知礼,又让百姓知禁。在其中,用祭祀之礼培养道德认同,让百姓养成认真做事的习惯。阳礼是公共社会使用的礼节,以此教导百姓谦让不争。阴礼是家庭生活中的礼节,以此引导家庭成员之间互谅互让。《诗经·鄘风·墙有茨》:"中冓之言,不可道也。所可道也,言之丑也。"夫妻之间的矛盾纠纷不宜说于外人,俗话说家丑不可外扬,这便是以阴礼教亲。此外,用音乐使百姓之间的情感相通;用仪式来分辨尊卑上下;用礼俗来教导百姓不要心存侥幸;用刑法来教导百姓不要暴虐;以盟誓来教导百姓不放弃自己的责任;以用度教导百姓节俭;以世间各事教导百姓行各种职责,做好自己的事情;根据贤能授予爵位,使百姓知道尊重并

---

[1]《周礼注疏》卷十《大司徒》,《十三经注疏》本,第246页。

效法贤人,养成德行。这样,大司徒用礼的精神、规则、要求引导百姓做人做事,借助由礼延伸出的刑法、盟誓、节度,对生产生活行为进行引导、约束,促成了稳定的社会秩序。

孟子认为,通过合适的分配制度,可以形成理想的社会:"五亩之宅,树之以桑,五十者可以衣帛矣;鸡豚狗彘之畜,无失其时,七十者可以食肉矣;百亩之田,勿夺其时,数口之家可以无饥矣。"[1]当时百姓的生活是"仰不足以事父母,俯不足以畜妻子",[2]生产无法满足基本需求,人的需求却随着社会的发展而发展,既得陇,复望蜀,欲望永远无法满足。用礼来建中于民,形成分配与供给的准则,社会成员有贵贱尊卑之分,依照职务、身份、地位进行分配,确立为礼制。礼制正是通过制度化的设计,在生产生活的各个层面,通过确定规范来形成级差秩序,在此基础上借助道德教育,让百姓不仅知道何去何从,而且也明白为何如此去做。《周礼》列出了借助礼制在百姓中推广的德行和技艺:

以乡三物教万民而宾兴之:一曰六德,知、仁、圣、义、忠、和;二曰六行,孝、友、睦、姻、任、恤;三曰六艺,礼、乐、射、御、书、数。[3]

百姓要学的六德,是明事理、懂仁爱、要睿智、会负责、能忠诚、致中和。与之相应的六行,是孝敬、友善、和睦、婚姻、任事、体恤。司徒教万民的六艺,礼被排在第一位,是要求百姓能够理解,并遵守社

---

[1] 朱熹:《孟子集注》卷一《梁惠王上》,第 204 页。
[2] 朱熹:《孟子集注》卷一《梁惠王上》,第 211 页。
[3] 《周礼注疏》卷十《大司徒》,《十三经注疏》本,第 266 页。

会秩序和社会规则。

中国之所以较早建构起有序社会,形成了超稳定的结构,正在于通过礼制维持了与贵贱有等、长幼有差、贫富相称的分配原则和供给机制。根据人的身份给予相应的物资供给,让贫者足以生活,富者不能僭越,使社会的富有与贫穷皆维持在合理的限度内。国家通过税赋调节,鼓励生产,让社会各阶层都能在合理的限度内满足自身的要求。这既是中国社会长期保持稳定的原因,也是在天下大乱时,中国社会仍能自运行的基础。

礼器

礼器是在礼仪活动中使用的各种器物与设施。礼器既体现着礼义的道德赋义,是礼义的外化;礼器也展现着礼仪的制度等级,是礼仪的物化。《礼记·礼器》言:"礼器,是故大备。大备,盛德也。"礼器的制备所体现的德义,由历史文化积淀而成;在使用中蕴含的道德原则,是政治秩序和社会秩序的体现。

如何理解礼器的制备与使用?《左传·昭公十五年》记载了周景王对籍谈的批评和叔向后来的回应,其中讨论了周代礼器的形成与使用,我们可以据此观察。

当年十二月,晋国荀跞到洛阳参加穆后的葬礼,籍谈作为副使。葬毕除服后,周景王与荀跞宴饮,以鲁国进贡的壶作为酒具。周景王问荀跞:"诸侯都向王室进贡礼器,为何晋国没有进贡?"

荀跞请籍谈回答。籍谈说:"诸侯封国时,王室会赐予许多礼器给诸侯,让其镇守社稷,有的诸侯也会制作礼器献给王使用。晋国居于深山,远离周王室,经常与戎狄打仗,真的没有能力制作礼器来献上。"

籍谈讲出了周代礼器的形成过程。重要礼器来自前代传承,是历史的见证,被赋予了神圣的象征意义。后来宋国子鱼曾言及周初分封时,"分鲁公以大路,大旂,夏后氏之璜,封父之繁弱","分康叔以大路、少帛、绮茷、旃旌、大吕","分唐叔以大路,密须之鼓,阙巩,沽洗",[1]赐给车马、仪仗、礼器、乐器、旗帜等。这些礼器、乐器、车马、仪仗都是周文王及周先祖伐周边诸侯的战利品,不仅作为历史的见证,而且成为周朝的镇国之宝,被不断赋义,成为象征周王室德行的重器。

礼器是在历史进程中逐渐形成的有特定寓意的器物,其材质、颜色、形状不断发展变化。《礼记·明堂位》载:"有虞氏之旂,夏后氏之绥,殷之大白,周之大赤。夏后氏骆马,黑鬣。殷人白马,黑首。周人黄马,蕃鬣。"不同时代所用的旗帜、车马不同,有着特定的道德赋义。所用酒具也有差别:"泰,有虞氏之尊也。山罍,夏后氏之尊也。著,殷尊也。牺、象,周尊也。爵,夏后氏以琖,殷以斝,周以爵。"[2]其尊、爵形制不同,器材有别,代表着当时最先进的生产工艺,也体现出特定的制度用意。

周王室将文王、武王使用过的器物赐给诸侯,用以表示周王室对诸侯的信任。因此,周景王说:"唐叔是成王胞弟,当时赏赐他的密须鼓、大辂车,文王曾乘坐这辆车来检阅军队。阙巩甲是武王攻商时所穿。唐叔曾接受过这些重要礼器。此后,襄王又赐给晋国大辂、戎辂、斧钺、秬鬯、彤弓、虎贲,晋文公也都接受了。让他拥有南阳的土田,可以征伐东边各国,这不是王室赐给他的礼器吗?"周景王认为,王室赏赐的礼器表达了周王对晋的重视。周景王接着讲出了王赐诸侯礼器的用心:"夫有勋而不废,有绩而载,奉之以土

---

[1]《春秋左传正义》卷五十四《定公四年》,《十三经注疏》本,第1545—1549页。
[2]《礼记正义》卷三十一《明堂位》,《十三经注疏》本,第945页。

田,抚之以彝器,旌之以车服,明之以文章,子孙不忘,所谓福也。"[1]诸侯有被后世铭记的功劳,也有载入史册的功绩,王封其国,赐予土地、礼器和仪仗,正是为了向后世彰显其荣誉,尊贵其身份。

于是,周景王批评籍谈:"周王室曾经给予你们的礼器,你们不记住,却不给王室进献礼器。你的高祖孙伯黡掌管晋国典籍,主持国家事务,所以你的家族被称为籍氏。等到辛有的第二个儿子董到了晋国,才有了董氏的史官。你作为司典的后氏,为什么忘了呢?"

籍谈无言以对,只好退出。周景王说:"籍父其无后乎!数典而忘其祖。"认为籍谈明明知道礼器的形成和使用,却巧言令色地为晋国辩解。由此形成的"数典忘祖"的典故,后成为妇孺皆知的贬义词。

籍谈回来后,把此事说给叔向。叔向说:"晋国没有礼器,其实也与周王室有关。一年中,王室有两次三年之丧,向诸侯求彝器,一年要了两次,我们也没有那么多的礼器啊。彝器是用来记功的,王遇上丧事向诸侯借彝器,这不合礼。天子丧服未满,就跟你们宴饮,也是非礼的。我们一次失礼,他两次失礼。"

叔向讲了礼器使用的原则。周王赐给诸侯礼器,标志着诸侯获得了王室的认可,可以代表周王行使区域管辖权。诸侯每年要献给周王室贡赋、礼器,象征臣服。楚国产赤茅,是献于周王室的贡品。但后来楚国不进献,齐桓公伐楚时,就以"包茅不入,王祭不

---

[1]《春秋左传正义》卷四十七《昭公十五年》,《十三经注疏》本,第1344页。

共,无以缩酒"为理由,[1]向楚成王问罪。叔向提到的彝器,是宗庙祭祀用的祭器,包括钟、鼎、尊、罍、俎、豆等礼器。这些礼器的制作要耗费巨大的人力物力,但作为制度,晋国有义务向周王进献。特别是王室有丧事时,诸侯进礼物以助葬。叔向却以周王室一年两次举行丧礼为由,说晋国实在拿不出合适的礼器,显然是托辞。在叔向看来,周景王已经违背了礼义,还有什么资格谈论礼制?

叔向以此安慰籍谈,或许是让他不要介意。我们从中却可以看出,春秋时期诸侯坐大,放弃了向周王室进献礼器的传统。周景王也无可奈何,只能借着饮酒,对晋国使臣发发牢骚,没想到还被晋公室成员怼了回去。

这样就能理解礼器的制作与使用,不是经济富庶与拮据的问题,而是态度是否端正的问题。周景王时期,诸侯朝晋,向晋平公进献了诸多礼器,晋国不可能连给周王助葬的器物都拿不出来,其不过是轻蔑周王室而已。《左传》记载此事,看似是周王室和晋公室互怼,实际隐含着对晋的批评。

《礼记·曲礼下》叙述了制备礼器的原则:

> 君子将营宫室,宗庙为先,厩库为次,居室为后。凡家造,祭器为先,牺赋为次,养器为后。无田禄者不设祭器,有田禄者先为祭服。君子虽贫,不粥祭器;虽寒,不衣祭服。

诸侯营造宫室时要先建宗庙,以明礼制;其次建马厩与仓库,用于生产;最后建造自己的居室,用于起居。大夫制造器物,先作祭器,

---

[1]《春秋左传正义》卷十二《僖公四年》,《十三经注疏》本,第331页。

次收赋税,最后才制造生活用具。秉持着礼器为先,生产次之,生活最后的原则。晋国以自己打仗、辛苦、贫穷为借口,既背弃了尊王的礼义,也毁坏了制作礼器的礼制。

早期中国对普通百姓的礼器制作,也预留了调整空间。没有采地俸禄者,缺少稳定的经济来源,不用专门设置祭器。若有稳定收入,则要先制作祭服、祭器。制作或拥有了祭器,就不能轻易卖掉,祭服也不能随意穿着,要时刻保持祭器、祭服的神圣洁净。由此形成了礼器优先、礼器专用的制作和施用原则。

前文提到的养器、祭器,是礼器中常用的两类。

养器是现实生活中使用的礼器,其根据个人的身份,有相应的器材形制和施用数量。早期常用的食器有簋、簠、豆、皿等。簋形似大碗,簠为长方形器具,用于盛放食物。豆为高脚盘,用来盛黍稷。皿两边有耳,可以盛置饭食。盂则敞口、深腹、有耳,用来盛饮品。盆为宽口,便于大量盛放食物。案为托盘,用于托起食器。俎为长方形砧板,两端有足,用于盛放大块肉食。匕为长柄汤匙。箸即筷子,用于夹食。酒器有爵、角、觚、觯、斝、尊、壶、卣、方彝、觥、瓿、盉、罍、缶、斗等。尊敞口高颈圈足,饰以动物形象。壶长颈大腹圆足,亦有图案。爵下有三足,可以升火温酒。角口呈两尖角形,觥多作兽形。杯多圆形,小杯称盏盅,大杯称卮。

祭器是专门用于祭祀的礼器。在吉礼中,以苍璧礼天、黄琮礼地、青珪礼东方、赤璋礼南方、白琥礼西方、玄璜礼北方。不同方位的祭祀用玉,质地、颜色和形状不同,体现着祭器的专用。王、诸侯、大夫、士和庶人有不同形制的祭器,用于相应的祭祀。古代规定有身份的人要优先制备祭器,因为祭器不能借用,也不能轻易卖掉。"大夫士去国,祭器不逾竟。大夫寓祭器于大夫,士寓祭器于士",[1]大夫、士即便离开国家,也不能带走祭器,要将之托付给同僚保存,可见祭器的神圣与专用。

礼器中还有明器。明器是陪葬用的礼器。《礼记·檀弓下》言:

> 孔子谓为明器者,知丧道矣,备物而不可用也。哀哉!死者而用生者之器也。不殆于用殉乎哉?其曰明器,神明之也。涂车刍灵,自古有之,明器之道也。

明器平时不用,只在葬死者时使用。墓葬中出土的陪葬器:一是生活用品,为死者生前使用的器具,如武士的兵器、巫师的占卜之具、王或者诸侯的车马等。二是专门为逝者制作的器物,带有相当大的虚拟性和象征性。如秦始皇陵中的兵马俑,用陶土烧制为兵马形状,为秦始皇守墓。还有缩小比例制作的铜马车,并非现实所用。西汉皇陵陪葬坑出土的陶俑、陶猪、陶犬等,也是用陶土缩小比例制作。

《礼记·檀弓上》记载宋襄公安葬其夫人,将醯醢装了一百坛。曾子就说:"既然是明器,为何要装满?"明器都是空的,也能装东西,但一般不会装满,表明礼器的虚拟性和象征意义。元代陈澔进行了解释:"夏礼专用明器,而实其半,虚其半;殷人全用祭器,亦实其半;周人兼用二器,则实人器而虚鬼器。"[2]认为夏朝用明器,里面装入容量的一半;商朝用祭器,也装一半;周朝时,明器或是空

---

[1] 《礼记正义》卷四《曲礼下》,《十三经注疏》本,第114—115页。
[2] 陈澔:《礼记集说》卷二《檀弓上》,凤凰出版社,2010年版,第61页。

的,或象征性地装一点东西,而祭器是装实的。这虽是推断之词,但至少可以表明,明器在现实生活中并不使用。《盐铁论·散不足》明确说:"古者,明器有形无实,示民不可用也。"明器是专门为逝者制作的器物,以陪伴逝者在另一个世界能够正常生活。

古代中国有"事死如事生"的观念,认为逝者到另外的世界,依然能像现世一样享受荣华富贵。因此,商周贵族陪葬,有时多用实物;殷墟、周墓中常出土有真车马。汉朝之后,多用有其名无其实的明器,如用陶土烧制生产、生活用品,用画像石来描绘生活场景,甚至绘制摇钱树之类的财富,以祝愿逝者如生前一样极尽尊荣。现在还留传着给逝者烧纸、烧寒衣等习俗,就是用虚拟的货币和器物来告慰逝者。

礼器是通过外在形式形成特定规制,体现在器物的数量、形状、规格和文饰上,使之与身份相符,以区别远近、亲疏、贵贱、尊卑。礼器的制作与使用,以多少、大小、高下、文素等外部形式,形成严格的制度。

以多少为贵,是按照数量来显示尊卑贵贱。或是以多为贵,如祭祀先祖的正庙,天子立七庙,诸侯立五庙,大夫三庙,士一庙,庶人无庙而祭于寝。用于盛放食物的豆,天子用二十六个,诸公用十六个,诸侯用十二个,上大夫用八个,下大夫用六个。觐见天子时,诸侯可以带七个随从,大夫带五个,士带三个。天子坐的席子有五重,诸侯有三重,大夫有两重,士有一重,百姓不用席子。天子去世后七个月安葬,诸侯五个月后安葬,大夫三个月后安葬。地位越高,礼器数量越多。或是以少为贵。天子自称孤,没有副职,祭天时只献一份祭品。天子视察诸侯封国,诸侯仅用一头牛犊来款待,以示不可多得。诸侯朝见天子时,天子只赐一杯香酒,没有别的菜肴。赐膳时,天子吃一口,诸侯可以吃两口,大夫和士可以吃三口。天子大辂带饰简单,次路装饰多。总的来说,天子见诸侯之礼,以少为贵;诸侯见天子之礼,以多为贵。

以大小为贵,用礼器形制的大小来区分贵贱。宫室、器具、棺椁与坟墓,面积、形制越大越尊贵。祭祀时,天子用的酒具最小,地位越低用的酒具越大。现在聚餐时,地位越高的人,饮酒越少,地位越低,喝得越多,或与此相关。献酒时放置酒器,常常把最大的缶放在门外,较大的壶放在门内,把更小的瓦置于堂上,是越小越尊贵。

以高下为贵,是以高低来区分贵贱。天子之堂台阶高,现在故宫能看到高高的台阶,是以高为贵。天子郊祀祭天燔柴,只在坛下扫地而祭;天子、诸侯放置酒尊不用禁,大夫和士却要将酒器置于案架上,以低为贵。

以文素为贵,用花纹、图案来区分贵贱。天子用龙衮,诸侯用黼,大夫用黻,士则玄衣纁裳。天子、诸侯、大夫和士的服饰不同,花纹越多,规格越高。天子之冕有十二条垂珠,诸侯九条,上大夫七条,下大夫五条,士三条,装饰越精美,身份越尊贵。有时也以素为贵。如天子祭天时,袭裘服而不用文采,大辂朴素无华只铺蒲席,牺尊用粗布覆盖,杓用白色的木料制成,越朴素越显得尊贵。周人认为,最好的圭玉不加雕琢,最好的羹汤不加调料,最亲近的人不必讲繁文缛节,越朴素、越高贵、越亲近。这就像我们现在看玉器,越好的玉越没有杂纹杂色,就越珍贵。以素为贵的礼器,用意大约类此。

礼器既是身份的体现,也是分配制度的展现。在分层治理的体制内,每个人都要使用与身份相符合的礼器,既是对其身份的确定,更是对责任和义务的明确。

礼数

广义的礼数指的是礼的规矩。俗话说,一个人有礼数,是指一个人懂礼仪。狭义的礼数,则是具体数量、等级在礼制中的体现,如物品的数量、仪式的规格等。《左传·庄公十八年》言:"王命诸侯,名位不同,礼亦异数,不以礼假人。"王任命诸侯,名位不同,在礼制中呈现出了诸多差别。这些差别依照规定而来,是有规律可循的。孔颖达疏:"《周礼》,王之三公八命,侯伯七命,是其名位不同也,其礼各以命数为节,是礼亦异数也。"[1]异数,即礼的数量不同。鲁国文伯之母也曾说:"先王制诸侯,使五年四王、一相朝。终则讲于会,以正班爵之义,帅长幼之序,训上下之则,制财用之节,其闲无由荒怠。"[2]言诸侯朝见天子有频次的规定,也是礼数。

礼数的首要作用,在于明确了社会分层的行为方式和器物规定。爵命确定了各级官员应获得的待遇。如秦实行二十等爵制,根据战功授予相应的爵位。爵位越高,待遇就越高。现代军队中,既有军衔,也有职务,二者大致对应。每晋升一个级别,会有一个

---

[1]《春秋左传正义》卷九《庄公十八年》,《十三经注疏》本,第259页。
[2] 徐元诰:《国语集解·鲁语上》,中华书局,2002年版,第144—145页。

新的任命,职位与待遇也相互对应。古代通过赐命晋升爵位,赐一次爵,位加一级,因级别的不同,在待遇上便呈现了出等差之别。

周代专设"典命"一职,掌管诸侯的五等礼仪和臣子的五等命数。《周礼》中列举了诸侯的五等礼仪。天子九次赐命的贵族,爵位为上公,职务为方伯,为一方诸侯之长。方伯的国家、宫室、车旗、衣服、礼仪,皆以九为节。其中的九命之礼,在后世演化为九赐之礼。曹操进封魏公时,汉献帝即以九赐之礼加之,象征其位极人臣,离皇帝只有一步之遥。方伯之下是侯伯,为诸侯国君,其国家、宫室、车旗、衣服、礼仪都以七为节。子、男接受五次赐命,其国家、宫室、车旗、衣服、礼仪以五为节。公、侯、伯、子、男五等爵位的差别,主要确定于受命的次数,表现在居所、车马、旗帜、器物、礼仪等形制上。周制,在朝廷工作的官员相对于诸侯低一等,三公八命,卿六命,大夫四命。朝廷官员的爵命相对于地方诸侯而言低一层,是因为诸侯出封要加一等,以示信任。公的孤卿四命,卿三命,大夫二命,士一命,侯、伯的卿、大夫和士也是一样。子、男的卿二命、大夫一命,士则不再接受赐命。

爵命对应的待遇,表现在封地面积、宫室规格、仪仗的规格、服饰的样式上。以不同规格区分人的不同等级,既是礼数,也是身份地位的差别。贵族的每一次赐命,都有相应的礼数与之相配。

《周礼》对九命之礼进行了清晰的描述:"以九仪之命,正邦国之位。壹命受职,再命受服,三命受位,四命受器,五命赐则,六命赐官,七命赐国,八命作牧,九命作伯。"[1]每一次赐命都有特殊的意义:一命时接受职务,进入仕途。二命时接受服饰,有了身份。

---

[1] 《周礼注疏》卷十八《大宗伯》,《十三经注疏》本,第470—474页。

三命时有自己的职位，诸侯国中的卿多为三命。四命成为大夫，有资格接受祭器祭祀先祖。五命时接受治理国家的法则。周成王封康叔于商墟，告诉他启以商政，疆以周索；封唐叔于夏墟，启以夏政，疆以戎索。六命赐官，可以任命官员。七命赐国，可以出封。有了封地，就成为诸侯。八命作牧，诸侯再次被赐命，意味着能够成为一方之长。九命作伯，以上公之职，可以担任左右二伯，成为天子的重臣。《左传》中记载齐桓公、晋文公打败了楚国，周襄王先后册封他们为方伯，以示尊崇。

周礼中设有专门的官员，负责掌管礼制的具体数量。如宰夫，管理朝觐、会同、宾客等礼节中要用到的祭品、饮食、活牲以及它们的陈列摆放。其所掌管的牢礼，还有太牢、少牢等不同规格。陈数，是不同等级所用祭品、食品的数量和种类。酒正的职责，是准备祭祀用酒，按照常法准备五齐、三酒，装满八个酒缸，祭天地时三次加满酒，祭社稷时两次，祭先祖时一次。每次祭祀所添的勺数也有规定，齐酒不需要再添加，但每次酌酒有定量。

掌客掌管四方宾客的牢礼、饩献、饮食的等级、数量以及因祸减礼等具体事务。周王款待诸侯、诸侯献食于王，同样依照礼数行事：

> 王合诸侯而飨礼，则具十有二牢，庶具百物备，诸侯长十有再献。王巡守、殷国，则国君膳以牲犊，令百官百牲皆具。从者，三公视上公之礼，卿视侯伯之礼，大夫视子男之礼，士视诸侯之卿礼，庶子壹视其大夫之礼。[1]

---

[1]《周礼注疏》卷三十八《掌客》，《十三经注疏》本，第1036—1037页。

周王会合诸侯举行飨礼,要准备十二份太牢及百种珍馐美食,诸侯之长方伯进献十二次。周王巡守天下或在邻近国家接见诸侯时,所到之国的国君应该以牲畜、牛犊为餐食进献,下令为王的百官准备百牲。随从周王的人要隆重接待,三公比照上公之礼,卿比照侯伯之礼,大夫比照子男之礼,士比照诸侯的卿之礼,庶子比照诸侯的大夫之礼,既体现在礼器的规格上,更体现在具体的数量上。

大司徒负责都城与疆域的规模,按照封地内的户数设置不同等级、数量的基层行政单位。再根据土地的肥瘠程度分配土地:每年都可以耕种的土地,每家一百亩;耕种一年休耕一年的土地,每家二百亩;耕种一年休耕两年的土地,每家三百亩。都城营造、土地分配、居住人数都有固定的数量。共叔段不断扩建城池,祭仲评价道:"都城过百雉,国之害也。先王之制:大都不过参国之一,中五之一,小九之一。"[1]诸侯国内的大都城,不能超过国都的三分之一;中等城池,不能超过国都的五分之一;小的城池,不能超过国都的九分之一。这表明周代的城市规模有着严格的数量规定。城池一大,人口就多,实力就强;城池若小,人口就少,实力就差。各地的城池都不能超过都城,以防尾大不掉。现在的城市规模与等级并不挂钩,有些普通城市的面积、人口、财政收入多于省会城市。但在古代,都城的规模、城墙的高度有着非常严格的规定。孔子担任鲁国大司寇时,季孙氏的费邑、孟孙氏的郕邑、叔孙氏的郈邑城池规模逾制,孔子强烈主张堕三都,试图毁掉三桓的三座私邑,来巩固鲁君的地位。

基层管理也按照礼数进行。闾胥掌管闾里的政令,类似于现在的村长,征发徭役时,闾胥要统计闾里的人数,判断哪家的劳役

---

[1]《春秋左传正义》卷二《隐公元年》,《十三经注疏》本,第51—52页。

可以免除。在举行祭祀、乡射礼、乡饮酒礼、大丧之礼时,闾胥负责把大家聚集在一起,以确定各家应该缴纳的数量。

礼数的差别还体现在器具不同上。《周礼·考工记》记载了车的六等形制:

> 车有六等之数:车轸四尺,谓之一等;戈柲六尺有六寸,即建而迤,崇于轸四尺,谓之二等;人长八尺,崇于戈四尺,谓之三等;殳长寻有四尺,崇于人四尺,谓之四等;车戟常,崇于殳四尺,谓之五等;酋矛常有四尺,崇于戟四尺,谓之六等。

按照车厢的大小确定规格。一等车的车轸为四尺。戈柲长六尺六寸,斜插于车上,高于轸四尺之车是二等车。八尺高的人立于车上,高于戈四尺,属于三等车。殳长一寻四尺,高于人四尺,是四等车。六等之分形成了大小不同的车,给不同级别的人乘坐。现在公务用车也有排量规定,同样是用数量来确定规格。

数量规定还体现在礼仪活动之中。如士大夫相见,"至于庙门,揖入;三揖,至于阶,三让。"以三为数来行礼。国君与卿和大夫宴饮时,所奏音乐既有规格要求,也有数量规定:

> 若以乐纳宾,则宾及庭,奏《肆夏》;宾拜酒,主人答拜,而乐阕。公拜受爵而奏《肆夏》;公卒爵,主人升受爵以下而乐阕。升歌《鹿鸣》,下管《新宫》,笙入三成,遂合乡乐。若舞,则《勺》。[1]

---

[1]《仪礼注疏》卷十五《燕礼》,《十三经注疏》本,第291—292页。

用音乐款待宾客,先以笙演奏三篇乐歌,堂上堂下齐奏《周南》中的《关雎》《葛覃》《卷耳》,《召南》中的《鹊巢》《采蘩》《采蘋》等乐曲。此外,有时还要歌《鹿鸣》三终,管《新宫》三终等。"三终"是一首歌的旋律歌唱、演奏三遍。对应于《诗经》,是歌《鹿鸣》三章。在以乐纳宾时,所奏乐曲种类、数量、次数会随着主宾身份的差别、礼仪环节的不同进行相应调整。

古代的行政秩序以不同礼数表示不同身份者的不同待遇,构成了严格的分级管理制度。不同地位者所穿的服装、使用的器物的差别,体现在数字上,就成为成数,如三沐三熏、三番五次、三叩九拜、三齌八菹等成语,都是对礼数的描述。如此细致的分层管理,把社会中的每一个人通过数量约定置于特定网格之中,形成了稳定的待人接物规格。百姓日用而不知,多记得礼数的规定,不深思其中蕴涵的礼义。《礼记·郊特牲》言:

> 礼之所尊,尊其义也。失其义,陈其数,祝史之事也。故其数可陈也,其义难知也。知其义而敬守之,天子之所以治天下也。

礼义是礼的原则,礼数是礼在实施过程中所呈现出来的种种具体规定。在秦汉时期,普通的祝官和史官虽然知道这些礼数的规定,却并不懂得这些规定背后所体现的礼义。只知道礼数而不知道礼义,是守住了形式而忘记了原则,只知道要怎么做,却忘了为什么要这么做。儒家认为,治理天下靠的是礼义,而不是简单的礼数,但礼数通行日久,成为了稳定的文化传统和社会风俗,就延续着礼义的精神。因此,在不同的朝代修订礼制时,主要按照礼义来调整礼数,使得礼制有代际,而礼义恒坚守。

礼容

礼容是礼仪活动中所呈现出来的仪容。婚礼中喜气洋洋,葬礼中悲愁垂涕,分别时恋恋不舍,相见时载笑载言,都是广义的礼容。《礼记·少仪》中描绘了不同场合的礼容:

> 言语之美,穆穆皇皇;朝廷之美,济济翔翔;祭祀之美,齐齐皇皇;车马之美,匪匪翼翼;鸾和之美,肃肃雍雍。

言语之美,在于语气端庄恭敬,平和庄重;朝廷之美,在于朝仪庄严整齐,从容不迫;祭祀之美,在于谨慎诚恳,秩序井然;车马之美,在于行列严整庄敬,整齐威武;鸾和之美,在于铃声和洽悦耳,雍容大方。在重大礼仪活动中体现出来的状态和美感,使得礼仪不仅是事务性的程序运行,更成为精神生活的方式和社会审美的展现。

我们可以通过晋悼公姬周的言谈举止,来观察周王室对贵族子弟的礼仪训练。姬周是晋襄公的曾孙、桓叔捷的孙子、惠伯谈的二儿子,也是晋厉公的堂侄。姬周少时至周王室,跟随单襄公学习诗书礼乐,养成了君子修为。《国语》描写他时时刻刻都有得体的仪容。站立时身姿端正,不把重心放到一条腿上,眼神从不游移,听人讲话不倾身支耳,不谈论自己不了解的内容,也不说不着边际的话。谈及诚敬的话题,必言及上天;说及忠诚的话题,必关乎自己的心意;言信用时,能反思自己能不能做得到;讨论仁爱时,注重关照他人;谈义时,主张以义致利;谈及智,涉及治事;谈及勇,强调自制;谈及教化,会明辨是非;谈及孝,会涉及神灵;谈到惠,会谈及和睦;谈到礼让,会谈及同僚。一听说晋国有忧患,面露愁苦之色;听到晋国有好消息,神情会很愉悦。

后来,单襄公身体不好,向儿子顷公交代,叮嘱他一定要善待姬周。他认为姬周的修为一定会得到晋国人的支持。他对姬周的言谈举止进行了评价:

> 其行也文,能文则得天地,天地所祚,小而后国。夫敬,文之恭也;忠,文之实也;信,文之孚也;仁,文之爱也;义,文之制也;智,文之舆也;勇,文之帅也;教,文之施也;孝,文之本也;惠,文之慈也;让,文之材也。象天能敬,帅意能忠,思身能信,爱人能仁,利制能义;事建能智,帅义能勇,施辩能教,昭神能孝,慈和能惠,推敌能让。此十一者,夫子皆有焉。[1]

"文"是人类在发展过程中形成的道德伦理、行为规范、文明形态,体现为礼义,表现为礼仪,展现为礼容。单襄公认为,姬周的言谈举止蕴含着十一种美德,体现着礼义的根本要求。单襄公正是通过观察礼容,确定了姬周将来一定能成就大事业。

随后不久,晋厉公被弑,荀䓨、士鲂等人请姬周回国继位。十

---

[1] 徐元诰:《国语集解·周语下》,第88—89页。

四岁的姬周在国境上对迎接他的那些弑君之臣说:"寡人羁旅他邦,且不指望还乡,岂望为君乎?但所贵为君者,以命令所自出也。若以名奉之,而不遵其令,不如无君矣。卿等肯用寡人之名,只在今日,如其不然,听卿等更侍他人。孤不能拥空名于上,为州蒲之续也。"[1]此言一出,权臣们一片惊诧,只好俯首再拜:"唯君是从!"姬周随即与诸卿大夫结盟,约定一起振兴晋国。随后,他厉行改革,任用贤能,彻底改良了晋国乱状。尽管他在二十九岁去世,却强大了晋军,使楚国不敢北上,秦国不敢东进,齐国不敢西犯,戎狄不敢南侵。晋国由此成为了中原的霸主,不少诸侯以天子之礼朝见晋悼公。

由此看来,礼容既是礼仪活动的整体氛围,也是一个人在社会活动中体现出来的教养,更是一个人心性修养的展现。《论语》中多次记载孔子的容色,以展现其个人修为。

一是日常之容。平时的孔子"温而厉,威而不猛,恭而安",[2]温和又严厉,威武却不使人恐惧,恭敬而安详。孔子认为,君子应该做到"惠而不费,劳而不怨,欲而不贪,泰而不骄,威而不猛",[3]养成内外合一的修养。他解释说:"君子正其衣冠,尊其瞻视,俨然人望而畏之,斯不亦威而不猛乎?"[4]衣服穿得很庄重,看东西时目光稳定不斜视,举止庄严而安详。

二是祭祀之容。在祭祀时,孔子表现得恭俭庄敬。孔子平素

---

[1] 冯梦龙:《东周列国志》,中华书局,2009年版,第390页。
[2] 朱熹:《论语集注》卷四《述而》,第102页。
[3] 朱熹:《论语集注》卷十《尧曰》,第194页。
[4] 朱熹:《论语集注》卷十《尧曰》,第194页。

"不语怪、力、乱、神",[1]表现出人文理性的态度。但在祭祀时,却能做到"祭神如神在",[2]仿佛神就在面前,表现出恭敬的姿态。这既是孔子对未知世界的敬重,也是对民间信仰的尊重。傩礼是驱除各种各样不祥之兆的礼节,乡人相信傩礼可以攘除灾凶。在乡人举行傩礼时,孔子穿上朝服,站在台阶前观礼,以示尊重乡人的信仰。孔子参与重大礼仪活动,斋戒时一定要穿上正式服装,改换自己的饮食,迁出内室居住,以示敬重。

三是朝廷之容。在重大礼仪活动中,孔子保持着对国君的充分敬重,侍奉国君用饭时,主动为国君尝食。孔子生病时,国君来探望,他把朝服盖在身上,拖着绅带,以示恭敬。国君召唤孔子,他脸色庄重,脚步盘旋进退,非常得体。他向周边的人作揖行礼,向左右拱手,衣服随之摆动,风度翩翩。孔子送别使臣之后,会向国君回报说:"宾客已经不再回顾了。"孔子进入朝堂之门,恭敬谨慎,好像没有他的容身之地。站立的时候不站在门的正中间,走路的时候不踩着门槛。经过别人位置的时候,脸色庄重,说话好像中气不足似的。到了堂上,孔子表现得恭敬谨慎,屏住气息,仿佛不呼吸一样。见完国君出来,下了台阶,神色才变得轻松。他一听说国君召见自己,不等待车马准备好,立即出发,体现出孔子的恭谨。国君赐予食物,孔子一定要摆正坐席再来品尝。若是国君赐了生腥食物,他敬奉给神灵和先祖,若是赐了活畜,便饲养起来,以示庄重。这样,礼容见诸脸色,体现于行为,就可以约束个人的心性。

四是丧纪之容。这是孔子面对丧葬之礼时的仪容。孔子在有

---

[1] 朱熹:《论语集注》卷四《述而》,第98页。
[2] 朱熹:《论语集注》卷二《八佾》,第64页。

丧者的身边,从不吃饱,以示体恤。出于对逝者的痛惜、不舍,孔子在哭泣当天,不唱取乐之歌,以示哀悼。有时候见到朋友去世,无人安葬,他会主动提出帮助安葬。孔子看见别人穿着丧服,即便关系再好,也会改变脸色进行吊问。他见到戴冠冕、穿礼服的人,无论平日里如何熟悉,都会更加有礼貌。这些有分寸的做法,展现了孔子充分的共情能力,能够尊重他人、理解他人、帮助他人。

五是宾客之容,是孔子见宾客时所展现出来的礼容。《论语·乡党》:

> 孔子于乡党,恂恂如也,似不能言者。其在宗庙朝廷,便便言,唯谨尔。
>
> 朝,与下大夫言,侃侃如也;与上大夫言,訚訚如也。君在,踧踖如也,与与如也。

孔子在同乡人面前,容色恭顺,好像不太会说话一样。这是因为在朝为官,没必要对乡人夸夸其谈。他在宗庙、朝廷之中说话却明白畅达,态度谨慎。表现出孔子的人生智慧,专业知识应当用在专业领域,用专业去显示别人的无知则毫无意义。在朝廷中,孔子与下大夫交流时侃侃而谈,与上大夫说话则简明扼要,在国君面前则谨慎恭敬,无问不发言。

六是车马之容。孔子对车马的态度是:"朋友之馈,虽车马,非祭肉,不拜。"[1]朋友馈赠的物品,即便是贵重的车马,孔子也不下拜。祭肉是用于祭祀祖先或神灵的,孔子会拜受。孔子乘车也注

---

〔1〕 朱熹:《论语集注》卷五《乡党》,第122页。

重威仪,上车后一定会站正,拉着扶手带,在车中不会回头看,不高声说话,不用手指指点点。

《论语》中对孔子容色的描写,表明了春秋时期士大夫高度注重仪容,将之作为修为良好、举止得体的体现。这些仪容,在《礼记·曲礼》中有详细的记述,有些要求至今仍是我们言谈举止的要求。如将要入席,仪容要庄重,不可失态。入座时,两手提起衣裳,使下裾离地一尺左右,不要踩着衣裳,也不要掀动上衣,迈步不要慌张。如果前面有书册琴瑟等,要把它们移开,不能从上面跨过去。非饮食之座,应尽量往后坐;饮食之座,要尽量靠前。入坐要安稳,神态要自然。长者没有言及,不要随便插嘴。要神情庄重地听先生讲话,不要随便把道听途说的话作为自己的看法,也不能人云亦云。

两周对礼容的重视,在秦汉时期得到了更为详尽的阐释。贾谊在《新书》中对朝廷、祭礼、军旅、丧纪之容进行了概括,总结了不同礼仪场合应该具备的仪容。具体说来,有如下礼容:

在站立时,腮帮子咬紧,表情稳定,目视前方,放平肩膀,端正脊背,双臂相合,仿佛怀抱一鼓,两脚不要完全并拢,中间分开两寸。端正面容,系好帽带,腰要挺直,双脚着地,与肩同宽,不乱晃胳膊。这种标准的站姿是"经立"。与之相对应的,身体稍微前倾是"共立",背部像磬一样弯折叫"肃立",弯腰直到玉佩垂至地面叫"卑立"。在不同的礼仪场合,要用不同的立姿。

秦汉以跪坐为正坐,席地而坐时,上身的姿态依照"经立"之容,不能摇来晃去。坐下之后,两膝不能一前一后,两脚也不能交叉。目光平视、正襟危坐是"经坐"。尊者在对面时,稍微俯身低头,眼睛看着尊者的膝盖,为"共坐",是侍奉上级、长辈的动作。低着头只看眼前的一块地方,为"肃坐"。俯首倾听、低着头、低下胳膊,为"卑坐",以表示谦让。

微磬之容,是上身稍向前倾折,以示恭敬。这是行路、拜见时的通用礼容。走路时不甩胳膊,肩膀不能上下摇晃,要从容前行。遇到上级或者长辈,小步快走时,上身要保持微微前倾,走姿稳定,衣袖仿佛小鸟张开翅膀一般。跪拜现在用的很少,其原则是吉事上左,凶事上右,好事行拜礼左手在上,凶事行拜礼右手在上。行礼时身体随着头低下而拜,脖子要低于身体,迅速拜下。

坐车之容,是手扶着车前的横木,眼睛前视,不要回头看,即便回头,目光也不要超过车轮。小礼在车上行即可,如打招呼。行中礼要站起来,手扶着车前横木致意。行大礼要从车上下来。这些原则现在还在使用,有时在车上打个招呼,有时要下车交谈。古代乘坐兵车,甲胄在身,不便轻易拜见。尤其不能左顾右盼,前俯后仰,要保持威仪。

古人讲求礼容,孔子以身作则,给弟子亲自示范。贾谊则列举了诸多不雅仪容,以求禁止。如站立时重心偏移,坐下后身子歪斜。有的懒懒散散,有的志得意满,有的东张西望,有的容色不当,有的言谈举止不得体,有的随意咳嗽吐唾沫,有的高声吵嚷,有的气似不顺。这些都是不当的容色与举止。

在古代中国,君子修为的养成需要耗费大量的时间。贵族在孩子六岁时,就将其送去学习诗书礼乐,九年以后进行考核。若是没有改变言谈举止,予以流放,不得任用;学会礼仪,养成仪容,则授予相应的职务。晋悼公姬周正是因为言谈举止得体,才回到晋国继任国君,并得到卿大夫的拥护。因此,古代中国的教育将修身养性放在了知识传授之前,注重先涵养人的道德行为。

在岳麓书院的学规中,规定了学生的日常行为,明确了生活中的仪容:

时常省问父母;朔望恭谒圣贤;气习名矫偏处;举止整齐严肃;服食宜从俭素;外事毫不可干;行坐必依齿序;痛戒讦短毁长;损友必须拒绝;不可闲谈废时;日讲经书三起;日看《纲目》数页;通晓时务物理;参读古文诗赋;读书必须过笔;会课按刻蚤完;夜读仍戒晏起;疑误定要力争。[1]

教育的真意在于相信人性本善,并发挥每一个人的善性。在教育行为中,老师要告诉学生做事的边界,让学生通过行为来约束内心之私欲,涵养其内心之善性。岳麓书院规定了学生每天应该做什么,养成何等心性,保持良好仪容,以此约束人的内心,使人心性完善,心态平和,心思缜密,容貌得体。

礼容是礼仪活动中所保持的容色神态,成为了士大夫言谈举止、待人接物的标准。宋、明时期的士人,整理了经典中的礼义礼节,制成学规、家礼,鼓励士大夫习用,成为古代中国读书人的行为规范,并形成了传统社会通用的礼俗。

---

[1] 吴道行、赵宁:《岳麓书院志》,岳麓书社,2011年版,第559页。

礼服

礼服是在特定礼仪场合所穿着的服饰。礼服的设计，装饰元素较多，常有特定的寓意。现代的军装有作训服、常服和礼服，礼服只用于重要的礼仪活动。如大学生毕业典礼时所穿的学士服、硕士服、博士服，只用于学位授予和毕业典礼等场合。因此，礼服既是礼制的表现形式，也是礼仪的组成部分。

古代中国的礼服，由冠、服、绶带、鞋靴以及首饰等组成，也有一些标识身份的饰物，如唐宋官员腰带上要佩鱼袋等，象征身份，也是礼服的组成部分。

礼服最重要的标识是冕、弁。冕是举行重大典礼所戴的帽子，弁是一般礼仪场合中所戴的帽子。传统的说法是，在黄帝时形成了服章制度。服是服饰，章是花纹。黄帝作冕用垂旒，垂下来的玉珠，表示目不斜视；有黈纩，为黄绵制成的小球，悬于冠冕之上，垂两耳旁，表示耳不听谗言。至周朝形成了系统的冕制。从《周礼》所载来看，天子、公、侯、伯、子、男在重大礼仪活动中都要用冕。周王有五冕，分别用于五礼之中，其基本特征是玄冕朱里，綖纽，用十二根五彩丝绳为旒，每旒贯十二块五彩玉，象征十二月，用玉作簪，用朱为纮。诸侯、卿、大夫之冕，按照等级依次减损。

东汉明帝永平年间,采《周礼》《礼记》《尚书》所载的制度,制定了完善的冕制,并在礼仪中正式使用。其规定公卿以下所戴之冕,宽七寸,长一尺二寸,前圆后方,朱绿为里,天玄地黄,垂旒前四寸,后三寸。天子用白玉珠做成十二垂旒,彩带为缨。三公、诸侯之冕七旒,以青玉珠制成。卿和大夫之冕五旒,以黑玉珠制成。公卿之冕的垂旒有前无后。公卿之冕用绶带颜色相同的冠带,甡纩从帽子下垂下来,用于天子郊祀天地、明堂时的助祭仪式。

唐代对冕做了更为详细的规定。天子有六冕,分别是大裘冕、衮冕、翾冕、毳冕、绣冕、玄冕。六冕用于不同的礼仪场合。其中,大裘冕宽八寸,长一尺六寸,为郊祀天地、祭祀神祇时所戴,用于最庄重的礼仪场合;衮冕垂白珠,用于一般的祭祀,派遣将军出征,迎接打仗回来的将士等;翾冕是皇帝祭祀先王所用;毳冕是祭祀河海山川时所用;绣冕用于祭祀社稷;玄冕用于年终祭祀百神,以及祭祀日、月等。衮冕以下的旒数沿用周礼制度,皇太子、各品诸臣之冕逐次降等。在重大典礼中,众人依身份着服用冕。

古代的庶民或地位比较低的小吏不戴冠而只束巾,有幅巾、葛巾、缣巾、纶巾、网巾、折上巾等。由于使用方便,巾也成为贵族和官员日常生活的装束。官员则以官帽来区分身份。唐代时,以乌纱帽作为官员视朝、宴见宾客的常服。在明朝,洪武三年(1370)有规定:"凡常朝视事,以乌纱帽、团领衫、束带为公服。"[1]乌纱帽成为了通用的官帽。清代的官帽俗称顶子,其形制分为三层,上为尖型宝石,中为球型宝珠,下为金属底座,用冠顶装饰珍珠之数区别尊卑,如亲王十颗,亲王世子九颗,郡王八颗,贝勒七颗,贝子六颗,

---

[1]《明史》卷六十七《舆服志》,第1637页。

镇国公五颗，辅国公等四颗，侯爵三颗，伯爵两颗，一品官员一颗。一品以下不镶嵌珍珠，改为其他小宝石。百姓见官员，一看其官帽，就能确定其身份等级。

现在有些场合为了工作方便，仍用帽来区分身份。建筑工地上所流传的俗语："黄帽子的干，白帽子的转，红帽子的看，蓝帽子说了算。"普通施工人员戴黄色安全帽，工程项目管理人员戴白色安全帽，工地管理、技术员、队长戴红色安全帽，工地安全质量督察管理员戴蓝色安全帽。在施工时，不同的帽子意味着不同的职责。在医院中，护士戴的帽子没有横杠，护士长的帽子有一条横杠，科护士长有两条横杠。护理部主任的护士帽子边上有斜杠，一条为护师，两条为主管护师，三条为副主任、主任护师。通过帽子，可以很清晰地区分护士的身份。

与冕制相应的是服章。服章是通过衣服的色彩和花纹、图案来区分尊卑。据说黄帝作日、月、星辰、山、龙、华虫、宗彝、藻、火、粉米、黼、黻十二章，其中上六章画在衣上，下六章绣在裳上，以此标识身份。隋代对服章制度进行了一次系统设计，重新规定了十二章的图样，山、龙、华虫、火、宗彝五章在上衣，藻、粉米、黼、黻四章在下裳。衣重宗彝，裳重黼黻，不同图案构成了十二个服饰级别。同时又对革带、蔽膝、佩剑的颜色、样子、配饰等作了详细规定。将绶带确定为黑色、黄色、赤色、白色、绿色、纯玄色六种色彩，制定了朱袜、赤鞋加金饰的官靴。地位越高，服章越华美，图案越精致，由此形成了官服系列。

古代的服章有严格规定。尤其是皇帝专有的衮服、衮冕，其他人擅自制作、穿戴，会被视为有僭越、谋逆之心。明黄色作为帝王专用的颜色，普通人不能使用。其他官员也用颜色区分职务。如宋代官服，三品以上的可以穿紫袍，七品以上可以穿红服，七品以下只能穿绿服，没有品位的只能着皂白之服，也就是黑色或白色衣服。俗话说"不问青红皂白"，正是无论是着青紫色的高官，还是着绿服的一般官员，或者普通百姓，一概不论身份地位，不分情由的意思。

明朝官员的官服上有刺绣，文官官服上绣禽鸟，武官官服上绘野兽。品级不同，所绣的禽和兽也不同。文官一品绣仙鹤，二品绣锦鸡，三品绣孔雀，四品绣云雁，五品绣白鹇，六品绣鹭鸶，七品绣鸳鸯，八品绣黄鹂，九品绣鹌鹑。武官一品、二品绘狮子，三品绘虎，四品绘豹，五品绘熊，六品、七品绘彪，八品绘犀牛，九品绘海马。文武官员一至四品穿红袍，五至七品穿青袍，八品、九品穿绿袍。官员官服的颜色、图案对应其品级，一看便知道其大致身份地位。官服的图案皆由法定，不能随意买卖。"衣冠禽兽"的成语便来源于此。"衣冠禽兽"最初是褒义词，形容身穿带有飞禽走兽图案官服的官员，后来转为贬义词，指代道德败坏、人面兽心的人。

后妃命妇的首饰服饰，也是古代服章的组成部分。汉代太皇太后、皇太后入庙所戴的簪上有珥，珥是簪子上面的垂珠。太皇太后、皇太后用的簪子由玳瑁制成，长一尺，汉制一尺约为二十三厘米。簪子顶端要加上花形装饰，上面有凤凰形的装饰物，以翡翠为毛羽，下有白珠，垂着黄金制成的垂饰，左右各一。皇后谒庙时，要戴上假髻步摇，步摇以黄金为底座，其上有白珠装饰，用了八爵九华。诸爵上的兽都用翡翠制成毛羽。贵人、长公主、公主的发式、簪珥也有严格规定。公、卿、列侯、中二千石、二千石夫人，相当于现在的部长夫人，她们所用的是黄金制成的龙形簪子，龙首上镶着一颗珠子，有一尺长。后妃命妇的簪珥等级严整，制作精良，装饰华美。在考古发掘中,常能通过簪珥辅助判断女性墓主人的大致级别。

古代的配饰还包括玉佩、剑绶和玺印。玉佩是玉制的佩饰,剑绶是佩剑和绶带,用以区分人的级别。周制,天子佩戴白玉,用黑色绶带穿起。公侯佩黑红色玉,用朱红色绶带穿起。大夫佩青玉,用缁黑色绶带穿起。世子佩美玉,用杂色绶带穿起。一般的士人佩杂玉石用赤黄色穿起。不同质地的佩玉与不同颜色的绶带搭配,对应着身份等级。

不同身份的人在重大仪式中所用的礼器也不相同。王所用的镇圭长一尺二,大圭长三尺。公所用的桓圭长九寸,侯伯所用的信圭、躬圭长七寸。子、男不执圭,用谷璧和蒲璧。天子、公、侯、伯所用之玉的形制不同,天子用品质高的纯色玉。公、侯、伯用杂色玉,纯度渐次下降,规格也渐次降低。

与身份地位相配的还有玺印。贞观十六年(642),唐太宗刻受命玄玺,白玉为螭首,刻文为:"皇天景命,有德者昌。"[1]表明皇帝受命于天,作为传国玉玺。一般官员的印信通常随身携带。永徽二年(651)四月,唐高宗下令为在京的五品以上文武官员配随身鱼袋,用于盛放印信。唐朝官员的身份证明制成鲤鱼形,名为鱼符。鱼符分为两片,其上刻有主人的名字、品级、所属衙门、俸禄等。五品以上官吏穿章服时必须佩戴鱼符,鱼符用金、银、铜区别地位,鱼袋也以金、银装饰来分辨高下,三品以上饰以金,五品以上饰以银,六品以下无鱼袋。鱼袋由此成为身份地位的象征。唐玄宗开元年间,鱼袋的使用范围扩大,"致仕者佩鱼终身,自是百官赏绯、紫,必

---

[1]《新唐书》卷二十四《车服志》,中华书局,1975年版,第524页。

兼鱼袋,谓之章服",[1]作为服章的组成部分。

  宋代废除鱼符,金鱼袋演化为一种装饰品,直接在袋上用金银饰为鱼形。宋代以赐鱼带表示荣耀,亲王赐以玉鱼,官员赐以金鱼袋紫色衣、银鱼袋绯色衣,标志着皇帝的信任和赏识。司马光在《资治通鉴》中标示自己:"朝散大夫右谏议大夫权御史中丞充理检使上护军赐紫金鱼袋臣司马光奉敕编集。"[2]以赐紫金鱼袋象征荣耀。

  与鱼带相类似的,还有官员佩戴的算袋。唐上元元年(674)诏令:"一品已下文官,并带手巾、算袋、刀子、磨石。其武官,欲带手巾、算袋者亦听。文武官三品已上服紫,金玉带;四品服深绯,金带;五品服浅绯,金带;六品服深绿,七品服浅绿,并银带;八品服深青,九品服浅青,并鍮石带。"[3]武则天神功元年(697),始赐官员绯算袋。三品以上赐金装刀、砺石,一品以下赐手巾、算袋。开元后百官朔望朝参,外官衙日,佩算袋,各随其所服之色,算袋成为官员的标配。金世宗时为区别官吏与庶民,颁布诏令:"省、枢密院令、译史用紫襜丝为之;台、六部、宗正、统军司、检察司以黑斜皮为之;寺、监、随朝诸局、并州县,并黄皮为之。"[4]规定了不同级别官员算袋的颜色。

  礼服与常服的最大区别,在于礼服的设计既体现着秩序等级,也有深厚的寓意。1912年确定以中山装为礼服,衣服采用四个口袋,象征礼、义、廉、耻。门襟五粒纽扣代表立法、司法、行政、考试、

---

[1] 《新唐书》卷二十四《车服志》,第526页。
[2] 司马光:《资治通鉴》卷一,第1页。
[3] 王钦若:《册府元龟》卷六十《帝王部》,凤凰出版社,2006年版,第636页。
[4] 《金史》卷四十三《舆服志》,中华书局,1975年版,第986页。

监察五权分立。袖口三个纽扣表示民族、民权、民生。后背不破缝,象征国家和平统一之大义。衣领为翻领封闭式,显示严谨治国的理念。新中国成立后,中山服作为正式服饰,一直在重要场合穿着。改革开放后,一般以西服作为正装,用于正式的礼仪活动。

礼物

礼物最初指的是在礼仪活动中使用的器物,后来多指在日常交往中相互赠送的物品。《尚书·微子之命》言:"惟稽古,崇德象贤。统承先王,修其礼物,作宾于王家,与国咸休,永世无穷。"周武王夸赞了微子的美好品德,命他继承殷制,重修先王的礼仪与文物,担任周王室的宾客。微子是帝乙的庶子,与周联姻,武王灭商时主动归附。其中提到的礼物,指的是与礼仪相配的诸多物品,可见"礼物"一词,最初指代与礼相关的器物。

若以礼器来指代与礼仪程序相关的器物,礼物便专指用于赏赐、赠送的物品。建安十八年(213),汉献帝封曹操为魏公。在潘勖所撰的《册魏公九锡文》中,提到了周成王以礼物赏赐诸侯:"朕闻先王并建明德,胙之以土,分之以民,崇其宠章,备其礼物,所以藩卫王室,左右厥世也。"言及周王选建明德,册土分民,是为分封建国。要备其礼物,即赏赐物品以示礼遇,其中提到晋文公封为侯伯,周襄王赐给五种礼物:车及仪仗、卫士、鈇钺、秬鬯、弓矢,象征晋文公有了主盟诸侯的权力。

车马仪仗是周王赏赐诸侯最为重要的礼物,大辂是天子所乘之车。赏赐大辂,是天子赐给诸侯最高的尊崇。《史记·齐太公世家》载:"周襄王使宰孔赐桓公文武胙、彤弓矢、大路,命无拜。"周初册封伯禽,就赐予大辂,标志着鲁国为方伯之国。周襄王时,齐国被赏赐大辂,齐桓公由此才成为霸主。可见车马之赐,是最贵重的礼物。《礼记·曲礼上》言:"夫为人子者,三赐不及车马。"周制,一命受爵,再命受服,三命受车。若父亲尚健在,儿子不接受车马之赐,在于车马是为安一己之身,自己身安而父祖不得享用,有不孝之嫌。

古代重要的赏赐还有赠送乐器、乐工和乐队。最为典型的是齐景公送给鲁定公女乐,气走了孔子,其周游列国十四年。当时,孔子以司寇之职代理相,治理鲁国三个月,使得鲁国政通人和,物价稳定,百姓各行其道,路不拾遗,宾至如归。邻国齐国看鲁国不断强大,有些担心,大臣们就商量道:"孔子这样治理,鲁国必定称霸。齐国与鲁国接近,就会先被吞并。何不先将土地献给他们?"大夫黎鉏提出建议,请求让他去阻止孔子。

于是,黎鉏在齐国选美女八十人,着华美衣服,教以乐舞,又加上文马三十驷,送给鲁定公。他将美女、文马陈列在鲁国城南的高门外,吸引鲁人围观。鲁国的执政者季桓子换上平民服装去看了三次,心中羡慕,决心接受这些礼物。季桓子告诉鲁君自己要外出巡游,实则前去观赏美女、骏马,不顾政事。子路知道后非常生气,认为当政者尚且如此,孔子在鲁国难以实现政治理想。但孔子依然心存幻想:"鲁今且郊,如致膰乎大夫,则吾犹可以止。"[1]他认为鲁定公在大事上不会糊涂,过几天郊祀后,若能把祭肉分给自己,表明对他的信任还在,可以留下继续辅佐鲁定公。最终,季桓

---

[1] 《史记》卷四十七《孔子世家》,中华书局,1959年版,第1918页。

子接受了齐国馈赠的女乐、文马，三天没有上朝听政。鲁定公郊祀时，也没有再把祭肉分给孔子，孔子意识到自己不再受到信任，就离开鲁国，踏上了周游列国的行程。

诸侯之间的交聘，常常以圭璋为礼物。《礼记·聘义》："以圭璋聘，重礼也。已聘而还圭璋，此轻财而重礼之义也。诸侯相厉以轻财重礼，则民作让矣。"外交中以圭璋作为聘问礼物。行完聘礼后，受赠的一方常把对方所赠圭璋还回去，以示轻视财物，重视礼义。

车马、仪仗、卫士、美酒、武器是天子赐给诸侯的礼物，诸侯、大夫、士、庶人也要进献相应的礼物给国君。《周礼·春官宗伯·大宗伯》中言："以禽作六挚，以等诸臣：孤执皮帛，卿执羔，大夫执雁，士执雉，庶人执鹜，工商执鸡。"孤为诸侯国君，以帛为礼物；羊羔、雁、雉、鸭、鸡分别为卿、大夫、士、庶人和工商所用的礼物。《仪礼·士相见礼》载："下大夫相见以雁。饰之以布，维之以索，如执雉。上大夫相见以羔，饰之以布，四维之，结于面；左头，如麛执之。"下大夫之间赠雁，要用布装饰，用绳子把雁腿捆起来。上大夫相见馈赠羊羔，也用布装饰，把羊腿捆起来，把羊脸遮上。

早期中国在礼物的选择上，常取所用之物的德义。如羔羊的特征是"执之不鸣，杀之不号，乳必跪而受之，类死义知礼者也"，[1] 被抓时不会哀鸣，被杀时也不号叫，吃奶时却要跪下来。羔羊被视为坚持大义、知礼有节，故用作公卿的礼物。大夫用雉鸡做礼物，在于雉鸡不吃诱饵，不怕威慑，宁死不屈。周人以羔羊、雉

---

[1]《春秋公羊传注疏》卷八《庄公二十四年》，《十三经注疏》本，北京大学出版社，1999年版，第168页。

鸡的德行，象征卿大夫的节操，以此表达死义知礼、威武不屈的礼义。

囿于财力和地位，平民百姓互赠的礼物较为简朴，常用的礼物是束修。《论语·述而》记载孔子说："自行束修以上，吾未尝无诲焉。"束修是一般的礼物。《礼记·少仪》言："其以乘壶酒、束修、一犬赐人。"赐给位卑者四壶酒、干肉和一只狗。郑玄注："束修，十脡脯也。"[1]束修是十条干肉，脡脯是肉脯。邢昺注："束修，礼之薄者。"[2]束修是微薄的礼物。现在南方在春节时，还有以腊肉赠送亲朋好友的习惯；在北方民俗中，女儿正月初二回娘家，常拿一块长条肉作为"礼"；男方去女家迎亲，也要送给女方的亲戚们一条肉，这些都是束修风俗的遗留。

从《诗经》的记载来看，古代的礼物有很多种。如《卫风·木瓜》言：

> 投我以木瓜，报之以琼琚。匪报也，永以为好也！
> 投我以木桃，报之以琼瑶。匪报也，永以为好也！
> 投我以木李，报之以琼玖。匪报也，永以为好也！

一般将这首诗理解为爱情诗，投瓜报琼，相互馈赠。也有可能是朝贡者进献瓜、桃、李等土特产为礼物，回赐一些祭祀用的琼琚、琼瑶、琼玖等美玉，以此巩固彼此的关系。

《邶风·静女》亦云：

---

[1]《礼记正义》卷三十五《少仪》，《十三经注疏》本，第1036页。
[2]《论语注疏》卷七《述而》，《十三经注疏》本，北京大学出版社，1999年版，第86页。

> 静女其姝，俟我于城隅。爱而不见，搔首踟蹰。
> 静女其娈，贻我彤管。彤管有炜，说怿女美。
> 自牧归荑，洵美且异。匪女之为美，美人之贻。

关于男女相互赠送的彤管，有不同的解释。毛传："古者后夫人必有女史彤管之法，史不记过，其罪杀之。"郑玄笺："彤管，笔赤管也。"[1]认为赠送的是赤漆做的毛笔。若此，这首诗应是士大夫阶层以上的恋歌。女子从郊野采来赤茅，又送给男子。男子觉得这不是普普通通的草，寄托着女子的情谊，视为珍贵的礼物。

汉代以后的民间男女馈赠礼物，主要有香囊、玉簪、手镯、缠臂金、耳环、同心结等。东汉繁钦的《定情诗》，描述了古代男女相赠的十一种礼物：

> 何以致拳拳？绾臂双金环。何以道殷勤？约指一双银。何以致区区？耳中双明珠。
> 何以致叩叩？香囊系肘后。何以致契阔？绕腕双跳脱。何以结恩情？美玉缀罗缨。
> 何以结中心？素缕连双针。何以结相于？金薄画搔头。何以慰别离？耳后玳瑁钗。
> 何以答欢忻？纨素三条裙。何以结愁悲？白绢双中衣。与我期何所？乃期东山隅。

---

[1]《毛诗正义》卷二《静女》，《十三经注疏》本，第174页。

"绾臂双金环"是戴在女子手臂上的一双金手镯。"约指一双银"是银戒指。"耳中双明珠"是耳环,玉作的耳环也称为垂珠。"香囊系肘后",女子以香囊系于身上。"绕腕双跳脱"一般由金银制成,多圈缠绕于手臂上。"美玉缀罗缨"是用丝带连缀着美玉作为装饰。"素缕连双针"是连着白色丝绒的两根针。"金薄画搔头"是用金箔装饰的簪子。"耳后玳瑁钗"是由玳瑁制成的钗子。一般簪为单股,钗为双股。"纨素三条裙"是镶有三道花边的裙子,"白绢双中衣"是用白绢制成的两件中衣。女子身上的饰物,既寄托着美好的期待,也蕴含着彼此的情谊。诗中借助十一种礼物,含蓄委婉地表达了对爱人的依恋。现在男子送女子的定情之物,也有戒指、耳环、手镯、项链等,与古代风俗一脉相承。

男女互赠的爱情信物,还有同心结。同心结是用丝带或绳子编成的连环回文的花结。李贺《苏小小墓》:"无物结同心,烟花不堪剪。"彼此同心,却没有用来编织同心结的材料。男女相赠同心结,表示永结同心。与前文提到的彤管、荑一样,这些礼物的价值不高,却因为寄托着爱意而格外珍贵。《红楼梦》中还有互赠汗巾的描写,汗巾是比较私密的物品,以此相赠,更加意味深长。

古代赠送礼物,用专门的词汇来明确其性质。赠是赠送,《诗经·郑风·女曰鸡鸣》:"杂佩以赠之。"将连缀在一起的各种佩玉相送。贻是随手相送,没有那么正式。馈常用于上级对下级的赠送,类似于赐予。《左传·隐公元年》中颖考叔说:"小人有母,皆尝小人之食矣;未尝君之羹,请以遗之。"言母亲没有尝过国君赐予的羹汤,请求郑庄公允许自己把留下的食物奉送之。赗意为送布帛之类帮助别人办丧事,如赗补是赠送丧家财物以助其不足,赗祭是赠送财物以祭死者,赗礼是给丧家送的礼物,赗金是助人办丧事的钱，赙布是送给丧家的财帛，赙赗是送给丧家的车马财物。贿本义为财物，后引申出"以财物赠送"之义。赂本指财物，指奉送。现在的"贿赂"一词，专指买通他人为自己谋取不正当利益，赂是用财物买通别人。赂门是行贿的途径，赂买是行贿买通，赂结是以行贿而结交，赂赠是赠物行贿。赃专指收受财物，贪赃枉法。

  在现实生活中，百姓日常使用的礼物多为生产、生活用品。秦汉之后，布帛、钱财、茶叶、瓷器、食品等日常用品也被作为礼物。现代礼物更是五花八门，庆祝乔迁之喜会赠送餐具，学生升学会送学习用具等。恰当而得体的礼物，有助于联络感情、增进信任，维持良好的社会关系。在中华文化中，赠送礼物要遵循三项原则：一是无功不受，别人送来礼物要再三推辞不受。二是礼尚往来，别人赠送礼品，也应当有所回赠，来而不往则非礼。三是要合乎身份，合乎人之常情。如果超越了身份，打破了交往原则，有时送礼便变成了贿赂，就失去了礼义。

礼俗

礼俗是遵循礼义精神,在长期发展中形成的社会风俗和生活习俗。

华夏的核心区域较早进入到了文明阶段,建立了合理的社会秩序,促成了稳定的生产关系,构筑了广泛的道德认知,形成了以礼义衡量社会秩序和个人行为的方式。礼义既是人类文明的产物,也是人类文明进程的结果,更是衡量一个地区文明程度的标志之一。由于华夏周边的蛮、狄、戎、夷等尚未确立道德原则和行为规范,其文明认知和社会秩序落后于华夏地区。《白虎通·王者不臣》:"夷狄者,与中国绝域异俗,非中和气所生,非礼义所能化,故不臣也。"认为周边国家的道德原则和行为规范尚未形成,还保留着弱肉强食的丛林法则,不是按照道德原则、伦理原则和行为规则来建立的社会秩序,形成了与中国不同的礼俗。《史记·匈奴列传》描述了匈奴的生活形态:

> 利则进,不利则退,不羞遁走。苟利所在,不知礼义。自君王以下,咸食畜肉,衣其皮革,被旃裘。壮者食肥美,老者食其馀。贵壮健,贱老弱。父死,妻其后母;兄弟死,皆取其妻

妻之。

缺少礼义的约束,有好处就上,没好处就跑,作战时逃跑了也不觉得羞耻,反以为荣。人与人之间只有利益关系,缺少关爱、尊重和体恤,贵壮健,贱老弱,这是弱肉强食的动物法则。匈奴中流行的烝报婚制,尚未形成稳定的家庭伦理,遵循丛林法则来占有一切,缺乏礼义所强调的正君臣、笃父子、睦兄弟、和夫妇等风尚。

华夏地区早在西周时期便确立了尊老抚幼的原则,壮者尊重老人、抚养孩子,人人皆有社会责任。即便是饮食也有规则,一是不受嗟来之食,不受尊重得到的食物不吃,体现为道德自足;二是饮食要合乎礼义,席不正不坐、割不正不食,从自觉约束养成良好习惯。

社会习俗的形成有两个来源:一是在生产、生活中自发形成的风俗,按照文明的原则不断改进,成为社会生活的方式,与礼义同向发展。如因春生、夏长、秋收、冬藏而形成的诸多饮食习俗、民间节日等,都是源远流长的时节习俗。二是受礼的影响而形成的良好习惯,以风俗的形态流传于世,如婚丧嫁娶、走亲访友中的许多礼节,合乎文明的要求。

我们可以从时间和空间两个维度来看中华礼俗的形态。一是以时间为序的社会生产、生活中形成的礼俗,如二十四节气,以及春节、元宵节、清明节、端午节、中秋节、除夕等节日,都是在生产、生活的节点,形成了诸多相应的祭祀、饮食等礼俗。传统礼俗的形成,有些来自历史传统,如祭祀先祖、家族团圆、走亲访友等;有些来自宗教习俗,如四月初八浴佛节、三会日、五腊日、三清圣诞等。二是以空间为形式的地域礼俗。如少数民族地区有独特的祭祀活动、节庆习俗等。东北、江南与广东地区的风俗也有较大差别。三是时空交错中的礼俗变异。在同一个时代,有些地方沿袭古礼,有些地方改俗迁风。如春节祭祖,农村中尚保留这一习俗,城市中逐渐淡化。现代礼俗,呈现出南北兼容、新旧共生、中西并举的特征。礼俗没有高下对错,只有合适与不合适的差异。我们要入乡问俗、入乡随俗,充分了解并尊重不同地区的礼俗,才能做到举止得体。

中华民族的礼俗不可胜数,其中蕴含的基本规则,都合乎礼义精神、礼仪习惯和礼制传统。我们可以从祭祀、饮食和行为三个维度观察中华礼俗的形成与流传。

礼俗之中,祭祀之俗传承的最为完善,影响也最深刻。在祭祀中,最常用的"三叩九拜"出自《周礼》。九拜是九种不同的下拜方式:"一曰稽首,二曰顿首,三曰空首,四曰振动,五曰吉拜,六曰凶拜,七曰奇拜,八曰褒拜,九曰肃拜,以享右祭祀。"[1]根据祭祀对象的不同,采用不同的拜见方式。稽首为跪下后两手着地,拜头至地,停留一段时间,这是拜礼中最重者。顿首是引头至地,稍顿即起,是拜礼中次重者。空首是两手拱地,引头至手而不着地,是拜礼中较轻者。稽首、顿首、空首是正拜,也称三叩。振动是两手相击,振动其身而拜。吉拜是先拜而后稽颡,将额头触地。凶拜是先稽颡而后再拜,头触地时表情严肃。奇拜是先屈一膝而拜,又称"雅拜"。褒拜是行拜礼后为回报他人行礼的再拜,也称"报拜"。肃拜是拱手礼,并不下跪,俯身拱身行礼。九拜最初是祭祀所用的方式,后用于人际交往。其中部分名称也被用为日常敬语,如写信时常以"稽首""顿首"等词,表示对收信人的敬意。这些礼俗从协

---

[1]《周礼注疏》卷二十五《大祝》,《十三经注疏》本,第667—668页。

调神人关系,逐渐转化为调节人际关系。

　　饮食之礼是就餐礼节,也是从祭祀先祖的享礼演化而来,逐渐成为日常礼仪。《礼记·曲礼上》中记载在分餐制时餐具的摆放方式。陈设便餐,带骨的菜肴放在左边,切的纯肉放在右边。干的食品菜肴放在左手方,羹汤放在右手方。细切的、烧烤的肉类放远些,醋和酱类放近些。蒸葱之类的伴料放在手旁,酒、浆与羹汤要放在同一方向。如果分陈干肉、牛脯等食品,弯曲的在左,挺直的在右。餐具、食品有着明确的规定。上菜时,要用右手握持,托捧于左手上,在于古人认为守礼的君子要用右手,使用左手会被视为野蛮粗俗。古代上鱼肴时,若是烧鱼,以鱼尾向着宾客,冬天鱼肚向着宾客的右方,夏天鱼脊向着宾客的右方,以便于取食。现在则常以鱼头朝向宾客,以示尊重,讲究鱼头鱼尾的朝向,也是古代礼俗的传承。

　　《礼记·曲礼上》中记录了诸多生活礼仪,有的已经成为中华民族的通用礼俗:

　　　　共食不饱,共饭不泽手。毋抟饭,毋放饭,毋流歠,毋咤食,毋啮骨,毋反鱼肉,毋投与狗骨。毋固获,毋扬饭。饭黍毋以箸。毋嚺羹,毋絮羹,毋刺齿,毋歠醢。

"共食不饱",聚餐作为礼仪活动,并不能以吃饱为目的,而以人际交流为要求。"共饭不泽手",与人共用食具吃饭时,应当先洗手,以示洁净。在就餐时,要避免诸多不良习惯:不要用手抟饭,不要将没吃完的饭再放回餐具中,不能大口喝汤流得到处都是,吃饭不要咂嘴出声,不要当众啃骨头,已经拿起的鱼、肉不要再放回去,不能当众把骨头扔给狗,不要只取同一种菜吃,不能为了饭凉而扬饭,不要用筷子吃黍米饭,不要不嚼羹中的菜时就喝下去,不要自己给羹中再加调料,不要在吃饭时剔牙,不要喝肉酱蘸料等。这些看似很具体的细节,实际体现了礼义精神,即人要尽量文明地进餐,表示出对食欲的克制、对主人的敬重、对客人的关照。这些礼仪传统演化成了中华民族的饮食习俗。我们现在教导孩子的餐桌礼仪,正是弘扬优秀传统,吃饭不要吧唧嘴,拿到自己盘子中的食物不能再放回公盘,要闭着嘴咀嚼,不要含着食物说话,做客人时不要轻易调汤,做主人时帮助客人调汤,要主动谦虚地表达招待不周。这些传统作为家教的重要内容,是一个人修养的基本体现。

饮酒时也有众多礼俗:"侍饮于长者,酒进则起,拜受于尊所。长者辞,少者反席而饮。长者举未釂,少者不敢饮。"[1]晚辈陪长者饮酒,长辈递酒给晚辈,晚辈要起身站起来拜谢接受。长者要对晚辈行礼敬酒表示谦虚,然后晚辈返回坐席饮酒。如果长者举杯后还未喝完,晚辈就不敢饮酒。晚辈始终要表示出对长者的敬重,长者则以推让表示谦虚。以这样的原则,各地形成了诸多敬酒方式。无论是先干为敬,还是低沿碰杯,都是为了表示对对方的敬重。中华文化在发展过程中不断吸收周边民族的礼俗,又与时俱进,形成了诸多饮食、敬酒等礼节,其中蕴含的相互敬重、彼此谦让的礼义,是一以贯之的。

《仪礼》《礼记》作为中华文化的核心经典,记载了诸多礼仪、礼容。宋代之后,其作为家礼的来源,多在家族中传承;其作为士大夫的行为规范,在学校中进行了强化;其作为乡约,在社会中被广

---

[1] 《礼记正义》卷二《曲礼上》,《十三经注疏》本,第63页。

泛推广。我们可以从《白鹿洞书院揭示》《程董二先生学则》中来观察南宋如何通过日常行为规范，推动礼义教化；如何通过师生同修，养成正直的品性与良好的习惯。

居处必恭，是对日常心态的要求。要有固定居处，不能四处游荡，平时形成以年龄大小顺序就座的习惯。就座时要身姿端正，坐时不能两脚张开，不能斜倚歪靠，更不能跷着二郎腿或抖腿。长者休息后，晚辈才能就寝。就寝后不要说话，安然入睡，白天不能打瞌睡。

步立必正，是对日常行为的要求。平时步速要缓，站立时要拱手而立。按照徐行后长的原则侍奉长者，要让长者先走，自己跟在长者身后。根据长者的步速调整速度，就座时不要背对尊长，站立时不要踩踏门槛，也不要斜倚在门框上。

视听必端，是对平时礼容的规定。不要眼神游移，东张西望，也不要在大庭广众之下说悄悄话。后者非常不礼貌，是不信任其他人的表现。

言语必谨，是对说话方式的要求。说话要谨慎，语言要详细完备，要重视诚信，语气严肃。不能轻率，不能胡说，不能大声喧哗，不要随便开玩笑。尤其不要随意评论他人的优缺点，也不要谈及市井之中粗俗无益之事。

容貌必庄，是要求容貌庄严，神态端庄严肃，不要放纵自己，不要狂放斗狠，自骄自傲，不要轻易大喜大怒。

衣冠必整，是要求不要穿奇装异服，不要穿过于华美的衣服，不要穿肮脏破敝或简略草率的衣服。即使独处，也不要裸露身体和头顶；即使很热，也不要随意脱下鞋袜。

饮食必节，是吃饭不要太饱，不要贪于美味，一定要按时吃饭，不要以吃粗茶淡饭为耻。不是节假日或者尊长之命不要喝酒,喝酒也不要超过三杯,不能喝醉。

出入必省,要求外出和归来要报告。除非尊长呼唤、师长要求或者自己有紧急的事务,不能随意出校门。出去一定要向师长报告,返回一定要面见师长,出去后不要改变报告过的方向,要在约定的期限内回来。出行表面上是小事,却能反映人的心性是否端正、是否稳定。

一个人需要不断进行约束,才能形成良好的言谈举止。读书学习的目的,不仅要掌握知识,更要注重心性养成。其中提到的读书必专一、写字必楷敬、几案必整齐、堂室必洁净、相呼必以齿、接见必有定、修业有余功、游艺有适性等要求,正是将行为方式和心性修为结合起来。

读书必专一,写字必楷敬,用于培养庄重恭敬之心,要求平时端正心思,整肃仪容,读书时计算遍数。遍数已经读够仍不能背诵,就一定要读到能够背诵为止;遍数没有读够,虽已经能背诵,也要读够才行。一本书读熟了才阅读下一本。不要泛泛而观,不要不理解强行背诵,不读对成长无益的文章。古人读书以科举考试为目标,以四书五经为重。现在我们的阅读范围更广,选书要选择经典,读书要善始善终。写字要一笔一画,不能潦草,不能随意,以此养成恭敬谨慎的心性。

几案必整齐,堂室必洁净,用于培养洁净卫生的习惯。学生有固定的座位,几案上物品简单,宽阔而不杂乱。书箧和衣筐一定要上锁,并谨慎保管钥匙。每天按例值日,用水浇洒堂室,时常用扫帚扫去尘埃,用布巾擦拭几案,若有污秽,一并扫除,不拘泥于时间早晚。

相呼必以齿,接见必有定,用于养成良好的人际交往。同学相处,要按照年龄称呼,比自己年长一倍的人称呼为先生,比自己大十岁左右的称呼为兄,与自己年龄相仿的,用字来称呼。平时师生相处,师长坐定之后,学生穿着正式服装,上堂之后按序拜见,师长命令再退下。如果客人见学生,在见完师长之后,到合适的位置相见。不是一类人,不要与之亲近狎昵。

修业有余功,游艺有适性,是对课外活动的要求。弹琴、习射、投壶要遵规守矩,不是娱乐的时间不能玩闹,尤其不做赌博之事。平时要多交谨慎质朴、勤劳有力者,庄重以对,宽容相待。若每日都遵循这些守则,内修心性,外能待人,具有良好的修为,方能担负起更重的社会责任。

古代中国从家礼、学规、乡约三个维度不断强化对家人、士人和百姓的教化,使之能够养成良好习惯,能够得体地待人接物。马可·波罗来中国之后,惊叹中国文教之昌明,国人言谈举止之优雅,远胜于西方的有些贵族。这正在于中华民族以礼义为约束,将内在的精神气质和外在的规矩习惯结合起来,养成了文质彬彬的人格要求和行为修养,促成了约定俗成的社会风俗。

礼是中国的传统文化,礼俗是中国的文化传统。文化传统是文化广泛传承后所形成的行为习惯,以习俗、风俗的方式代代传承,是绵延不绝的社会认同和公共行为。传统文化是历史上曾有过的行为方式,是人类文明史上特定阶段、特定地域的产物,既可能流传于后世,也可能已经消歇。如中国古代的祭祖仪式、节庆习俗及文化活动,有的流传至今且具有约束力。有的已经失传或有所式微,但可以通过传承发展,使之重新振兴。很多非物质文化遗产,一度濒临失传。近年来则通过扶持与恢复,又使之得以复兴、振兴,焕发出新的生命活力,如清明节、端午节、中秋节。因此,我们一方面要继承传统礼仪,待人接物有规有矩,体现良好的个人修为;另一方面要倡导恢复中华礼义精神,推行与现代社会合拍的礼仪风俗,推动社会更加文明。

礼制建筑

礼制建筑是为礼仪活动而修建的有形场所。礼的规范性，要求礼制建筑具有严谨的布局和特定的形制。广义的礼制是国家制度及其管理方式，狭义的礼制是与礼仪相关的制度性规定。因而礼制建筑既体现了国家制度，也遵循着礼义原则。

古代中国最为广大的礼制布局，是以"体国经野"的方式分划疆域、营造都城。都城设计中的严格规制，是国家礼制的直接体现。其中，《周礼·考工记》中设计的都城布局影响最大：

> 匠人营国，方九里，旁三门。国中九经九纬，经涂九轨。左祖右社，前朝后市，市朝一夫。

这一带有想象色彩的都城设计，既是都城营造经验的总结，更是理想都城形制的展现。在早期中国的观念中，都城要方圆九里，筑墙围城，城墙每侧设三座城门，以形成九条东西南北交错的道路，每条大道宽可容纳九车并行。都城中心的中央区域建造宫室，左建宗庙，右建社稷，前面是朝堂，后面设集市，市场面积为一百步见方。

这一设计在东汉洛阳城的营造中得以实行,由此成为古代都城营造的基本布局。随着国力的增强,都城建制不断扩大,城门也有所增多,左祖右社、前朝后市的都城格局却基本稳定。唐代长安城共开十三门,东、西、南各三门,北侧三门外加玄武门,市场不再局限于百步,有了更为便利的坊市制度。

在儒家的学说中,都城中最重要的礼制建筑是明堂、辟雍和灵台。《白虎通·辟雍》设想了明堂的结构,概括了明堂的功能:

> 天子所以有灵台者何?所以考天人之心,察阴阳之会,揆星辰之证验,为万物获福无方之元。《诗》云:"经始灵台。"天子立明堂者,所以通神灵,感天地,正四时,出教化,宗有德,重有道,显有能,褒有行者也。
>
> 明堂,上圆下方,八窗四闼,布政之宫,在国之阳。上圆法天,下方法地,八窗象八风,四闼法四时,九室法九州,十二坐法十二月,三十六户法三十六雨,七十二牖法七十二风。

明堂是实现天人合一之所,让帝王能够与日月星辰、四时运行相沟通,使布政更具合法性与合理性。明堂采用上圆下方的形制,仿效天圆地方,周边开八个窗户以象征八方,开四个大门象征四时,采用九间屋室象征着九州。明堂的窗户、窗扇分别与月份、节候相应,象征阴阳交汇、天地交通,帝王在其中作出决策、下达命令,以求应和天地之道,获得天地护佑。东汉中元元年(56)在都城洛阳建明堂,采用了《考工记》井字形构图的台榭式建筑。北魏太和十五年(491)继承了汉制,在平城造明堂,《木兰诗》中说"归来见天子,天子坐明堂",就是言北魏皇帝在明堂举行盛大的授勋典礼。

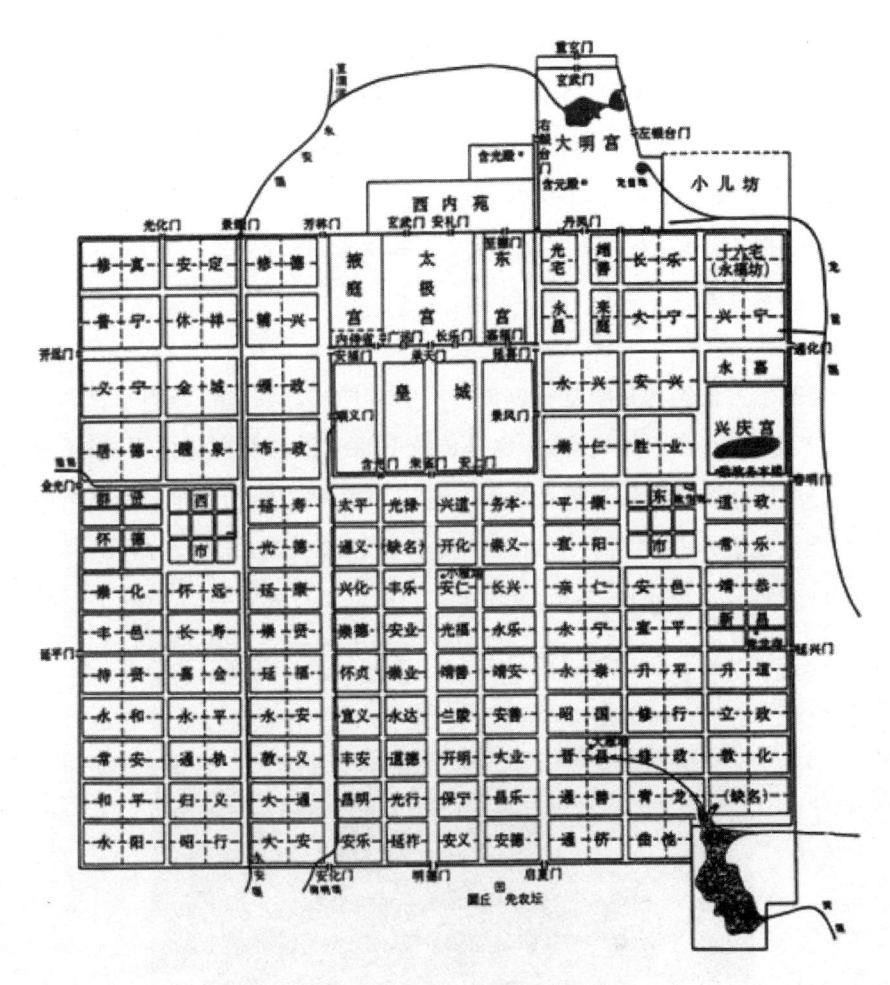

隋唐长安城布局图

武则天都洛阳时,曾建造了一座规模宏大的明堂:

> 凡高二百九十四尺,东西南北各三百尺。有三层:下层象四时,各随方色;中层法十二辰,圆盖,盖上盘九龙捧之;上层法二十四气,亦圆盖。亭中有巨木十围,上下通贯,栭、栌、橕、槐,籍以为本,亘之以铁索。盖为鸑鷟,黄金饰之,势若飞翥。刻木为瓦,夹纻漆之。明堂之下施铁渠,以为辟雍之象。号万象神宫。[1]

上圆下方的结构是明堂一以贯之的基本样式。其中合乎阴阳、五行、时序、星象的结构方式,也是传统明堂学说的制度化体现。这是中国建筑史上体量最大的木构建筑,作为武周时期的布政之宫,也是礼敬众神之所。武则天称帝前曾五次大享明堂,永昌元年(689)后,每年元日、冬至,武则天都在明堂举行大朝会、大合祀。

明堂复原图

---

[1]《旧唐书》卷二十二《礼仪志》,中华书局,1975年版,第862页。

明堂之外，常建有辟雍、灵台。辟雍是环绕在明堂周围的水池，灵台是观察物候的场所。从考古发现来看，明堂最初是部落的议事场所，环绕明堂的辟雍起着防卫作用，类似于护城河。后来，明堂承担了祭祀与教化功能，辟雍之水被视为"璧"，象征着教化流行。辟雍中有游鱼、水草、水鸟，可以观察气候变化，称为灵台。此外，也有单独建造的灵台、灵囿、灵沼。灵囿畜有禽兽，灵沼养有鱼虾，可以据此观察物候，确定时序。西周初期，周文王设置灵台观察物候，引导百姓生产生活，《诗经·大雅·灵台》歌颂了周文王修建灵台、灵囿。最初的辟雍、灵台是功能性建筑，随着礼制完善，辟雍、灵台逐渐作为特定文化寓意的礼制建筑。

都城重要的礼制建筑，是祭祀天地的天坛、地坛和社稷坛。天坛的形制为圜丘，堆土为坛以祭祀天帝，冬至日祭天时，天子在天坛祭祀天帝众神。古代中国只有皇帝拥有祭天权。西汉在甘泉宫祭天，东汉在南郊祭天，隋唐在长安天坛祭天，明清在北京天坛祭天。地坛是夏至日天子祭地之所，以五色土象征五方：东方为青，南方为赤，西方为白，北方为黑，中间是黄土，以此象征皇帝拥有天下土地。西周分封诸侯时，从大社之中取一块某方之土给所封诸侯，诸侯到达封国之后要建社祭祀，表示自己获土于周王。社稷是祭祀社神和稷神的场所，社为土地神，稷为五谷神。稷神源出于周朝先祖后稷，本为司农之神，周人对社与稷的合祀，既是祈祷先祖护佑国土，又是期望后稷保佑五谷丰登，遂以社稷指代国家。后世的社稷之祀，意在祈求国泰民安。

北京保留着明清时期建造的完整的天坛、地坛和社稷坛。天坛由圜丘、祈谷两坛组成，坛墙北圆南方，象征天圆地方。地坛以方泽坛为核心，以祭祀皇地祇神。社稷坛以五色土为坛，坛台中央

第三辑　礼制　189

立有一方形石柱，名为社主石，象征江山永固。

此外，古代帝王要祭祀日月。一是在郊祀时举行，如冬至郊祀又称迎长日，带有朝日的性质。二是在专门时节祭祀日月，如在春分祭祀太阳，秋分祭祀月亮。日坛、月坛是祀朝日、夕月的场所。现在北京的日坛、月坛，是祭祀日、月、星神的礼制建筑。

宗庙亦是中华文化中重要的礼制建筑，是历代帝王祭祀先祖的地方。都城建造的太庙是宗庙建筑的典范。北京太庙是明清祭祀先祖的地方，呈长方形布局。太庙前面之门称前门，为太庙正门。内部主要建筑前殿、中殿和后殿，从南到北依次坐落于中轴线之上。前殿为祭祀场所，中殿存放祭器，后殿祭祀远祖。进入前门之后，左右两侧有两间库房，存放祭祀用品。库房后有两座井亭，用于汲水清洗祭器、处理牺牲。井亭后面为戟门，是内院的正门，进入戟门，才算正式进入了宗庙的内部。前方东侧有焚香的炉子。东西两侧更远处是前后配殿，用于配飨有功的皇族和忠臣。在古代，配飨于太庙是臣子们至高无上的荣耀。

古代的礼制建筑，还有文庙和武庙。文庙、武庙大致延续了宗庙的布局，功能有所增加。曲阜孔庙有九重院落，是因为孔庙历代接受增封而不断增广。按照中轴线上布局，由南向北分布着棂星门、圣时门、弘道门、大中门、大成门、杏坛、大成殿、寝殿、圣迹殿等礼制建筑。大成殿祭祀孔子及儒家先贤，圣迹殿有记载孔子生平事迹的圣迹图。武庙以洛阳市的关林为代表，是中国唯一一座冢、庙、林三祀合一的建筑。庙前方设戏楼，庙中设正门、仪门、甬道、大殿、二殿、三殿、关帝冢等，沿中轴线分布，关帝冢内埋葬着关羽首级。

宗庙、文庙、武庙的共同特点：一是有完整的外墙；二是主要建

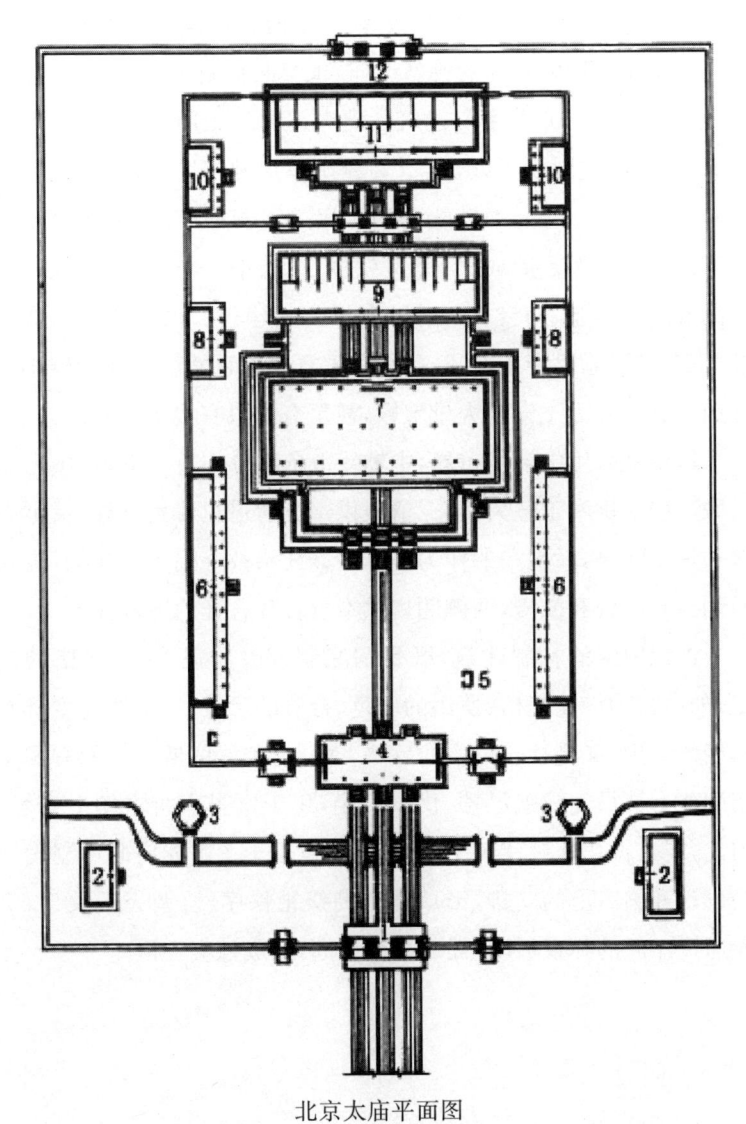

北京太庙平面图
1 前门 2 库房 3 井亭 4 戟门 5 焚香炉 6 前配殿 7 前殿 8 中配殿 9 中殿 10 后配殿 11 后殿 12 后门

筑规格为正门、后门、大殿、配殿等；三是所有建筑沿中轴线分布。

中华文化影响较深的佛教寺庙，也参照礼制建筑的特点建造，依照中轴线布局分布主要建筑。佛寺正门为山门，天王殿供奉四大天王，大雄宝殿为正殿，供奉着释迦牟尼佛。后有藏经楼，寺庙一般不开后门。寺庙中轴线两侧有用途不同的厢房，厢房数量与寺庙的规格有关。寺庙大，厢房就多；寺庙小，厢房就少。规模较大的寺庙有四堂、四台、伽蓝殿、罗汉堂等建筑。伽蓝殿供奉伽蓝神关羽，罗汉堂供奉十八罗汉、十六罗汉或五百罗汉。规模较小的寺庙可能仅有天王殿和大雄宝殿，甚至有的只有大雄宝殿。

道观多采用中轴线布局，中轴线上依次分布着三清殿、中殿和后殿。中殿供奉玉皇大帝，三清殿供奉三清道祖元始天尊、灵宝天尊和道德天尊，后殿一般作为圣母殿。与佛教寺院建筑相同，道观两侧也有钟楼和鼓楼，两侧厢房供奉着各种各样的道教神灵。

古代中国的礼制建筑，既是国家制度的体现，有着严格的规定，如皇宫的修建规格、使用的颜色、台阶的尺寸、城墙的高度都有明确的级别；又是社会风俗的反映，寄托着美好的期待。如有的文庙中建有文昌阁或魁星楼，供奉魁星，用于读书人祈求榜上有名。因此，观察古代礼制建筑的诸多细节，有助于了解如何通过制度化的设计和细节上的安排，形成稳定的祭祀秩序，协调天人关系；又能通过庄严的礼仪活动，促成道德认同，促成社会良俗。

第四辑

礼
度

礼度

礼义是礼的基本精神和原则,礼仪是礼的程序化设计,礼制是礼的制度性规定,三者共同形成了约束社会秩序和调整心性修为的基本法则。礼义确定了礼的原则,如父子有亲、夫妇有别、君臣有义等。在这些原则指导下制定了许多礼仪程序,如婚礼、丧礼、葬礼等;也确定了诸多形制,体现在服饰、饮食、器具的制作与使用中。这些原则规定,在现实生活中常要面对例外的情形,必须调整变通。《孟子·离娄上》言及一个特殊的场景:

淳于髡曰:"男女授受不亲,礼与?"
孟子曰:"礼也。"
曰:"嫂溺则援之以手乎?"
曰:"嫂溺不援,是豺狼也。男女授受不亲,礼也;嫂溺援之以手者,权也。"

涉及到了礼制的变通。按照礼制规定,小叔子与嫂子不能牵手,这体现着男女授受不亲的原则,也是伦理道德的基石。问题是,倘若嫂子掉入水中,小叔子是坚守原则见死不救?还是违背原则把她拉上来？这一特定情形中的男女牵手，按说是违背了礼制的死板规定，但却应该予以鼓励。其中所体现的通权达变，是为了维持更高的道德原则。

中华文化之所以将礼作为社会秩序的基本准则，既在于礼可以调整社会关系，更在于礼本身也有调整的空间。礼，不仅随着时代发展不断完善，也可以根据特殊情形灵活调整。这些变化与调整，遵循着一以贯之的原则，正是以道德准则、人文精神、文明要求为内核的礼义。正因为有了礼义，礼仪、礼制、礼器、礼容、礼俗等形式可以保持在合适限度之内，作为制度，形成了既有原则又能权变的弹性空间。这个既有原则又有弹性的空间，便是礼度。

从礼义、礼仪、礼制、礼度来观察礼仪制度，才能全面理解中华文化如何通过礼的原则来坚守道德原则，通过礼的形式来与时俱进地调整社会秩序。礼所体现的原则精神是礼义，根据礼义制定的行为规范是礼仪，礼仪使用的器物、场所构成礼制，依照礼义对礼仪、礼制调整是礼度。礼度是礼在确定社会行为的规范中维持的原则和调整的尺度。

礼制的建构目的是形成良好的社会秩序。社会不断发展，礼就需要不断合乎社会的发展要求与时俱进，这就使得礼制有了内在调整的要求。《礼记·仲尼燕居》中记载孔子曾讨论过礼的意义，在于实现全部秩序之"宜"：

> 宫室得其度，量鼎得其象，味得其时，乐得其节，车得其式，鬼神得其飨，丧纪得其哀，辨说得其党，官得其体，政事得其施。加于身而错于前，凡众之动得其宜。

礼中蕴含了人类的道德准则、精神原则和行为法则。郊天、祀地、尝祭、禘祭等礼仪活动中的繁文缛节、制度器物,只是礼的外在形式。必须要理解祭祀之礼中蕴含的礼义,才能结合现实需求调整礼制。居处之礼意在使长幼有序,家中之礼意在使家族和睦,朝廷之礼意在使行政有序,田猎之礼意在训练军队,军队之礼意在作战取胜,这是礼的内在要求,既是制礼的目的,也是礼仪的用意,更是礼义的根本。因此,所有规定的宫室、器具、饮食、音乐、车制、丧葬等礼制,皆是为了维持良好的社会秩序,让所有人的言谈举止恰如其分,这是礼制、礼仪规定的根本目的,是礼所追求的根本原则。

加于身而错于前,凡众之动得其宜,是礼义的内在要求。也就是说,礼义所体现的道德伦理,既是所有礼制的内在规定性,也是礼的内容。根据人情、世道所确定的礼仪、礼制,既是道德伦理的秩序化形成,也是礼的形式。《礼记·乐记》言:"先王本之情性,稽之度数,制之礼义。"性情是人的心性和情感,将人的发展要求和生活需求结合起来,形成道德认同和价值判断,就是礼义。这些礼义通过制度展现出来,形成公共秩序,是礼仪制度。这样来看,礼仪、礼制是礼义的体现,并以礼义为原则进行调整完善,使之更合乎人情世故。根据礼义进行礼仪调整、礼制完善的实践和认知,就是礼度。

礼义体现礼的原则性,礼度体现了礼的灵活性。孔子在与弟子讨论礼义时,辨析了礼的原则性和灵活性:

礼,与其奢也,宁俭;丧,与其易也,宁戚。[1]

---

[1] 朱熹:《论语集注》卷二《八佾》,第62页。

在孔子看来，礼仪与其追求形式上的奢侈豪华，不如简单朴素一些。这就表明，礼既可以奢，也可以俭，存在相应的调整空间，可以根据家庭的富足程度、彼此的感情联结自主调整。就像婚礼，可以在五星级酒店举办，也可以只请三五好友相聚用餐。只要意识到夫妇终生相伴、相互尊重、相互体谅，即使是俭朴的婚礼，也同样具有意义。丧礼亦如此，与其在礼制、礼仪上面面俱到，不如更重视对逝者的怀念。孔子及其弟子的讨论，触及到了礼义的原则和礼度的调整，他们认为，礼是借助仪式来表达情感，情感远重于仪式。礼义体现世道人心，可以支配着表达方式的礼仪，在适当的空间内进行调整，就是礼度的应用。

《礼记·檀弓上》中又记载了孔子与弟子们讨论服丧问题，涉及到礼度：

> 子路有姊之丧，可以除之矣，而弗除也。孔子曰："何弗除也？"子路曰："吾寡兄弟而弗忍也。"孔子曰："先王制礼，行道之人皆弗忍也。"子路闻之，遂除之。

子路的姐姐逝世，丧期已过，按规定可以除去丧服，子路却没有除去，可见彼此感情之深。孔子问其原因，子路认为自己的兄弟少，不忍心就这样去除丧服。孔子则说制礼的目的，是教导别人能够节制感情，建议子路遵循理性原则，结束服丧。孔子的说法，正是为了维持礼义"因人情而为之节文"的原则，在合理表达了哀悼之情后，就要结束丧期，这是丧礼的礼义所在。

与之类似的，还有孔鲤期而犹哭之事：

> 伯鱼之母死,期而犹哭。夫子闻之曰:"谁与哭者?"门人曰:"鲤也。"夫子曰:"嘻!其甚也。"伯鱼闻之,遂除之。[1]

孔颖达解释说:"时伯鱼母出,父在。为出母亦应十三月祥,十五月禫。言期而犹哭,则是祥后禫前。祥外无哭,于时伯鱼在外哭,故夫子怪之,恨其甚也。"[2]出,指孔鲤的母亲离开孔家。按照礼制,母出父在,孔鲤只用为母服丧一年,结果满一年之后,孔鲤还在哭泣。孔子认为这是哀伤过度,应该按礼节制,结束服丧。

子路和孔鲤都希望能更多地表达哀思,这是人之常情。孔子则认为亲人去世服孝哀伤,要按照礼的规定适可而止,不能因为哀伤逝者,而影响生者的生活。礼仪、礼制要以礼义为原则,礼的精神才能坚守。服丧的时间超出礼义的原则,实际违背了礼的精神。可见,在礼制和礼仪的形式之上,还有一个更高的礼义原则,以作为其调整变通的内在尺度。《礼记·檀弓上》又记载了一个故事:

> 子上之母死而不丧。门人问诸子思曰:"昔者子之先君子丧出母乎?"曰:"然。""子之不使白也丧之,何也?"子思曰:"昔者吾先君子无所失道。道隆则从而隆,道污则从而污,伋则安能?为伋也妻者,是为白也母。不为伋也妻者,是不为白也母。"故孔氏之不丧出母,自子思始也。

孔子的儿子是孔鲤,孙子是孔伋,字子思;子思的儿子是孔白,字子

---

[1]《礼记正义》卷七《檀弓上》,《十三经注疏》本,第 195 页。
[2]《礼记正义》卷七《檀弓上》,《十三经注疏》本,第 195 页。

上。孔鲤、孔伋也曾出妻。孔白在母亲去世后却不服丧。门人问孔伋：如何理解孔鲤为母亲服丧，而孔白不为母亲服丧？孔伋认为，依照礼制，该提高规格时提高，该降低规格时降低，这才是礼的精神所在。他认为，孔白之母若仍是自己的妻子，便是孔白的母亲，应该服丧。如今其已经离家，不再是自己的妻子，也就不再是孔白的母亲。因此，孔白可以不为母亲服丧，由此形成了孔家不为出母服丧的传统。

孔鲤为出母服丧、孔白不为出母服丧，在孔子和孔伋眼中都有道理，这是礼度的意义所在。礼义提供了判断原则，在礼仪和礼制使用时，可以根据实际情况进行调整，使其合宜合适，以实现"礼以制中"。因此，儒家在丧服制度中约定："丧不虑居，毁不危身。丧不虑居，为无庙也。毁不危身，为无后也。"[1]父母去世，子女要极尽哀思，放下一切事务，以丧礼为重，体现对父母的怀念。不过，丧礼、葬礼要保持一个节度，可以悲哀伤痛，形容憔悴，但不能危害自己的健康。在哀伤先人和保重自己之中达成平衡，是礼的节度。

礼能够成为约定社会秩序的最大公约数和最小公倍数，其最大公约数是礼义，体现着道德认同、社会共识和公共秩序，是维持基本社会秩序的原则和要求。其最小公倍数是礼度，是礼义在公共事务、社会活动和个人行为方面展开的尺度。在礼义和礼度的相互作用下，礼既有原则性，又有灵活的弹性空间。

在曾子评价晏子的行为中，可以看出礼度的弹性：

曾子曰："晏子可谓知礼也已，恭敬之有焉。"有若曰："晏

---

[1]《礼记正义》卷十《檀弓下》，《十三经注疏》本，第312页。

子一狐裘三十年,遣车一乘,及墓而反。国君七个,遣车七乘,大夫五个,遣车五乘,晏子焉知礼?"曾子曰:"国无道,君子耻盈礼焉。国奢则示之以俭,国俭则示之以礼。"[1]

曾子认为,晏子知礼,在于晏子把握住了礼中所蕴含的道德要求,心虔志诚地做事。有若认为晏子不知礼,是在细节上找到了依据,如晏子一件狐裘穿了三十年,处理丧事时只派一辆车,到了墓地之后就回来了。按照礼制,国君车上每包牲体应有七段,派遣七辆车运送;大夫车上牲体应有五段,派遣五辆车运送。晏子没有遵守礼制,哪里称得上懂礼呢?曾子认为礼制只是为行事提供参考,具体执行时可以根据国家经济状况进行调整,合乎礼义,就是知礼;不合乎礼义,只遵守制度,就是不合礼。曾子与有若的争论,在于重视礼义还是礼制。晏子的做法,显然是理解了礼的精神,能够自如地调整礼仪和礼制,使得礼能够在恰如其分的空间中运行。

《晏子春秋》中还记载了晏子对礼的权变之事。晏子出使鲁国,孔子让弟子前去观礼。子贡回来之后回复道:"谁说晏子熟悉礼呢?《礼》中说:'上台阶的时候不能越级,在堂上不能小步快走,接受玉的时候不下跪。'现在晏子完全违反了这些规定,谁说晏子熟悉礼呢?"晏子拜谒完鲁君后,来见孔子,孔子询问晏子为什么那么做?晏子解释道:"两堂之间君臣各有其位,一般来说,臣子后于国君一步,上台阶时低于君主一级。但鲁君走得快,我只能越级上台阶,在堂上小步快走,才能到达自己的位置。鲁君授玉给我时俯身行礼太低,我只能跪下,才能显示出姿态更低。我认为在大的方

---

[1] 《礼记正义》卷九《檀弓下》,《十三经注疏》本,第 280 页。

面不超越礼的规则,细节方面有所不同是可以的。"孔子非常赞同晏子的说法,回来后对弟子说:"不拘泥于死板的礼仪细节,而合乎礼义标准,只有晏子能够做到。"晏子所说的"大者不踰闲,小者出入可也",[1]道出了礼义与礼节的关系,确定了可以根据礼义调整礼节。

《仪礼》中规定的婚礼、丧礼、葬礼、士相见礼等,是为社会提供的参照标准,而非必须严格执行的铁律。这些行为方式和程序化的设计,在具体使用中会因时制宜地进行调整。孔子对晏子行为的认同,正是看到了晏子的变通,合乎当时情境,足以表现出对鲁国国君的敬重,合乎礼的原则和精神,是为合礼。

礼义可以坚守礼的精神,礼度可以调整礼的形式。这样的礼,不再是单一死板的制度,也不会因为朝代更替而发生断裂。孔子弟子子张说:"殷因于夏礼,所损益,可知也;周因于殷礼,所损益,可知也;其或继周者,虽百世可知也。"[2]夏、商、周之礼有所变化,变化的是礼仪、礼制,不变的是礼义,这些损益变化调整的合理空间,是礼度。礼因袭的是礼的精神、原则和标准,调整的是礼的形式。就像人一样,童蒙时期是垂髫稚子,青年时期气宇轩昂,年老之后鹤发鸡皮,人的外在形态在不同阶段发生改变,但其精神、气质却具有连续性。一个朝代也是如此,盛世皇帝的墓葬奢华,衰世皇帝身后寥落,无论盛世衰世,皆按照礼义来举办丧礼葬礼,礼仪可能不变,礼制可能遵守,但其所用的礼器、礼物有所衰减。其衰减所遵循的原则和达到的尺度,都是礼义。

---

[1] 张纯一:《晏子春秋校注》卷五《内篇杂上》,中华书局,2014年版。第258页。
[2] 朱熹:《论语集注》卷一《为政》,第59页。

有了礼度,礼就有了与时俱进的合法性,也有了恰如其分的合理性。战国时期,赵国屡受北部游牧民族的侵扰,赵武灵王看到胡人骑兵的优越性,决定进行改革,推行胡服骑射。当时有异议,认为改服制这样重要的制度变革,会毁弃礼的传统,赵武灵王说:

> 夫服者,所以便用也;礼者,所以便事也。是以圣人观其乡而顺宜,因其事而制礼,所以利其民而厚其国也。被发文身,错臂左衽,瓯越之民也。黑齿雕题,鳀冠秫缝,大吴之国也。礼服不同,其便一也。是以乡异而用变,事异而礼易。是故圣人苟可以利其民,不一其用;果可以便其事,不同其礼。[1]

赵武灵王认为,服制要便于使用,礼要便于行事。制礼是为了让生产更加方便,让社会更有秩序,让人民的生活更得体,让国家更加富强。盲目尊古没有意义,固守旧礼会使得生活不便,生产受阻,礼也就失去了维持社会秩序的意义。自古以来,各地风俗不同,服饰也各不相同,都是为了便利不同生活环境中的人民。因此,只要继承因人情而为之节文的礼义,使之合宜,礼仪和礼制便可以不断调整。

商鞅变法也是以变革精神来观察制度的改变:

> 前世不同教,何故之法?帝王不相复,何礼之循?伏羲、神农教而不诛,黄帝、尧、舜诛而不怒。及至文、武,各当时而

---

〔1〕 何建章:《战国策注释》卷十九《赵策二》,中华书局,1990年版,第678页。

立法,因事而制礼;礼法以时而定,制令各顺其宜,兵甲器备各便其用。臣故曰:'治世不一道,便国不必法古。'汤、武之王也,不修古而兴;殷夏之灭也,不易礼而亡。然则反古者未可必非,循礼者未足多是也。[1]

不同朝代的现实不同,世道人心并不一样,治理国家要根据实际情况调整礼制,以此形成恰当的社会秩序。礼的形式千差万别,礼以便事、礼以制中的要求却不变。商鞅强调的"礼法以时而定",正是强调礼、法要合乎时代要求不断调整,才有存在的必要和延续的可能。

这一原则成为后世礼制变革的共识。叔孙通言:"五帝异乐,三王不同礼。"[2]历史发展要求礼、乐也要与时俱进。《淮南子·氾论训》中说:"圣人法与时变,礼与俗化,衣服器械各便其用,法度与制令各因其宜。"国家治理所采用的法律、礼制要随着时代而变化,根据发展而调整,衣服、器械要便于使用,法度、制令要合乎时世,礼法能够符合现实。汉武帝也认为:"朕闻五帝不相复礼,三代不同法,所由殊路而建德一也。盖孔子对定公以徕远,哀公以论臣,景公以节用,非期不同,所急异务也。"[3]认为礼法一直在不断调整,礼的精神及其所维持的价值判断、道德原则和行为法则一直赓续,代代相传。

这样,礼义与礼度张弛有道所形成的弹性空间,使得礼不会变成僵化的条文、不近人情的制度,而是既有原则性,又有灵活性。

---

[1] 蒋礼鸿:《商君书锥指》卷一《更法》,中华书局,1986年版,第4—5页。
[2] 《史记》卷九十九《刘敬叔孙通列传》,第2722页。
[3] 《汉书》卷六《武帝纪》,中华书局,1962年版,第173页。

把握好礼度,才能不断调整和完善礼,礼作为社会行为的准则才能延续下去。正因为如此,每个朝代根据礼义来调整礼制,使其成为有弹性的制度,礼才能适应不同时代、不同地域以及社会不同层面的差异,成为中华民族维持价值认同的方式,成为维护公共秩序的策略。

制礼

制礼是根据礼义制作、调整礼仪，变革礼制。从考古发掘来看，史前文明时期的居所、墓葬有不同规格，服饰、器物也有身份标识，这是礼制的体现。传世文献也记载了黄帝、颛顼、帝喾以及尧、舜、禹不断完善制礼，实现了有效的国家治理。可以说，礼的制作、修订与完善，促进了中国社会的持续改良，促成了中华文明的稳定发展。

中国最为系统的制礼作乐在西周初年。武王伐商成功后，周公、召公等人将殷商之礼和周族旧俗整合起来，建构一套适应宗法观念、分封制度的礼乐制度，作为国家治理的基本框架。《尚书大传》言："周公摄政，一年救乱，二年克殷，三年践奄，四年建侯卫行书，五年营成周，六年制礼作乐，七年致政成王。"周公在摄政第六年完成了制礼作乐，第七年举行了诸侯朝成王的大典。《礼记·明堂位》具体记载了周公制礼作乐的内容："六年，诸侯朝于明堂，制礼作乐，颁度量，而天下大服。"成王即位之初，年纪尚幼，周公以天子身份治理天下。平定三叔之乱后，他分封诸侯，稳定了王朝秩序，制定了诸侯朝见成王的礼乐，颁布了度量标准，天下由此大治。

周公制礼作乐，主要是确定王朝之礼，确立了周王朝的基本制度。周礼大致分为两种,一是作为制度的礼,如宗法制、分封制与职官制度等。宗法制涉及到王位、爵位的继承,分封制形成了公、侯、伯、子、男五等爵位,明确了人的身份及其所用的礼制,这是以人为本的制度形态。二是作为仪式的礼,如朝觐、聘问、祭祀、丧葬等。朝觐规定了诸侯与周王的来往秩序,聘问确定了王朝、王国之间的交往秩序,祭祀明确了人神交际方式,丧葬调整了人人之间的亲疏关系,这些礼仪以事为用,明确了周王朝的运行秩序。

周公制礼作乐,虽不是一个全新的创举,却是一个标志性的事件。周公在继承并改造了夏、商礼乐的基础上,制作了周礼、周乐。以丧葬之礼为例,三代均有丧葬的习俗,但在具体细节上有所不同。如夏后氏在东阶之上出殡,殷人在两根楹柱之间出殡,周人在西阶之上出殡,三代出殡的位置不同。尧、舜时用陶制的葬器安葬死者,夏人用土砖砌在死者四周,殷人开始用椁,周人兼用棺椁,还设有布帐和羽扇,这是在葬器方面的区别。夏后氏在黄昏祭祀,殷人在正午祭祀,周人在黎明祭祀,是祭祀时间的不同。

《淮南子·氾论训》由此得出结论:"故五帝异道,而德覆天下;三王殊事,而名施后世。此皆因时变而制礼乐者。"三王五帝因时制宜,不断调整礼制,才得以光被四表,名垂后世。可见,制礼并不是一个一劳永逸的事情,需要与时俱进地调整。周公制礼作乐的核心是王朝之礼,规定了周王与诸侯的朝会、朝觐、聘问等礼仪制度。与殷、商之礼侧重于协调神人关系相比,周礼更注重于调整人际关系。从此,周公之礼成为了王朝运行秩序的基础,确定了中国社会的运行范式和人际交往方式。

从史料来看,周公之后,成王、康王、穆王以至宣王时期,西周一直在持续调整完善礼乐制度,以适应王朝不断变化的内外部危机。而每一次重要的礼制调整,都有制礼作乐的含义。人类文明史的发展,或有颠覆性的标志性事件,但大多数是在堆土成山般的累积后,最终形成了文明的突破。有些看似在当时不起眼的礼制调整,会成为影响深远的历史事件。周厉王的专征、周宣王的料民、周幽王的废后,起因都是试图调整礼制,却成为影响周王朝历史走向的制度动因。平王东迁之后,王室衰微,王与诸侯的朝聘之礼也不断调整,宋襄公、鲁僖公时期,鲁、宋两国都曾有过礼乐的调整。

  周礼建构的核心,是将亲亲关系转化为尊尊关系。周王朝借助宗法制来分封诸侯,依靠分封制建立了职官体系和王朝制度。周王与重要诸侯或为家族关系、或为姻亲关系,以血缘关系为基础,借助爵命制度,形成了尊尊秩序。至春秋战国,田氏代齐、三家分晋、秦楚强大,周王朝以亲亲维持尊尊的礼制难以约束诸侯之间日渐疏远的亲戚关系,在尊尊为本、尊贤为用的现实需求面前,周礼所确定的王朝之礼便不合时宜。

  秦汉时期的王朝秩序已经演变为先尊尊而后亲亲,天下权力皆归于天子,天子与诸侯王、各级官僚之间只是君臣关系。秦杂六国旧仪而建立了秦仪,汉立国之初又有叔孙通主持制定汉仪,制作了继承周礼但又不同于周礼的汉仪。叔孙通制礼的主要内容有二:

  一是制定朝仪。刘邦刚即位之初,群臣在朝廷之上宴饮作乐,酒后失仪,挥剑砍削庭柱。叔孙通为了维护朝堂威仪,征鲁生三十人,与朝廷中博学之士及其弟子百余人,采古礼与秦仪,共同制定了汉朝仪,演习了一个多月,请汉高祖观看。刘邦目睹了朝仪庄严恢宏,感叹到:"我现在才知道当皇帝的尊贵!"下令让群臣学习。

高祖七年(前200)十月,汉高祖按照叔孙通制定的礼仪举行了朝贺大典,用仪式体现了皇帝的至尊地位。

二是制定宗庙仪式。汉初宗庙并无定制,汉惠帝即位后感慨:"先帝园陵寝庙,群臣莫能习。"让叔孙通担任太常,制定宗庙仪法,确定了衣冠游、尝新、宗庙乐舞,形成了汉宗庙祭祀制度。

两汉制礼的主要做法是,采用先秦礼书所载的礼义,结合旧仪、律法形成新的礼仪、礼制,体现了因时制礼的精神。《淮南子·氾论训》从理论的角度,阐释了西汉普遍流行的礼制认知,认为圣人制定礼乐,却不会为礼乐所限制。治理国家有常理,要以便利人民为要;政治教化有常法,要以政令通行为重。只要有利于民众,没有必要师法古人;只要能使事情详赡完备,没有必要遵循旧礼。夏、商衰败灭亡,源于不变革治国之法;禹、汤、武王三代的兴起,正在于不蹈常袭故。礼、法需要根据周围的环境、历史的进程、社会的发展状况不断调整。如果不能及时变革,长期以来形成的惯性,就容易导致政权的衰微和灭亡。因此主张礼、法要与时代、风俗之间相辅相成,相互合拍。

司马迁总结历史进程,认为制礼是三代最为有效的国家治理经验:

> 余至大行礼官,观三代损益,乃知缘人情而制礼,依人性而作仪,其所由来尚矣。人道经纬万端,规矩无所不贯,诱进以仁义,束缚以刑罚,故德厚者位尊,禄重者宠荣,所以总一海内而整齐万民也。[1]

---

[1] 《史记》卷二十三《礼书》,第1157—1158页。

夏、商、周三代按照人情、人性确立了礼的原则与规范，礼仪作为通行规矩，意在让人不断完善自己，追求道德完美。礼体现道德自觉，刑约束人性之恶。礼、刑并用，便能够把老百姓教化好、引导好、治理好、改造好。礼要按照人情人性来制定，方才能得以实行，人情人性在变化，礼也要与时偕行。由此来看，西汉初年，因时制礼的观念不仅在当时是社会共识，而且成为了礼制变革的理论支撑。班固也认为：

> 人性有男女之情，妒忌之别，为制婚姻之礼；有交接长幼之序，为制乡饮之礼；有哀死思远之情，为制丧祭之礼；有尊尊敬上之心，为制朝觐之礼。[1]

顺应男女之情制定婚姻之礼，以婚姻为约束的男女关系就得以稳定。长辈和晚辈要得体交往，制定乡饮酒之礼来引导，借助饮食形成情感认同，形成社会交往规则。人去世之后，有的亲朋好友很悲痛，哀思过度，会伤害身体；有的却无动于衷，麻木不仁，不近情理。为了恰当表达哀思，根据亲缘关系制定了丧礼。尊重上级，敬爱长辈而形成了朝觐之礼，体现了国家治理秩序。礼的制定是为了引导人性，约束本性，按照这一原则所建构的社会秩序，既是早期中国国家治理的经验，也是古代中国稳定社会秩序的策略。

汉武帝正是在因时制礼的理念下，对西汉的郊祀礼乐进行了全面设计。先是确定了封禅仪，在元封元年（前110）、元封五年（前106）、太初三年（前102）、天汉三年（前98）、太始四年（前93）、

---

[1] 《汉书》卷二十二《礼乐志》，第1027—1028页。

征和四年(前89)封禅泰山。又确定了郊祀礼仪,于元鼎四年(前113)立泰一祠于长安东南郊,又在甘泉修泰畤,合祀泰一、五帝及其他诸神,其曾三次至甘泉郊泰畤祭天。

汉武帝建太学,令博士招弟子学习经术,每年参加甲乙科考,中者任为郎、文学和掌故,为两千石属官。这一制度最为深远的影响,是为儒生开了入仕的门径。至汉昭帝时期,已经有数百名儒生通过这一途径入仕做官,形成了日渐壮大的儒学官员群体。从汉昭帝时的盐铁辩论来看,以文学、贤良为代表的儒生在知识储备和社会参与上,可以与传统的大夫群体相抗衡。他们用礼义重新审视西汉以来的制度,将西汉中期的社会问题归结于没有沿袭古制,将复古作为观照现实、匡救时弊的良药。尽管这些呼声在汉宣帝时没有成为现实,但以太子刘奭为代表的官员,还是认为只有改制,才能彻底去除汉朝的积弊。于是,以恢复周礼、建立王制为呼声的礼制变革要求日渐积累,成为王莽改制的舆论支撑。

在日渐强大的复古浪潮中,王莽被视为复古改制运动的代言人。王莽在摄政与执政期间,按照周礼的礼义进行了系统的礼制变革,他主张"承天当古,制礼以治民",[1]言必称三代,事必据《周礼》,"每有所兴造,必欲依古得经文",[2]对汉礼、汉制进行了颠覆性的变革。王莽恢复古礼的主张,颠覆了前代因时制礼的原则,其所采用的泥古改制,不是采用礼义改革礼制,而是简单恢复周制。其实,他所景仰的周礼并非一以贯之的不变,而是与时发展变化的。《尚书》《逸周书》《国语》《左传》及出土文献的记载,都能证明

---

[1] 《汉书》卷九十九《王莽传》,第4070页。
[2] 《汉书》卷二十四《食货志》,第1179页。

周礼在不断调整，最终是因为没有赶上时代的变化而崩坏了。因此，王莽的改制，只是将某本书奉为圭臬，其毕生致力恢复的周礼，不过是被历史遗弃的制度，或者是儒生构想的方案，最终使得其孜孜以求的礼制变革，完全与社会现实脱节，颁行之后天下动荡，他所倡导的新政也随之崩溃。

王莽礼制变革的教训，让我们意识到，礼制要合乎礼义进行适当的损益，才能与时俱进，而不能一味复古。因此，东汉之后的礼制变革，虽也有对古礼的恢复，但更多是在继承礼义的基础上，恢复礼乐传统。汉明帝恢复养老礼、乡饮酒礼，就是循礼义推陈出新。魏晋南北朝的礼制调整，也常常借助古礼的礼义及实践，充分讨论其中蕴含的道德原则、价值认同，吸收相同相反的意见，小心翼翼地推动礼制调整，使之尽可能地符合现实需求，由此推动了五礼的制度化。隋唐制礼也是吸收魏晋南北朝礼制调整的经验，对其中具有探索性的礼制进行充分整合，制定了日趋完善的《开皇礼》《显庆礼》和《开元礼》。在信从礼义的基础上，对礼仪制度进行规范，最终形成了细密完善的五礼体系。

礼崩

我们常常用"礼崩乐坏"来形容曾经有效的礼乐制度,在经过一段时间的使用之后,不断衰微颓败,难以承担当初道德示范和秩序维持的作用。其根源,一在于人心的变化,二在于世道的变化。

人心的变化,是人情人性与礼的规定之间出现了某些冲突。冲突的根源,或在于人,或在于礼。《论语·阳货》中记载了孔子与宰我对于服丧年限的讨论。宰我认为,父母之丧的三年丧期太长。当时要求服丧期间简礼而不用乐,宰我认为三年不习,礼乐一定会荒废,以致礼崩乐坏,宰我觉得服丧一年就足够了。孔子对宰我的说法极为愤慨,直接质问宰我,父母去世,你衣食精美能心安吗?宰我认为能心安。孔子又是气愤又是苦口婆心地说:"你觉得心安就这样做吧。君子服丧时,吃美食也不觉得甘美;听到音乐也不觉得快乐;日常生活也不觉得安逸,所以他们不会这样做。现在你觉得心安,那就这样做吧。"宰我出门后,孔子说:"宰我真是不仁!孩子出生三年之后才能脱离父母怀抱。三年的丧期是天下通行的,宰我难道没有受过父母三年的抚爱吗?"

这段对话的意义在于,孔子说明了人之所以要为父母服孝三年,正在于感恩父母曾经付出的三年辛劳。任何一个人来到这个世界,只要能够存活下来,至少需要父母怀一年、抱一年、扶一年,三年之后才能存活下来。因此,父母去世之后服孝三年表达了人的感恩之情,由此制定了三年之丧的制度。在宰我看来,三年之丧影响了个人的正常生活,他主张缩短丧期。孔子却固守礼义,严厉批评了宰我,在宰我离开之后愤愤难平,觉得宰我简直不可理喻。

礼制所确定的社会规则反映着社会群体的共识,成为维持传统的力量,会自觉不自觉地压制个体的需求。汉代重视孝道、强调名教,并以此为道德要求选拔官员,压抑了个体的性情要求。阮籍、嵇康等人以越名教而任自然的做法,来对抗礼制束缚,愤世嫉俗,试图改变传统的孝道观,使得传统守孝方式有所松动。在当时,形成了生孝和死孝两种行孝方式,体现了人情与礼制的冲突。

王戎与和峤分别遭遇父母去世,要遵守礼制守孝三年。和峤严格按照礼制,按时哭拜,有规有矩,身体却保养得很好。王戎没有遵守礼制的哭拜要求,却因哀伤过度,形销骨立。晋武帝与大臣讨论二人的不同。尚书左仆射刘毅说,和峤是生孝,既能守孝,又能保全自己;王戎是死孝,心中哀伤母丧,不顾及自己身体。他劝晋武帝不要担心和峤,应多惦记王戎。和峤与王戎的不同,体现出了礼制与人心的冲突。一个守礼但不动心,一个动心而不守礼。刘毅更认同王戎发自内心地哀悼母亲。晋武帝也由此更加尊重王戎,正是看到了王戎是真心守孝,和峤是按规定守孝。

礼要真正成为群体认同,需要合乎人心要求而不断调整。不同时代,人的成长生活环境不同,人心也就不同。独生子女少了与兄弟姐妹互相分享、共同成长的体验,缺乏传统的兄友弟恭、姐妹情深的家庭观念。在父母的呵护下成长,与父母平等交往,养成了新的时代风尚。生活环境的变化导致了社会风气的变化,交往规则也会相应变化,礼节也会随之调整。比如婚礼,古代婚姻多是父母之命、媒妁之言,夫妻双方常在婚礼当天才彼此相见,因此婚礼更多强调合两姓之好,强化家族关系,婚礼最为隆重的仪式是拜天地、拜先祖。现在自由恋爱,婚礼更强调新郎新娘间的情投意合、相伴终生。因此,礼不能一味复古,而要与时俱进,合乎世道人心,才能为时人接受,成为社会通行的法则。

世道在变化,社会在发展,礼要与时俱进地进行调整。任何制度稳定之后,都会产生惰性。大家习以为常,变革起来的阻力则越来越大,当制度变革的速度慢于世道人心时,礼便不合时宜,会被社会所厌弃,最终被抛弃。如春秋时周室衰微,世道发生了变化,诸侯不再朝王,以维持家天下为特征的周礼,就很难适应新形势。周王室仍试图坚守周礼而不能更新,孔子强调克己复礼,最终皆未能成功。不适应时代变化的周礼,只能被时代抛弃。

首先是宗法失纪。宗法制是封建制度的基石,嫡长子继承制保持稳固,才能使周王朝和诸侯传承有序。但春秋时期宗法制度日渐紊乱。司马迁概括说:

> 春秋之中,弑君三十六,亡国五十二,诸侯奔走不得保其社稷者不可胜数。察其所以,皆失其本已。故易曰"失之豪釐,差以千里"。故曰"臣弑君,子弑父,非一旦一夕之故也,其渐久矣。"[1]

国君是诸侯国的大宗,国君被儿子、弟弟或者权臣弑杀,意味着宗

---

[1] 《史记》卷一百三十《太史公自序》,第3297—3298页。

法制的崩溃。诸侯之间的兼并,失去了同宗之谊、姻亲之情,会促使分封制彻底解体。宗法制和分封制的瓦解,导致了天下秩序紊乱。在中央王朝,天子为大宗,诸侯是小宗。天子制礼作乐,下令征伐,形成稳定的王朝秩序。天下无道时,诸侯把持朝政,不再尊君,王朝秩序就会紊乱。孔子由此得出结论:政令出自诸侯,少有延续十世;诸侯国政令出自大夫,少有延续五世;陪臣执掌国家,少有延续三世。如果天下有道,权力就会归于天子和诸侯,不会在大夫之手。天下治理得好,百姓就没有议论朝政的机会。传统宗法制度失去了约束天下秩序的能力,礼乐制度随之崩溃。

其次是爵命失序。爵命是公、侯、伯、子、男五等爵位,不同等级对应着不同的政治地位、封地大小、礼乐规格。与周王关系越密切,爵位越高,如周公、太公、召公等,常备左右。诸侯国如鲁、卫、晋等为侯国,列为方伯。子国如吴、楚、越等,男国如蒋、许、宿等,地位较低,常朝见方伯。诸侯朝聘,以爵命序列班,如鲁公为周公之后,地位较高,在朝聘时便以鲁为班长,鲁君排在诸侯队伍的前列。

春秋时期,楚人最先对爵命制发起挑战。楚人的先祖鬻熊侍奉周文王有功,周成王将熊绎封在楚蛮,赐以子爵位。楚国最初爵位较低,封地在周朝控制的边缘地区。楚国不断向南方拓展,势力增强。周夷王时王室衰微,诸侯不再朝见周天子,熊渠将长江、汉水流域治理得非常好,得到百姓拥护,他将领地拓展到湖北北部地区。熊渠便说:"我蛮夷也,不与中国之号谥。"[1]公开放弃子爵而称王,试图与周王平起平坐。

---

[1] 《史记》卷四十《楚世家》,第1692页。

依照爵命制，普天之下只有周天子可以称王，熊渠的做法无疑是对爵命制的反叛。爵命崩坏，与之相应的礼制自然也就失序。在宋襄公主持的盂之会上，楚国不按爵位排序，公然劫持了宋襄公。鲁僖公二十四年（前636），郑厉公怨恨周惠王回到成周之后不给自己爵器，又怨恨周襄王偏袒卫国和滑国，遂违背周王命令，直接抓住两国国君。可见在鲁僖公时期，周王无法约束姬姓诸侯，诸侯也不遵守传统的爵命秩序而自行为之。

再次是朝聘不行。《礼记·王制》言："诸侯之于天子也，比年一小聘，三年一大聘；五年一朝。"郑玄认为这是"晋文霸时所制也"，[1]这一朝聘制度或许是西周惯例，晋文公称霸时期重新确定。实际上，从此之后诸侯并没有去朝聘周天子，反而更多是去朝聘晋侯。到了晋悼公时，诸侯多以天子之礼朝觐晋国。晋平公当政时，诸侯用天子之礼朝觐晋侯已成惯例。鲁襄公二十一年（前552），鲁襄公朝见晋平公，听取朝聘的规定。昭公三年（前539），郑国的游吉到晋国为晋平公的宠姬少姜送葬，说晋文公、晋襄公称霸时，事务不劳烦诸侯，令诸侯三年一聘问，五年一朝觐，有事就会面，有冲突就结盟。这表明在晋平公时期，文、襄制定的朝聘制度已经紊乱。

按照《礼记》记载，诸侯应当五年朝见天子一次。从《春秋会要·朝聘天王》来看，鲁国朝见天子的记录只有如下几条：

僖二十八年，五月，公朝于王所。冬，壬申，公朝于王所。

三十年，冬，公子遂如京师。

---

[1]《礼记正义》卷十一《王制》，《十三经注疏》本，第360页。

> 文元年，夏，叔孙得臣如京师。
> 宣九年，夏，仲孙蔑如京师。
> 成十三年，三月，公如京师。
> 襄二十四年，冬，叔孙豹如京师。

鲁僖公曾两次朝见周天子，更多委派卿入京师行聘。谨厚守礼的鲁国尚且如此，可见春秋时朝觐之礼基本废弛，聘问制度亦未坚持。

然后是僭越制度。从管仲开始，诸侯公卿也不再固守礼制，开始自行为之。《论语·八佾》记载了孔子对管仲的批评：

> 或曰："管仲俭乎？"
> 曰："管氏有三归，官事不摄，焉得俭？"
> "然则管仲知礼乎？"
> 曰："邦君树塞门，管氏亦树塞门。邦君为两君之好，有反坫，管氏亦有反坫。管氏而知礼，孰不知礼？"

有人问孔子，管仲是否知礼？孔子认为，国君的宫室设影壁，管仲作为卿也设影壁。国君为了招待他国国君，建有放酒杯的土台，管仲也建造了类似的土台。管仲作为臣子，在住所、建制方面与国君比肩，明显是僭越制度。管仲虽然尊王攘夷有功，但在个人行为上有失。

子夏为孔子的高徒，曾感叹说："出去看到纷纭繁华的事物感到喜悦，回来听到老师的学说也感到快乐。二者在我的心中斗争，让我不能做出决断。"孔子赞美颜回的安贫乐道，子夏却乐道而不安贫,他自己说喜欢纷华盛丽,实际羡慕超越礼制的繁华盛美。孔子的高徒子夏尚且如此,一般的人更很容易受到习俗浸染,难以固守礼制规定。

最后是礼义不行。贵族只知道礼的形式,不懂礼背后的原则。这是导致礼坏的根本原因。孔子对礼坏乐崩痛心疾首,在《论语》中保留了很多沉痛的话:"人而不仁,如礼何? 人而不仁,如乐何?"[1]礼乐维持的是道德认同,这是礼义、乐义根本所在。如果人没有爱心善念,礼乐的形式就失去了意义。他又说:"礼云礼云,玉帛云乎哉? 乐云乐云,钟鼓云乎哉?"[2]玉帛和钟鼓只是礼乐的外在形式,礼义、乐义才是礼乐的根本。但很多人只知道如何去做,却不知道为何这么做,这就使得礼制、礼仪僵化而不能调适,逐渐失去了活力。

孔子去参加大禘之礼,结果看了半截看不下去了。他愤愤地说:"禘自既灌而往者,吾不欲观之矣。"[3]禘祭时,先把酒洒在地上,尔后举行隆重仪式。孔子认为献酒之后的礼仪他看不下去,是因为鲁国看似遵守了礼制,实际却不能体现礼义。所以说,孔子所谓的礼坏,既指诸多王朝之礼不行,更指基本礼义的丧失。有一次,子贡想要去掉每月初一祭祀祖庙所用的羊,孔子批评他:"你爱惜的是羊,我爱惜的是礼。"子贡去羊是对礼制的简省,但孔子认为每月的告朔之礼,是祭祀先祖的成制,不应该轻易废弛。孔子看似批评子贡舍不得羊,实际是担心祭礼的废弛。

春秋时期,周礼繁琐复杂的要求,已经不太适应变化了的社

---

[1] 朱熹:《论语集注》卷二《八佾》,第61页。
[2] 朱熹:《论语集注》卷九《阳货》,第178页。
[3] 朱熹:《论语集注》卷二《八佾》,第64页。

会，以致子贡、子夏、宰我等人的诸多做法，被孔子严厉地批评。这恰恰反映出春秋时期的周礼已经与社会脱节，只有对礼进行变革，才能适应变化了的世道人心。因此，礼崩是礼制变革的前提，也是重新制礼的内在要求。中国古代正是在制礼—礼坏—制礼的历史循环中，持续进行礼制的调整变革，使之适应社会的发展，应乎世道人心。

作乐

音乐随着礼制变革不断创作、修订和调整,以制礼作乐的方式推动音律、歌曲、舞蹈的推陈出新。在中华文化中,乐的功用体现于协调阴阳、调整五行、沟通神人、颂赞功德,以乐纳宾、歌以咏志等。中国音乐的发展,正是与这些功用的形成相须相行。

人类社会的早期,效法天地自然建构了知识系统和认知逻辑。对自然之音的仿象,构成了早期中国的音乐体系。以乐协调阴阳、调整五行既是对音乐功能的理解,也是音乐建构的方式。

阴阳是早期中国对宇宙自然万物的理解方式。阳指生长的力量,如春夏时节万物生长;阴指肃杀的力量,如秋冬时节万物萧瑟,阴阳交替形成了四季轮回。音乐仿象自然,以应和阴阳的方式来调和阴阳。《吕氏春秋·古乐》言:

> 昔古朱襄氏之治天下也,多风而阳气畜积,万物散解,果实不成,故士达作为五弦瑟,以来阴气,以定群生。
>
> 昔葛天氏之乐,三人操牛尾,投足以歌八阕:一曰载民,二曰玄鸟,三曰遂草木,四曰奋五谷,五曰敬天常,六曰达帝功,七曰依地德,八曰总万物之极。

> 昔陶唐氏之始，阴多，滞伏而湛积，水道壅塞，不行其原，民气郁阏而滞著，筋骨瑟缩不达，故作为舞以宣导之。

朱襄氏是神农，传说神农氏制作了琴瑟。《世本·作篇》言："神农作瑟。"《说文解字·琴部》亦言："琴，禁也。神农所作，洞越，练朱五弦，周加二弦，象形。"神农氏时多风，阳气蓄积，万物散解，果实难以成熟，士达作琴瑟，用以聚拢阴气。在阴阳观念中，阳用于生发，阴用以凝聚。如果只有阳气而不聚敛阴气，万物便不停生长而结不成果实。春生、夏长、秋收、冬藏是阴阳运行的结果，也是四季生产生活的方式。琴为高涨之音，瑟为低落之声，琴瑟相合，调节阴阳，合乎四时。从葛天氏之歌中能够看出，最早的乐歌正是按照调和阴阳的原理来改良生产生活，其所歌八阕："载民"言天生万民，"玄鸟"歌玄鸟春天回归，"遂草木"言万物生长，"奋五谷"言五谷丰登，"敬天常"为敬天之行，"达帝功"指赞颂天帝，"依地德"为报答土地之德，最后的"总万物之极"是合颂天地万物。陶唐氏为帝尧，当时阴雨纷纷，水气过重，水道壅塞，百姓整天不运动，身体沉重不爽，作舞蹈引导百姓舒展筋骨，以增加体内阳气。

音乐可以让人安静，阳入于阴，便能安神，如催眠曲能够安抚人的心神。音乐也可以使人兴奋，阴入于阳，便能发越，如进行曲能激动人心，鼓舞情志。古代敲鼓是振奋阳气，作战进攻时要击鼓前进，鼓荡人心。金声与阴气相关，鸣金则收兵。古代在日食时，采用击鼓升阳来救日；出现月食时，鸣金助阴而救月。暮鼓晨钟，则是利用钟鼓的阴阳属性来平衡时气，傍晚阴气聚敛，要以敲鼓来发散之；早上阳气升腾，要以敲钟来平衡之。

中国的音律也是仿象阴阳五行而创作。据说黄帝令伶伦作律,将阴阳与四时、五音相配,形成了乐律体系。伶伦造十二律吕,使之与凤凰之鸣相和,雄鸣与雌鸣各六,十二律分为六律六吕,视为声律,与宫商角徵羽五音相合,形成了乐律体系。伶伦在仲春之月乙卯之日,首次演奏之曲,定名为《咸池》,成为黄帝时期音乐的代表作。

协调阴阳、调整五行,确立了早期音乐的基本属性,由此形成的乐律,也确立了音乐的内在规范。有了基本的乐音,可以作琴瑟、制钟吕、和五音。六律为阳,六吕为阴,宫、商、角、徵、羽合乎五行。音乐不仅具有调和阴阳、协调五行的作用,还能够应和自然、社会以及人的身体,可以使人沉静,亦能使人发越,具有平和情感的艺术功能。

神人以和是五帝时期音乐功能的体现。在颛顼、帝喾时期,创作了祭祀天帝、沟通神人的乐舞,音乐得以充分发展。《吕氏春秋·古乐》又言:

> 帝颛顼生自若水,实处空桑,乃登为帝。惟天之合,正风乃行,其音若熙熙凄凄锵锵。帝颛顼好其音,乃令飞龙作效八风之音,命之曰《承云》,以祭上帝。乃令鱓先为乐倡。鱓乃偃寝,以其尾鼓其腹,其音英英。
>
> 帝喾命咸黑作为声,歌《九招》《六列》《六英》。有倕作为鼙、鼓、钟、磬、吹苓、管、埙、篪、鼗、椎、锺。帝喾乃令人抃,或鼓鼙,击钟磬、吹苓、展管篪。因令凤鸟、天翟舞之。帝喾大喜,乃以康帝德。

在颛顼时期,中国完成了最为深刻的宗教改革。在此之前家家作巫，人人皆可假托天意来行事。颛顼推行绝地天通的策略，由部族领袖主导天地祭祀，一般的百姓只能祭祀自然神，不能祭天地，将祭祀权和行政权结合起来，确立了只有王才能祭祀天帝的传统。颛顼也由此成为最早专享祭祀天帝的部族领袖。其为祭祀天帝所创作的音乐，以熙熙、凄凄、锵锵的音乐风格为正风，又模仿八方之风作乐，名为《承云》，以祭祀上帝。其中模仿的八方之声，既是东、西、南、北、东南、西南、东北、西北八个空间方位，又是春夏秋冬的时间顺序，以此沟通时间、空间，拓展了音乐的表现力。

尧舜时期的音乐，主要用于赞颂天帝之德。帝尧命质作乐，质将山水林谷之音作为音乐元素，击鼓敲石，引导百兽舞蹈。瞽叟在五弦瑟的基础上制作了十五弦之瑟，作《大章》来祭祀上帝。舜时又将十五弦之瑟增加八弦，制成二十三弦之瑟，修订了《九招》《六列》《六英》，以祭祀天帝。乐器更多，乐歌更美，乐舞更盛大。

以乐舞祭神、颂神、娱神的目的是实现神人以和，是作乐的第二个阶段。《尚书·舜典》载舜之言：

> 夔！命汝典乐，教胄子，直而温，宽而栗，刚而无虐，简而无傲。诗言志，歌永言，声依永，律和声。八音克谐，无相夺伦，神人以和。

其中提到了典乐的职责，一是教育贵族子弟，借助音乐的熏陶作用，培养正直温和、宽大坚韧、刚毅而不粗暴、简约而不傲慢的心性修为。二是创作并演奏乐歌，实现诗、歌与声、律的妙和无垠。三是借助乐歌舞蹈来祭祀天地神灵，沟通神人。《史记·夏本纪》记载了舜命夔典乐后的音乐创作：

于是夔行乐，祖考至，群后相让，鸟兽翔舞，箫韶九成，凤皇来仪，百兽率舞，百官信谐。帝用此作歌曰："陟天之命，维时维几。"乃歌曰："股肱喜哉，元首起哉，百工熙哉！"皋陶拜手稽首扬言曰："念哉，率为兴事，慎乃宪，敬哉！"乃更为歌曰："元首明哉，股肱良哉，庶事康哉！"（舜）又歌曰："元首丛脞哉，股肱惰哉，万事堕哉！"帝拜曰："然，往钦哉！"于是天下皆宗禹之明度数声乐，为山川神主。

这段文字记述了尧舜时期的音乐形态。尧率群臣祭祀天帝前，有盛大的乐舞表演，舜歌唱以表明天命在己，大臣皋陶、舜合歌而颂之。可见祭祀天帝时，已经开始将对天帝的敬重转化为对人王的赞美，将之视为天命所归者。

司马迁提到的"天下皆宗禹之明度数声乐，为山川神主"，既肯定了禹在治水过程中的功勋卓著，又点明了大禹时期音乐功能的重大变化。大禹治水采用疏导方式排水，露出高地让百姓居住，引导百姓在居住的丘陵上设土地神，形成了中国最为广泛的土地祭祀体系。尧舜时重在祭祀天帝，大禹时形成了土地祭祀，祭祀山川百神。

大禹在祭祀天帝及山川百神过程中赋予了音乐新的功能，不仅祭祀天帝之德，而且歌颂人王之功。《吕氏春秋·古乐》中说：

禹立，勤劳天下，日夜不懈。通大川，决壅塞，凿龙门，降通漻水以导河，疏三江五湖，注之东海，以利黔首。于是命皋陶作为《夏籥》九成，以昭其功。

禹让皋陶作《夏龠》九成,来宣扬自己的功绩,开始用大型舞蹈来歌颂人王的功勋。这一音乐体系在大禹的继承者夏启时得以完善,启将原先祭祀上天的音乐用来歌颂人王,赞美自己的父亲。《山海经·大荒西经》记载:"开上三嫔于天,得《九辩》与《九歌》以下。此天穆之野,高二千仞,开焉得始歌《九招》。"夏开即夏启,是为了避汉景帝名讳而改。其言夏启从天上得到了《九辩》与《九歌》,上三嫔于天实为祭天仪式。这些歌舞本为祭天之乐,夏启用于歌颂人王,后世认为夏启从天帝处盗来了《九歌》,彻底改变了音乐的性质,用《九招》来歌颂大禹的功劳。这些乐舞由九部分组成,用以招致神灵,是为《九招》;演奏九遍,是为《九辩》;有歌相和,是为《九歌》。《墨子·非乐》描述夏启时的舞蹈:"启乃淫溢康乐,野于饮食。将将铭铭,苋磬以力,湛浊于酒,渝食于野,万舞翼翼,章闻于天,天用弗式。"载歌载舞,有酒有食,这些乐舞已经不再是谨慎恭敬的祭天之礼,而转变成了人间娱乐性质的歌功颂德。

从此之后的作乐活动,常通过修订、改造前代的音乐作品,用以歌颂人王的功德。商汤伐夏成功之后,"乃命伊尹作为《大护》,歌《晨露》,修《九招》《六列》,以见其善。"[1]用音乐来赞美商汤的功劳。周文王在岐,周公旦作诗赞美文王的德行:"文王在上,于昭于天。周虽旧邦,其命维新。"[2]武王伐商成功之后,命周公作《大武》,以赞颂其武功。成王即位后,殷商遗民作乱,周公平定叛乱之后,作《三象》以嘉其德,皆是用乐舞来歌功颂德。

从关注天人关系、协调阴阳五行,到关照神人关系、歌颂天帝,

---

[1] 许维遹:《吕氏春秋集释》卷五《古乐》,中华书局,2009年版,第126页。
[2] 许维遹:《吕氏春秋集释》卷五《古乐》,第127页。

再到注重人际关系、歌功颂德，早期中国的音乐制作，正是随着人对自然、社会的日趋理性理解，不断尝试新的创作，扩大音乐的功能。由此形成的风土之音，以时间空间为变量；形成的宗庙之音，以祭祀先祖功德为功能。

周公制礼作乐，进一步扩大了音乐的适用范围，使之与礼相合，将乐曲、乐歌、乐舞用于人际关系，以乐侑食、以乐纳宾、歌以咏志，创作了大量乐曲，与朝聘之礼相合，形成了朝廷之音。

以乐侑食，是天子、诸侯的进餐礼仪。《周礼·春官宗伯·大司乐》："王大食，三宥，皆令奏钟鼓。"郑玄注："大食，朔月月半以乐侑食时也。"[1]王在特定时间，要合着音乐就餐。以乐侑食由乐官演奏，由膳夫主导："以乐侑食，膳夫授祭，品尝食，王乃食。卒食，以乐彻于造。"[2]进餐时要奏乐，撤餐具时也要奏乐。

以乐纳宾是以乐侑食的延续，在正式宴饮时要奏乐接纳宾客。《仪礼·燕礼》中言：

> 若以乐纳宾，则宾及庭，奏《肆夏》；宾拜酒，主人答拜，而乐阕。公拜受爵，而奏《肆夏》；公卒爵，主人升，受爵以下，而乐阕。升歌《鹿鸣》，下管《新宫》，笙入三成，遂合乡乐。若舞，则《勺》。

宾客走到门口时奏《肆夏》之乐，举行答拜时不奏乐。受爵仪式时奏乐，之后再行礼节。在仪式中，乐时奏时阕，成为礼仪的组成部分。在当代婚礼中，宾客和新人入场时奏乐，交换戒指时不奏乐，

---

[1]《周礼注疏》卷二十二《大司乐》，《十三经注疏》本，第592页。
[2]《周礼注疏》卷四《膳夫》，《十三经注疏》本，第82页。

在特定环节奏乐,乐辅助于礼仪,起到了渲染气氛的作用。《诗经》中的很多乐歌是作为礼仪的辅助音乐、背景音乐来使用的,大多数是为礼仪活动而演奏的乐歌。如升歌《鹿鸣》,下管《新宫》,是在活动开始和结束时使用的曲目。《周颂》《商颂》和《鲁颂》中的乐歌,也是在宗庙祭祀的特定环节歌唱,作为宗庙祭祀礼仪的组成部分。自古以来,所有的礼仪活动都不会从头到尾地奏乐,只能是时奏时阙,这样我们就能理解《诗经》中诸多乐章的形成机制。

歌以咏志是借助乐歌来表达个人情志。尽管舜时提出了"诗言志"的说法,但其中的"志",更多是指代群体的意志与要求,表达的是"我们"的共同情感体验。这是古代音乐艺术的基本要求,主张所有艺术创作必须充分表达群体志向,要以发乎情、止乎礼义为创作导向。但在实际的音乐创作中,有很多曲目并非是作为群体意志的展现,而是个体情志的抒写。如尧时许由的歌:"日出而作,日入而息,凿井而饮,耕田而食,帝何力于我哉!"最初表达的不过是一己之情志,在传承中成为经典,被作为表达不慕荣华富贵的名曲。

从作品的形成来说,音乐创作史有一条清晰的线索:很多曲目原本为"我"而作,通过音乐来表达个人的情感,而不是作为集体的表演。如伯牙与子期的高山流水遇知音,是彼此交流的心音;司马相如弹给卓文君的琴声,也是寄托着心领神会的情思。这些歌以咏志的创作,有的后来被用于礼仪活动,成为特定的礼仪用曲。其在使用的过程中被重新赋义,赋予社会意义、道德意义和文化意义,而最初的诗义渐渐被人淡忘,转而成为经典的礼仪曲目。如《关雎》本言男女相思、相恋到婚配,经过周朝传唱之后,在乡射礼、燕礼、乡饮酒礼中用为礼仪用曲,以款待宾客,乐歌的性质就发生了较大变化。

乐坏

乐与礼伴随而行,礼有延续,乐有传承。相对于礼,乐更容易散失。在早期中国,礼可以载于文本,如《仪礼》《礼记》《周礼》记载了诸多礼的细节。这些礼节即便一度失传,后世也可以根据这些记载进行还原、复原。乐则不同,由于缺少存储和记录工具,只能代代口耳相传,一旦失传,就无法恢复。相对于礼坏能恢复,乐崩只能新造。

《论语·微子》记载鲁哀公时,鲁国乐人大规模地流散:"太师挚适齐,亚饭干适楚,三饭缭适蔡,四饭缺适秦,鼓方叔入于河,播鼗武入于汉,少师阳、击磬襄入于海。"太师是鲁国乐官之长,少师是太师副职,亚饭、三饭、四饭是掌管食举乐的乐工。这些乐官离开鲁国,鲁所传的周乐再也无法以最完备的方式演奏。孔子对《诗经》三百零五篇进行弦歌,不再以钟鼓演奏,或许是乐崩之后的变通。至秦汉时,《诗经》大部分曲目的弦歌之法也失传了,只能采用诵读的方式流传。周乐在春秋后期无法整体演奏,被孔子及其后学视为乐崩,正是原有的音乐演奏体制的彻底崩坏。

唐朝最盛大的乐舞《霓裳羽衣曲》,是盛唐音乐舞蹈的集大成者。白居易在《长恨歌》中说:"渔阳鼙鼓动地来,惊破霓裳羽衣曲。"安禄山破潼关直逼长安,唐玄宗逃蜀,演奏《霓裳羽衣曲》的教坊乐工大规模流散,霓裳羽衣舞几乎失传。《霓裳羽衣曲》在演奏时,乐工各有分工,或歌或奏,或舞或伴,或演奏一个曲子,或合奏一个片段。一旦乐工流散,其所掌握的乐曲、乐奏也随之流散,霓裳羽衣舞就不复存在了。杜甫在《江南逢李龟年》中写道:"正是江南好风景,落花时节又逢君。"李龟年本是宫廷乐师,流落到江南,以演奏小曲为生。在白居易的《琵琶行》中,会弹奏《霓裳羽衣曲》的琵琶女,也曾是教坊乐工,流散后嫁作商人妇。白居易与元稹试图恢复失传的《霓裳羽衣曲》,四处寻找乐工,收集乐谱,但却未能完全恢复。南唐时李煜曾复原了一部分,规模却比唐代小多了。

乐崩指的是原本作为经典的音乐体制失传,导致旧乐体制的消解。从音乐发展来看,新乐替代旧乐,不仅是乐崩的结果,也是乐崩的动因。其中最为经典的乐崩,便是周代雅乐的衰亡,体现了乐崩的全部特征。

一是春秋时期消解了乐的等级规格,使得乐制体系崩溃。《礼记·祭统》中载鲁国采用天子之乐:

> 夫大尝禘,升歌《清庙》,下而管《象》,朱干玉戚以舞《大武》,八佾以舞《大夏》,此天子之乐也。康周公,故以赐鲁也。

《清庙》《象》《大舞》《大夏》为天子之乐,周天子为了褒奖周公的功劳,允许鲁国以天子之礼祭祀周公。鲁有了天子之乐,不断扩大使用范围。祭祀时鲁君率领卿大夫舞《大武》《大夏》,鲁公室的宗子宗孙能舞天子之舞。于是,季孙氏就在自己家使用八佾舞。《论语·八佾》记载了孔子对这类僭越的愤愤不平与无可奈何:

孔子谓季氏："八佾舞于庭，是可忍也，孰不可忍也？"

三家者，以《雍》彻。子曰："'相维辟公，天子穆穆'，奚取于三家之堂？"

八佾原是天子用舞的规格，鲁君使用后，大夫季氏也在家中使用，让孔子忍无可忍。周天子祭祀时，演唱《雍》以撤下祭品，没想到鲁国当政的三家大夫孟孙、叔孙、季孙在祭祀家庙时也使用此曲。原本是天子祭祀之乐，为鲁君所用，再为大夫所用，虽然乐仍在流传，但乐中蕴涵的等级秩序却紊乱了。周公制礼作乐，确定了礼乐的规格体制，以之来维持周王朝与诸侯之间的身份等级，形成了礼制和乐制，作为王朝运行的行政秩序。在周乐的体系中，王、诸侯、公卿、大夫及士皆有严格的礼乐规定。当各个阶层不再遵守礼乐制度时，礼乐中蕴含的等级秩序便紊乱了，由此导致上层社会的秩序紊乱。

二是雅乐功能的退化，导致乐政体系的崩坏。周乐承自夏乐，节奏简单，乐器简陋。殷商乐出于东夷之乐，音乐后起，富有表现力。西周雅乐源自夏乐，以五声音阶为用，音声和缓，优点在于令人心平气和，缺点在于让人昏昏欲睡。殷商乐使用七声音阶，春秋后广泛流传的郑卫之声，在殷商乐的基础上，发展出了成熟的七声音阶。在一个八度内，雅乐只有五个音，郑卫之音则有七个音。这样一来，郑卫之音要比雅乐更具有艺术表现力。春秋时期常用郑声、郑卫之音指代新乐。在周人看来，新乐是靡靡之音，他们用"郑声淫"来评价新乐。淫是指郑声的音多而过分，让人心神摇荡。孔子虽为殷人后裔，却站在维护周乐的立场上。他说："行夏之时，乘

第四辑 礼度 231

殷之辂,服周之冕,乐则《韶》舞。放郑声,远佞人,郑声淫,佞人殆。"[1]主张远离郑声,坚守周礼周乐。从《诗经》所存的歌诗来看,郑声更倾向于表达个人情感体验,类似于流行音乐。雅乐多为朝廷之音、宗庙之音,长于疏导情思、平和情绪,类似于高雅音乐。春秋时期的听众不喜欢周乐,却喜欢新乐。《礼记·乐记》记载了魏文侯与子夏的对话:

魏文侯问于子夏曰:"吾端冕而听古乐,则唯恐卧;听郑卫之音,则不知倦。敢问古乐之如彼何也?新乐之如此何也?"

子夏对曰:"今夫古乐,进旅退旅,和正以广,弦匏笙簧,会守拊鼓。始奏以文,复乱以武,治乱以相,讯疾以雅。君子于是语,于是道古,修身及家,平均天下。此古乐之发也。今夫新乐,进俯退俯,奸声以滥,溺而不止,及优侏儒,獶杂子女,不知父子。乐终,不可以语,不可以道古。此新乐之发也。今君之所问者乐也,所好者音也。夫乐者,与音相近而不同。"

魏文侯认为听雅乐要正装端坐,听得人昏昏欲睡,听郑卫之音则不知疲倦。问子夏何故?子夏解释了雅乐与新乐的区别,在于雅乐载歌载舞,讲求动作整齐划一,乐音和谐雅正,节奏缓和庄重,意在引导君子修身齐家治国平天下,雅乐具有明显的教育意义。新乐则进退不一,行伍杂乱,乐声奸邪,意在使人愉快欢乐,不注重蕴含

---

[1] 朱熹:《论语集注》卷八《卫灵公》,第163—164页。

道德示范，只追求悦人耳目。子夏认为蕴含着道德教化作用的乐曲才是乐，虽然新乐也被称为乐，与雅乐相比，其只能称之为声，并非真正意义上的乐。

孔子对当时流行的新乐以"郑声"称呼之，魏文侯也以"郑卫之音"称呼之，表明春秋时期传统观念中的"乐"只能是雅乐。雅乐之外的歌舞，只能以"声""音"称之，在于其未能寄寓周乐所强调的德义。但《乐记》中的子夏却不得不以"新乐"称呼郑卫之音，表明孔子之后，音乐的审美要求和情感表达发生了巨大的变化，雅乐已被历史淘汰，郑卫之音作为新乐，成为流行的新趋势。

两周所形成的乐政体系，是以礼乐伴生的形态呈现出来。乐作为国家治理的重要手段，施用于礼仪，见诸于日常生活。《礼记·月令》记载了在不同月份的用乐，较为详细地描述了在春分、秋分、夏至、冬至时，通过奏乐调整阴阳五行的变化，从而使得音乐不仅是国家行政秩序，而且可以协调自然秩序、社会秩序和人际关系，承担着沟通神人、示范道德、熏陶心性和和谐社会的职能。这就赋予了雅乐深厚的乐义、德义和礼义。春秋后期周王室衰微，雅乐的制作机制、演奏机制衰微，雅乐不能推陈出新，无法与人情、人性相契合，不仅失去了教育功能，而且为民众所厌弃。民间流行起来的新乐，原本缺乏道德赋义，无法承担雅乐的教育功能，夏、商、周形成的乐政体系随之崩溃。秦汉无力恢复雅乐，只能以清商乐作为郊祀、燕飨等礼仪用乐，乐由此只能成为礼仪用乐，却未能重现周乐鼎盛时期的乐政体系。

三是乐义的失传，使得乐治体系不断削弱。乐义是音乐中蕴含的道德赋义。一代有一代的音乐，只有处于特定时代的人，才会懂得某个时代音乐背后的深层含义。后人能够感知音乐中的情思,是从乐曲来理解其乐义。就像现在听《渔舟唱晚》《高山流水》等没有歌词的古曲,有时很难体察作者创作时蕴含的乐义,也无法感知其在其他历史语境中的情感体验。即便是《诗经》中有歌词存在的作品,其背后蕴含的礼义乐义,因为礼的不明、曲的失传,后世作者借助歌词,也未必能理解作者创作的动机,更未必能够复原相关曲目施用的场景。

乐义的形成,是以乐感人心的方式来达成乐通伦理。乐感人心是不同时代、不同地区的人,其情感得以抒发表达,付诸于音乐。《礼记·乐记》言:"故乐者,天地之命,中和之纪,人情之所不能免也。"乐可以沟通天人,协调自然秩序,理顺人心,泻导人情,体现人性。乐通伦理是个人情感的抒发,内合乎人情的节度,外合乎社会的共识。这样的音乐既能鼓荡人心,又能约束人情;既能应乎心声,又能形成共鸣。

正是音乐的道德赋义,使得礼乐刑政相互配合,能够推动社会治理:"礼节民心,乐和民声,政以行之,刑以防之",[1]以礼约束行为,以乐疏泄情感,以政引导社会,以刑维护底线,四者相辅相成,既可以引导心性,又能管理社会。乐被赋予了道德蕴含、秩序意识、社会认同,具有了深广的社会意义。

在这样的认知中,五音之中蕴含着特定的乐义,在不同的音声中,能体现丰富的情感,音乐合乎道德、通于伦理的作用被强化,用于观风知政、观乐辨政。《礼记·乐记》言:"立之学等,广其节奏,省其文采,以绳德厚。律小大之称,比终始之序,以象事行。使亲疏贵贱长幼男女之理,皆形见于乐,故曰乐观其深矣。"音乐被赋予

---

[1] 《礼记正义》卷三十七《乐记》,《十三经注疏》本,第1085页。

了深厚的社会寓意,借助音乐可以观察道德伦理、社会秩序。

齐威王初继位时,迷恋于弹琴,不理朝政。邹忌自称是齐国最高明的琴师,想给齐威王演奏一曲,齐威王高兴地同意了。进宫之后,邹忌听到齐威王弹琴,连声称赞其琴艺之妙:"夫大弦浊以春温者,君也;小弦廉折以清者,相也;攫之深,而舍之愉者,政令也;钧谐以鸣,大小相益,回邪而不相害者,四时也。"[1]大弦弹出的声音庄重,像国君;小弦弹出的声音清朗,如同相;弹出的节奏变化灵活,协调有序,就像政令一样。邹忌赞美齐威王看似迷恋弹琴,实则对朝政有清晰的认知,鼓励齐威王励精图治,振兴齐国。齐威王由此振作,积极纳谏,广开言路,整顿吏治,重用人才,使得齐国迅速强盛。

春秋后期,礼制崩坏、雅乐紊乱,原本寄托在音乐中的道德赋义和社会寓意逐渐消解,乐成为只有铿锵之声的乐音、只有钟鼓之形的乐器,原先蕴含在宗庙之音、朝廷之音、风土之音中的秩序意识、等级观念和道德赋义被日渐忽略,音乐成为游目娱心的工具,失去了以乐观德、以乐观风的作用,寄托在乐义之中的乐治方式也日趋式微。《吕氏春秋·侈乐》概括了上古时期乐制、乐政和乐治的崩坏过程:

> 凡古圣王之所为贵乐者,为其乐也。夏桀、殷纣作为侈乐,大鼓、钟、磬、管、箫之音,以钜为美,以众为观;傲诡殊瑰,耳所未尝闻,目所未尝见,务以相过,不用度量。宋之衰也,作为千锺;齐之衰也,作为大吕;楚之衰也,作为巫音。侈则侈

---

[1]《史记》卷四十六《田敬仲完世家》,第1889页。

矣,自有道者观之,则失乐之情。失乐之情,其乐不乐。乐不乐者,其民必怨,其生必伤。其生之与乐也,若冰之于炎日,反以自兵。此生乎不知乐之情,而以侈为务故也。

吕不韦及其门客认为,上古音乐的崩坏在于侈乐,表现为违背礼制、超越国力、脱离实际,制作了太多太大的乐器。夏桀、殷纣王大肆用乐,制作大鼓、大钟、磬等,以大为美,以多为好,不合度量,最终造成国力疲弱。宋、齐的衰落是因为制作千钟、大吕,楚国的衰败,是因为沉迷巫乐。没有节制地制作乐器,不仅导致国力疲敝,而且毁坏了音乐节制人心、引导人情、约束心性、辅助伦理的作用,最终导致民怨沸腾,风气败坏。超越制度制作钟鼓,看似作乐,实则摧毁了礼别异、乐合同的雅乐体制,背弃了中节、中和的乐政体系,毁坏了乐通伦理的乐治体系。

在历史进程中,礼崩乐坏相辅相成。乐是礼的组成部分,礼崩自然乐坏。乐坏时,礼义随之消减。与之相似,先是原有的乐义式微,再是乐曲流散,最后音乐形式随之消解。如西周雅乐,以钟鼓为主要乐器。周乐崩坏后,清商乐流行,到了魏晋被作为新的雅乐,以琴瑟为主。唐代吸收西域民族音乐形成燕乐,以琵琶为主,成为新的流行音乐。到南宋时,燕乐被视为雅乐,但很多人已经不会演唱。于是,吸收北方民族音乐形成了北曲,以唢呐、二胡为主要乐器。乐器不同,乐调便发生变化,乐曲也随之调整,形成了丰富多彩的中华民族音乐。这样来看,礼崩乐坏是自然的历史进程,旧礼旧乐崩坏之后会有新的礼乐代出,创制出更合乎世道人心的礼乐。

礼不下庶人

中国礼制的变迁，大致可以分为"礼不下庶人"与"礼下庶人"两个阶段。宋以前的礼仪制度，主要用于约束贵族行为，对庶人之礼设计较少，庶人主要借助刑罚管理。北宋开始注重庶人之礼的制作，以家礼、学规和乡约等方式在社会基层推行礼仪制度，以礼义教化百姓，以礼仪维持秩序，形成了更为广泛、更成体系的礼乐教化。

《礼记·曲礼上》所言的"礼不下庶人，刑不上大夫"，点明了早期中国以社会分层进行治理的基本策略。其将社会成员分为天子、诸侯、大夫、士和庶人五等，采用礼、乐、刑、政四种方式进行治理。对于大夫以上的阶层，采用礼乐引导其形成君子人格。对于士和庶人，则通过刑政管理其行为。礼乐是教化手段，刑政是管理手段，在社会基层主要通过刑罚和政令来管理。

"礼不下庶人，刑不上大夫"作为分层治理的实践，有其形成的文化背景。礼是基于道德自觉而形成的行为方式，相对于刑来说，礼是一种道德软约束。一个人是否遵守礼，取决于其是否有深厚的道德认同和高度的道德自觉。刑是强制性的约束，其保障的是社会的底线，是人人必须遵守的社会秩序，刑政是不可违逆的行为准则。

分层治理，意在强调每个人的身份不同、职务不同、职责不同，具有的道德境界也不同。大夫以上的人是社会的精英，其应该具备更高的道德自觉。因此，"刑不上大夫"最基础的含义，是要求大夫以上阶层的人必须具备道德自觉并能进行道德示范。这样，刑作为强制约束行为底线的方式，对具有高度道德自觉的人而言，实际失去了意义。"礼不下庶人"的意义，是认为对礼义的理解、礼仪的施行和礼器的制备，是庶人无法承担的经济负担；礼所需要的自觉体认，也无法强制约束一般百姓。

这一说法，在郭店楚简《尊德义》中有更明确的解释："刑不逮于君子，礼不逮于小人。"君子按照礼乐行事，约束自己的行为，所以不会触犯刑罚；普通民众不从道德自觉进行行为要求，只要不违反刑律即可。礼并非为庶人所制，刑也不是为大夫以上阶层而设，只是社会分层治理的实践。

礼作为基于道德自觉而形成的行为自律，在早期中国得到了士大夫阶层的充分体认。他们以立德、立功、立言为自我要求，主动承担道德责任和社会义务。刑不上大夫，也就成为了士大夫自我砥砺的信念。

我们现在的观念，很容易将分层治理理解为人的不平等。就法律的公平性而言，大夫和庶人不能一决于法，确实不平等。若从社会治理而言，分层治理中蕴含的道德自觉和行为自律，却有着现实意义。守法是社会对所有公民的最低要求，违法是突破了行为底线，要用相应的刑罚来处罚。而道德是对公民更高层次的要求，在人人遵纪守法之上，社会还有更高的道德原则需要坚守，有更广的社会美德需要鼓励。古代中国将有道德自觉的人称之为圣贤，我们现在还有劳动模范、道德模范的称呼，用以赞美具有道德自觉的人。社会秩序有行为底线，道德要求没有上限。对社会治理而言，最为理想的状态是每个人尽可能地追求道德的上限，形成健全人格、理想人格。中国社会格外鼓励、要求社会精英成为道德自觉的践行者、社会美德的示范者。

社会底线由刑罚来规定，刑罚所规定的只是社会成员最低限度的行为方式，意在防止社会基础秩序的失范，用于惩处违背社会基本伦理、违反社会基础秩序者。道德自觉体现的是人的文明程度落实到行动中，成为符合秩序共识的礼。这样一来，道德、礼义与刑罚就构成了三个区间。对于受过良好教育的大夫及以上阶层的人来说，他们是社会管理者，要起到道德示范作用，用刑的标准对其要求过低了。庶人没有机会受到良好教育，要求其自觉遵守道德的要求太高了。因此，以礼义作为大夫的道德尺度，以刑律作为庶人的行为边界，用礼和法两个原则共同提高治理的有效性。

在两汉的学术体系中，礼不下庶人的观念，仍持续影响着行政秩序。《白虎通·五刑》中说：

> 礼不下庶人，欲勉民使至于士。故礼为有知制，刑为无知设也。……礼不下庶人者，谓酬酢之礼也。

东汉官方仍认为礼是基于道德自觉而形成的行为，不必对百姓普及，但鼓励百姓按照士的要求达成行为自觉。礼是通过德性涵养、行为养成的教育，若形成人文理性，就可以自觉守礼。若没有受过良好教育，没有形成道德自觉和行为自觉的人，则没有必要要求他们以礼义自我管理。

《白虎通》记录的是官方观念,代表着东汉时期社会分层治理的普遍认知。唐代的孔颖达对此进行了详细解释:

> 礼不下庶人者,谓庶人贫,无物为礼,又分地是务,不服燕饮,故此礼不下与庶人行也。[1]

他从经济的角度理解,认为庶人没有钱财去行礼,整日务农,没有闲暇燕饮,礼不下庶人,是对他们的体恤。这与《管子》所谓的"仓廪实而知礼节"的说法遥相呼应,其认为庶人的首要任务是解决衣食问题,解决了生活基本需求之后,再去要求他们遵守礼节。

礼不下庶人,刑不上大夫的观念,若置于特定的历史语境中,具有一定的合理性。在古代中国,与其奢谈人人平等,莫不如先要求有身份、有地位、有俸禄的人先形成道德自觉和行为自律,不要贪赃枉法,再去要求百姓遵纪守法。礼不下庶人,不是不要庶人行礼,而是不以礼来耗费庶人的财物、不影响庶人生活。刑不上大夫,不是大夫不受刑,而是要求大夫以上阶层的人不要触犯刑律,有更好的道德自觉和行为自律。

《仪礼》记载了士大夫阶层所行的礼仪,《礼记》讨论的多是士以上阶层的道德要求和行为方式。先秦时期并没有制定系统的庶人之礼。西汉初年,叔孙通制《汉仪》十二篇,主要是朝廷之礼和宗庙祭祀之礼,也没有涉及普通百姓。东汉章帝认为《汉仪》散略,不合经义,令曹褒制礼。曹褒受命之后,根据前代典籍,结合五经,撰写了从天子到庶人的冠婚吉凶之礼,共一百五十篇。在这其中,曹

---

[1] 《礼记正义》卷三《曲礼上》,《十三经注疏》本,第79页。

褒为庶人制定了冠礼、婚礼、吉礼、凶礼等,献于朝廷。大臣们讨论后,觉得庶人礼并不可行。汉和帝继位后,曹褒作章句,制作新礼,也没有得到朝臣的认同,甚至有人认为他为庶人作礼,改变了以往传统,应该严惩。汉和帝压下此议,没再推行曹褒所制之礼。这表明曹褒为庶人制礼,一是改变了"礼不下庶人"的传统认知,二是普遍意识到以国家意志来推行庶人之礼的难度太大。

魏晋时期仍没有制定庶人礼,只是通过修改律令的方式,将礼的精神贯穿到法律条文中,使得原本约束庶人的法,合乎了礼的精神。泰始律将原本用于士大夫以上阶层的礼义,即道德原则、价值判断、行为准则落实到了司法条文中,吸收了礼的精神,维持了礼的意志,以此改善民风。用礼的精神来制定法律,采用礼法合治,既能约束大夫以上阶层守法,也能引导士、庶人知礼。

唐朝开始关注庶人之礼,试图改良庶人的生活习俗。贞观元年(627),唐太宗下《令有司劝勉民间嫁娶诏》规定:"其庶人男女无室家者,并仰州县官人以礼聘娶,皆任其同类相求,不得抑取。男年二十女年十五以上,及妻丧达制之后,孀居服纪已除,并须申以婚媾,令其好合。"[1]这是一条专门为庶人婚姻做出的规定,之所以用诏令形式单独声明,表明当时没有专为庶人婚姻制定的礼仪。在开元年间修订的《大唐开元礼》一百五十卷,分皇帝、皇室成员、三品以上、四品五品、六品以下五个阶层,其中的多种礼仪制度,并没有提到庶人之礼,可见当时的主流观念仍秉持着"礼不下庶人"的认知。杜佑撰《通典》二百卷,一半篇幅用来叙述唐及唐以前的历代礼制,分为王朝礼、皇帝与宗室礼、贵族礼、品官礼,也没有提

---

[1] 杜佑:《通典》卷五十九《礼》,第1676页。

及庶人之礼。

可见,唐朝以前的中国实行社会分层管理。西周有天子、诸侯、大夫、士、庶人之别,阶层相对固定,庶人可通过教育成为士。汉朝开始打破阶层固化,读书人通过科考和察举,有机会出任官员,实现阶层跃升。但其改变的只是个别人的命运,而不是整个阶层的有序流动。魏晋的门阀制度,维持着"上品无寒门,下品无士族"的社会分层,士族垄断了官职、权力、文化、教育,与皇权结合形成大贵族,庶人很难实现阶层跨越。唐朝初期,仍然按照姓氏、宗室、品官划分阶层,《通典》中所列的贵族礼是大家族通行的礼仪,表明唐朝仍有相对稳定的社会分层。当时的庶人要想实现阶层跃升,只有三条途径,一是武功,二是科举,三是攀龙附凤,得到引荐。由于唐朝科举录取人数有限,其只能改变一批读书人的身份,并不能彻底改变整个社会的阶层流动。武则天时大力推行科举、开设武举,吸引了庶族子弟入仕,社会逐渐开始向庶民化方向发展。

安史之乱后,贵族阶层被迅速削弱。在藩镇割据中,有能力的贵族附庸割据政权,而节度使所辖区域有限,难以形成较大的贵族,加之藩镇不允许有财力、有影响力的贵族与自己争利,贵族实力被严重削弱。中晚唐时,庶族子弟出任越来越多的文官武官,社会分层有所松动。进入北宋,中国社会转变为庶民社会。一是传统贵族在五代十国中被削弱殆尽。二是北宋教育发达,科举录取人数增多,读书人有较大机会获得一官半职,参与到国家治理体系中。朝为田舍郎,暮登天子堂的阶层跃升,成为宋代士大夫阶层常见的路径,这就打破了传统的贵族治理天下的格局。而且,北宋的城市化进程明显加快,出现了大量的市民,他们在生活条件充分改善之后,有了更多的道德自觉和行为自律。这样,庶人对礼的需求越来越大。为庶人制礼,成为了宋代社会治理重大的现实需求。在诸多士大夫的努力下,宋朝兴起了持续的社会启蒙运动,通过家礼、学规和乡约在社会基层推行礼仪,中国的礼制由此进入到了"礼下庶人"的阶段。

礼下庶人

礼下庶人是近世中国社会秩序建构的重要特征。"仓廪实而知礼节,衣食足而知荣辱",[1]社会文明程度逐渐提升,百姓受教育程度随之提高,社会基层受主流文化的影响,能够认同道德自觉,尊重行为规范,主动追求社会良俗。士大夫阶层自我砥砺,影响着更多百姓超越食色的欲望,向往更高的道德境地。从汉朝开始,地方官员在民间推行礼乐教化,使国家核心区域的道德认同不同深化,社会秩序持续向好。汉朝在重要州郡推行教化,唐朝则将礼乐教化拓展到边远地区。如韩愈和柳宗元分别在潮州和柳州大兴教育、破除迷信、改善民风。这样一来,国家核心区域所倡导的道德自觉、所确立的行为规范不断向周边地区扩散,得到了越来越广泛的社会认同,使得原本作为贵族行为规范的礼不断下行。

在北宋神宗年间,吕大忠、吕大钧、吕大临、吕大防兄弟在陕西蓝田制订《吕氏乡约》,以"德业相励,过失相规,礼俗相交,患难相恤"为原则,[2]结合基层百姓的生活实际和道德需求,约定了民间

---

[1]《史记》卷六十二《管晏列传》,第2132页。
[2]《宋史》卷三百四十《吕大防列传》,中华书局,1985年版,第10844页。

的行为方式,在普通百姓中确立道德原则和规范。其中的"德业相劝",鼓励百姓"见善必行,闻过必改,能治其身,能治其家,能事父兄,能教子弟,能御僮仆",[1]并详细罗列"德""业"的具体表现,勉励"同约之人各自进修,互相劝勉。会集之日,相与推举其能者,书于籍,以警励其不能者",[2]约定了实施办法和考核机制,在特定时间于乡内进行评选,进行奖惩,在乡村建构文明的公共秩序。《吕氏乡约》的意义,一是制定乡村成文法,推选约长评骘是非,促成了乡村自治。二是将家族伦理拓展为社会伦理,促成公共观念,达成道德认同,建构乡村道德共同体。三是建构庶人的礼俗,以礼教完善乡村秩序,推动基层文明的改善。

与此同时,有一些官员开始制定家礼,对家族的礼仪活动进行规范。司马光撰《书仪》十卷,其中有《冠仪》一卷,《婚仪》二卷,《丧仪》六卷,对冠、婚、丧、祭四礼进行了重新设计。他主要依据《仪礼》相应的原则和程序,结合生活实际进行调整变通,制定家族礼仪规范。冠礼保留了《仪礼》中的占筮请期、戒宾宿宾、冠礼礼成、赞宾筵宾等环节,对占卜场所、参与者的服装、行礼者的身份进行了重新规定,使之便于操作。司马光制作《书仪》遵循了两个原则:一是宗经,以《仪礼》为范本,对古礼的仪式简化改造,遵守礼义;二是从俗,合乎宋人生活实际,以求便捷易行。这样就把传统的礼义原则与生活习惯结合起来,制定出一般士人适用的礼仪。在宋儒看来,《书仪》诸多规定合礼、合情、合理,很值得效法。朱熹言:"温公本诸《仪礼》,最为适古今之宜。"[3]认为《书仪》通古简易,便于

---

[1] 黄宗羲、全祖望:《宋元学案》卷三十一《吕范诸儒学案》,第1097页。
[2] 黄宗羲、全祖望:《宋元学案》卷三十一《吕范诸儒学案》,第1097页。
[3] 马端临:《文献通考》卷一百八十八《经籍考》,中华书局,2011年版,第5495页。

使用,成为后世制作家礼的范本。

北宋的社会改良思潮,试图对社会基层秩序进行系统改造,采用为庶人制礼的方法,确定普通百姓的行为规范。其标志性的成果,是宋徽宗时制定的《政和五礼新仪》。

《政和五礼新仪》遵循古代礼义,吸收了士大夫以上阶层所行之礼,为庶人制定了诸多行为规范,设计了庶人婚仪、庶人冠仪、庶人丧仪等。其一,庶人婚仪单独成卷,设计了纳采、问名、纳吉、纳成、请期、亲迎、见祖祢、见舅姑、醴妇、饗送者等程序,鼓励百姓按礼成婚。从纳采到亲迎,与周礼的婚礼六仪一脉相承。在见祖祢以下,又增添了一些与时俱进的内容。见祖祢是祭拜祖庙,见舅姑是拜见公公婆婆,醴妇是夫妻对饮,最后饗送者是男家招待女方送亲的人。其二,冠礼分为皇太子冠仪、皇子冠仪、品官嫡子冠仪、品官庶子冠仪、庶人嫡子冠仪和庶人庶子冠仪。其中,皇太子的加冠,标志着其具有皇位继承权和国家管理权,程序复杂。但庶人的冠仪只有告祢和行事,礼节简单,但礼义却十分丰富。其三,庶人丧仪列初终、小敛、成服、羊赗、启殡、葬、祭后土、虞、小祥、大祥、禫、闻丧、奔丧、三殇、改葬等,合乎百姓生活。

《政和五礼新仪》将庶人纳入礼的范畴,完成了"礼下庶人"的制度设计。从曹褒为庶人制礼到《政和五礼新仪》,历经一千多年,终于由国家颁行了庶人礼。这是中国礼制史上颠覆性的创举,开始将全部社会成员纳入到道德自觉和行为自律的要求中。其既标志着社会文明程度的整体提高,又意味着中国社会开始启动普遍的文化启蒙。

但庶人礼的推行,并非一帆风顺。陆游的父亲陆宰在宣和年间曾任京西路转运副使,言及政和五礼的推行情况。当时,蔡京设立礼制局,专司在民间推行新礼,耗费巨资,最后的结果只是官员上朝时由穿朝靴改为穿鞋子。刚开始改成鞋子时,众人皆颇有疑虑,不敢轻易上京。因为要改朝服,布帛市价贵了几倍。朝廷颁布《五礼新仪》,设置礼生,负责指导民间实施庶人之礼。民间凡有丧葬婚姻,礼生就会要求百姓必须采用新仪,百姓觉得难以执行,只能贿赂礼生,仍用原来的礼俗去婚丧嫁娶。由于新仪借鉴士礼和周礼来制定,有诸多理想的成分,并不适合百姓日常生活。原本百姓只需埋葬死者就可以了,丧礼明确规定死者安置在何处,人如何行礼,百姓住在简陋的草庐中,没有堂、寝、陛、户这些设施来举行葬礼,新仪很难推行。《政和五礼新仪》的制礼初衷是期望能彻底改变社会基层的秩序,但距离现实稍远,一般百姓无法做到。

宣和元年(1119),宋徽宗不得已下达诏令停用《政和五礼新仪》,其诏令言:

> 顷命官修礼,施之天下,冠婚丧葬,莫不有制。俗儒膠古,便于立文,不知达俗。闾阎比户,贫窭细民,无厅寝房廡之制,无阶庭升降之所。礼生教习,责其毕备,少有违犯,遂底于法。至于巫卜媒妁,不敢有行,冠婚丧葬,久不能决。立礼欲以齐民,今为害民之本。开封府申请《五礼新仪节要》,并前后指挥,及差礼直官、礼生并教行人公文指挥,可更不施行。[1]

其中言及冠婚丧葬皆有礼制,点明了新仪修订的初衷,是为了让百

---

[1] 司义祖:《宋大诏令集》卷一百四十八《政事一》,中华书局,1962年版,第548页。

姓做到有礼可循。经过一年的实践,朝廷意识到了所制之礼有泥古倾向。制礼容易,在社会中推行起来却很难。婚冠丧葬之事,若必须遵循新仪,百姓没有做好准备,就无法举行。立礼是为了整齐风俗,却没想到成了害民之本。开封府率先申请暂停实施《政和五礼新仪》,理由是新仪"便于立文,不知达俗",制定新仪的思路是可行的,在民间却难以推行。

　　政和五礼没能自上而下全面推行,原因有二。一是经济原因。富裕之家可遵照礼仪来做,普通百姓需要生产生活,没有时间、精力和财力举行复杂的婚礼、冠礼。二是观念认知。汉朝曹褒为庶人制礼被大臣们一致反对,不仅没有颁行,而且被指责违背了礼不下庶人的传统。其主要根源在于,礼是基于道德自觉而形成的行为自律,庶人只有在生活条件和观念认知达到能够自觉认同并践行礼仪的条件下,才能推行庶人之礼。任何强制规定,都会成为新的扰民之举。因此,宋徽宗与朝臣意识到为庶人制礼能够整齐风俗,但自上而下地要求百姓依礼行事的时机尚不成熟。

　　《政和五礼新仪》的推行是一次有价值的探索,但也是一个深刻的教训。但为庶人制礼的历史趋势并没有因此而中断。法是社会的底线,是所有人必须遵守的行为规范,礼体现的是社会道德的高度和公共行为的尺度,可以进行倡导,让百姓自觉自愿追求,不能采用强制方式去推行。《政和五礼新仪》的制定,试图彻底改变社会风俗,是值得肯定的。但将礼强制推行,泯灭了与法的界限,却是深刻的教训。

　　从中华文明的发展来说,在庶人阶层推行礼仪,是对古代中国社会秩序的全面改良,也是社会的文化启蒙运动。虽然起步阶段艰难,却是彻底改造中国社会的必由之路。从这个意义上来说,

《政和五礼新仪》的制作,启动了近世中国的社会改良运动,尽管其未能成为制度持续推行,但为庶人制礼的方向合乎历史潮流,也合乎中华文明进程。其中所体现的诸多礼义,直接继承了周礼的原则和精神,为南宋吕祖谦的《家范》、朱熹的《家礼》提供了经验的参考。

吕祖谦吸取前人经验,结合家族实际,作《家范》六卷,包括《宗法》《昏礼》《葬仪》《祭礼》《学规》《官箴》六部分。对祭祀、婚嫁、生子、租赋、家塾、合族、宾客、庆吊、送终、会计、规矩、中庭小牌约束、进退婢仆约束等日常生活的诸多细节作了明确规定。吕祖谦仿古礼,将家庙设为祠堂,作为家族祭祀的固定场所。在此基础上制定了诸多细则,把个人思考转化为家族的规定,使得后人只需按照家礼做事,就可以把家族管理得井然有序。他通过家礼改造家庭伦理,维持家庭秩序,使士大夫身体力行地将道德认同、价值认同转化为行为法则。

朱熹在此基础上作《朱子家礼》,其分为通礼、冠、婚、丧、祭五部分。通礼言家礼的原则,冠、婚、丧、祭言具体礼仪形态,规范日常所用之礼。其特征有三:一是简明,"冠、昏之礼,如欲行之,当须使冠、昏之人易晓其言,乃为有益。"[1]朱熹重视礼仪形式中所体现的道德原则,力求简明地表达礼的精神;二是简化,朱熹将婚礼纳采、问名、纳吉、纳成、请期、亲迎六礼归并为纳采、纳币、亲迎三礼,符合民间婚礼的实际,易于百姓实行;三是守正,朱熹认为周制对丧礼的规定过于复杂,按照尊重逝者的原则,简化丧礼,使之便捷易行,贴近日常生活。

---

[1] 黎靖德:《朱子语类》卷八十九《礼六》,中华书局,1986年版,第2272页。

因为《朱子家礼》坚守礼义，契合时代，便于实行，在后世得到了广泛响应。元世祖至元八年（1271）九月，《朱子家礼》中的婚礼被确立为法定仪式。明朝直接采用其礼："朱子《家礼》无问名、纳吉，止纳采、纳币、请期。洪武元年定制用之；下令禁指腹、割衫襟为亲者。凡庶人娶妇，男年十六，女年十四以上，并听婚娶。"[1]并参照《朱子家礼》对品官礼进行调整。明成祖将全书直接颁行天下，使得《朱子家礼》成为民间通行的礼仪规范。《朱子家礼》的颁行，将原本流行于大传统的礼义精神落实到社会基层治理中，彻底改变了民间的小传统，使得礼义成为社会通行规范。

明代开始建立圣谕宣讲制度，通过国家行政体系，将道德伦理和行为规范直接宣讲到基层，落实到每家每户，是礼下庶人的制度保障。朱元璋在洪武三十年（1397）颁发诏令，要求建立圣谕宣讲制度：

> 上命户部下令天下人民，每乡里各置木铎一，内选年老者，每月六次持铎狥于道路曰："孝顺父母，尊敬长上，和睦乡里，教训子孙，各安生理，毋作非为。"[2]

经过宋儒的劝谕、乡约等实践之后，基层教化的成效已经得到公认。朱元璋要求全国形成统一的价值认同，并要求户部建立宣传体系，将国家倡导的道德规范传达到普通百姓，以形成全国统一的价值判断，评价和衡量社会风气和道德品行。将圣谕作为衡量个

---

[1] 《明史》卷五十五《礼志》，第1403页。
[2] 薛应旂：《宪章录校注》卷十一《洪武二十七年甲戌至三十年丁丑》，凤凰出版社，2014年版，第146页。

人德行的准则,成为社会唯一的价值认同,促成了上下趋同的社会风尚。

顺治时期重申"孝顺父母,恭敬长上,和睦乡里,教训子孙,各安生理,毋作非为"的道德准则,继续推行圣谕宣讲制度。康熙九年(1670)颁布了《圣谕十六条》:

> 敦孝悌以重人伦,笃宗族以昭雍睦,和乡党以息争讼,重农桑以足衣食,尚节俭以惜财用,隆学校以端士习,黜异端以崇正学,讲法律以儆愚顽,明礼让以厚风俗,务本业以定民志,训子弟以禁非为,息诬告以全良善,诫窝逃以免株连,完钱粮以省催科,联保甲以弭盗贼,解仇忿以重身命。[1]

在明代圣谕的基础上,更加详细地确定了古代中国通行的道德规范和基本的社会规则,细致规定了社会成员的日常行为规范、社会责任和道德要求,要求全国百姓遵行。朝廷设置专门的人员,定期在乡村宣读圣谕。在百姓散居的地区,按照保甲制度进行宣讲。甚至要求家家户户写一张,贴在壁上,使圣谕人人皆知,作为日常生活的准则。

明清通过家礼和乡约对社会基层进行道德引导和行为规范。相对于法律而言,乡约要求普通百姓通过道德和价值判断充分认同行为规范,与圣谕宣讲结合为全民教化运动,提高了百姓的道德修养和民间的道德标准。明清时期通过全民化的社会基层启蒙运

---

[1] 伊桑阿:《大清会典(康熙朝)》卷五十四《礼部十五》,凤凰出版社,2016年版,第618页。

动,在民间形成了广泛的道德认同,引导百姓脱离蒙昧状态,形成了公共秩序和行为规则。

  由此来看,古代中国通过两个阶段来实现礼义之邦的建构。一是礼不下庶人阶段,在贵族阶层形成人文理性精神,不断提升道德境界,完善礼乐教化,遵守行为规范,培养健全人格,形成行为自觉。这一时期确定了礼义、制定了礼仪、完善了礼制、调整着礼度。即使史书记载了篡权夺位之类的不义之举,但国家精英阶层的行为方式总体呈现出文质彬彬的特点,社会的主流维持着礼义原则。二是礼下庶人阶段,北宋开始通过道德教化、乡约规范与行为倡导,引导百姓自觉认同礼义、践行礼仪、遵守礼制,合乎礼的规范,彻底改变了百姓的言谈举止和交往方式。礼的精神、道德认同和行为规范日渐成为全社会的文化共识,使得中华民族成为文化共同体,以道德自觉、行为规范来自我约束,礼义成为了全社会价值判断和行为规范的基石。

因俗为制

《史记·鲁周公世家》记载了周初社会治理的两个策略：

> 鲁公伯禽之初受封之鲁，三年而后报政周公。周公曰："何迟也？"伯禽曰："变其俗，革其礼，丧三年然后除之，故迟。"太公亦封于齐，五月而报政周公。周公曰："何疾也？"曰："吾简其君臣礼，从其俗为也。"及后闻伯禽报政迟，乃叹曰："呜呼，鲁后世其北面事齐矣！夫政不简不易，民不有近；平易近民，民必归之。"

周公之子伯禽受封于鲁，其治理鲁地三年后，才向周公汇报治理成效。周公问他为何如此缓慢？伯禽回答说，采用周公设计的礼制，彻底改变了鲁国的风俗，要坚持三年才能看到成效，因而才迟于报政。姜太公封于齐地，五个月后便向周公报告阶段性的治理成果。周公惊讶其速度之快，太公说自己将君臣之礼简化后推行，又将百姓的风俗习惯规范化，齐国百姓很容易接受他制定的齐礼，社会治理的成效明显。二人的做法实际代表了社会基层治理的两条路径：一是伯禽的移风易俗，对百姓施以礼乐教化，彻底改变地方风俗；二是姜太公的因俗为制，规范百姓的风俗习惯，不必彻底改变社会生活方式。

齐国采用因俗为制的方式形成风尚，"因其俗，简其礼，通商工之业，便鱼盐之利"，[1]尊重百姓的生活方式，尊贤尚功，重视结果，不对社会风俗进行根本调整，迅速增强了齐国的国力。鲁国采用礼乐制度来革除鲁地的土著风俗，推广"亲亲上恩"的礼乐文化，最初遭到了百姓的抵触，"民不有近"。[2]齐、鲁两国经过长时间的发展，形成了不同的社会风尚。到了西汉时期，齐地人"矜功名，舒缓阔达而足智"，鲁地人"其民好学，上礼义，重廉耻"，[3]社会风尚截然不同。

因俗为制和移风易俗两种不同的社会改良方式，在齐、鲁两地分别推行，都取得了一定的成功。周公对两地的社会治理模式进行了预估，他认为，鲁国将来必定会被齐国超越。理由是鲁国推行之礼不简易，百姓为繁文缛节所累，就会疏远国君。齐国之礼相对平易，对百姓生活影响不大，百姓会亲近国君。《史记》采用追叙的手法记述这件事，以表明周公预测的精准。结果，齐国日渐强大，鲁国日渐衰弱，从齐桓公称霸到齐景公时期，鲁国始终无法与齐国抗衡。

礼义之邦的形成，在于以礼作为社会的普遍共识，其高度取决于礼义，其广度见诸于礼俗。在社会基层推广礼仪，必然面临着如何与民俗、风俗、习俗协调的问题，这就形成了两种不同的策略，一是因俗为制，二是移风易俗。因俗为制，是充分尊重民俗、习俗和

---

[1]《史记》卷三十二《齐太公世家》，第1480页。
[2]《史记》卷三十三《鲁周公世家》，第1524页。
[3]《汉书》卷二十八《地理志》，第1661—1662页。

风俗,将其中约定俗成的部分进行道德赋义,定为制度,使之具有更广泛的约束作用。移风易俗,是按照礼义改造不符合文明发展要求的民俗、习俗和风俗,使之更能体现社会文明的要求。

因俗为制成为礼制推行的基本策略,在于中华文化认为,所有的风俗都是由特定的生产生活环境促成的。《礼记·王制》中说:

> 凡居民材,必因天地寒暖燥湿,广谷大川异制。民生其间者异俗,刚柔轻重迟速异齐,五味异和,器械异制,衣服异宜。修其教,不易其俗;齐其政,不易其宜。中国戎夷,五方之民,皆有性也,不可推移。东方曰夷,被发文皮,有不火食者矣。南方曰蛮,雕题交趾,有不火食者矣。西方曰戎,被发衣皮,有不粒食者矣。北方曰狄,衣羽毛穴居,有不粒食者矣。中国、夷、蛮、戎、狄,皆有安居、和味、宜服、利用、备器,五方之民,言语不通,嗜欲不同。达其志,通其欲,东方曰寄,南方曰象,西方曰狄鞮,北方曰译。

百姓居住的地方有寒暖燥湿、广谷大川之不同。居住在不同地理环境中的百姓,衣服、器械、饮食口味等也不尽相同。社会改良时,要因地制宜,充分尊重当地的生活习惯,不要轻易改变其风俗,这便是"修其教,不易其俗;齐其政,不易其宜"的原则。早期中国,多将认同、理解并尊重风俗习惯的因俗为制作为国家基本的治理策略。

《荀子·正论》论证了以因俗为制作为国家治理原则的必要性。当时有学者认为,商汤与武王建国时,并没有要求楚、越等边远地区的诸侯执行商、周礼制,允许他们例外,是因为商汤和武王不能使天下服从。荀子对此进行了辨析,认为治理天下要根据各地不同的情形使用不同的策略。山川远近不同,器械用具不一样,物产贡品不一致,不能强求统一。殷商王朝和周王朝的王畿地区,制度风俗不同,各方国、各诸侯的制度也不同。如齐国的因俗为制和鲁国的移风易俗,便是制度上的差别。因此,周王室统治的诸夏要同服同仪,日祭、月祀、时享、岁贡有统一规定,但蛮、夷、戎、狄之国没有必要与中原地区制度相同。楚国和越国保持原来的制度与行为方式,不与王制统一,并非是商、周不能管理,而是因俗为制所形成的差异化管理。

《周礼》中也主张对地方不同的风俗进行分类管理,强调以本俗安万民:

> 以本俗六安万民:一曰媺宫室,二曰族坟墓,三曰联兄弟,四曰联师儒,五曰联朋友,六曰同衣服。[1]

其中提到要尊重的习俗有六:一是居住环境不同,宫室建造也不同,各地民居各有特色,不必强求统一;二是安葬死者的方式,丧礼习俗差别较大,要尊重丧葬习俗;三是家族聚居方式,有的习惯分户,有的聚族而居,要尊重家族传统;四是教育方式有宽严不同;五是交往习惯各有特征;六是服饰风尚样式多样。贾公彦注:"上经陈养万民之法,此经说安民庶之道。'以本俗六安民'者,本,旧也。不依旧俗创立制度,民心不安,若依旧俗,民心乃安,故以本俗六条

---

[1]《周礼注疏》卷十《大司徒》,《十三经注疏》本,第262页。

以安民也。"[1]认为国家治理要尊重百姓习俗,才是安民之道。

因俗为制的观念在汉礼中得到延续。司马迁认为,汉武帝时的制礼作乐有追俗为制的特征:

> 今上即位,招致儒术之士,令共定仪,十余年不就。或言古者太平,万民和喜,瑞应辨至,乃采风俗,定制作。上闻之,制诏御史曰:"盖受命而王,各有所由兴,殊路而同归,谓因民而作,追俗为制也。议者咸称太古,百姓何望?汉亦一家之事,典法不传,谓子孙何?化隆者闳博,治浅者褊狭,可不勉与!"[2]

儒生借助古书记载,数年未能制定礼仪,汉武帝以"采风俗,定制作"的方式,确定了封禅仪。其立乐府,采歌谣,"有代、赵之讴,秦、楚之风,皆感于哀乐,缘事而发,亦可以观风俗,知薄厚",[3]借助民歌制作郊庙乐。汉武帝所言的"因民而作,追俗为制",是将民间习俗确定为制度,在全国推广。之所以如此,在于其"五帝不相复礼,三代不同法"的认知,[4]借鉴前代礼义,尊重风俗习惯,调整礼制。

因俗为制的原则,在《礼记》中表述为"礼从宜,使从俗"。[5]宜,是恰到好处地规定社会运行秩序和人际交往法则,使臣出使要

---

[1]《周礼注疏》卷十《大司徒》,《十三经注疏》本,第262—263页。
[2]《史记》卷二十三《礼书》,第1160—1161页。
[3]《汉书》卷三十《艺文志》,第1756页。
[4]《汉书》卷六《武帝纪》,第173页。
[5]《礼记正义》卷一《曲礼上》,《十三经注疏》本,第11页。

入乡随俗,尊重其制度。《礼记·曲礼上》注中记载了一个故事:

> 事不可常也。晋士匄帅师侵齐,闻齐侯卒,乃还,《春秋》善之。使从俗。亦事不可常也。牲币之属,则当从俗所出。《礼器》曰:"天不生,地不养,君子不以为礼,鬼神不飨。"

襄公十九年(前554)五月,晋国攻打齐国,在中途听说齐灵公去世了。晋军主帅士匄认为乘丧进攻齐国,不合礼制,就放弃了进攻,率军返回。《春秋》对此事赞赏有加,认为其遵循了"使从俗"的原则,认同祭祀、军征、外交时要尊重不同的风俗,会赢得尊重。

因俗为制的做法,使汉朝实现了边疆地区的有效治理。《史记·平准书》载:"汉连兵三岁,诛羌,灭南越,番禺以西至蜀南者置初郡十七,且以其故俗治,毋赋税。"汉武帝时在广东以至四川的广大区域内,设置了十七个郡。中央派官员治理,充分尊重当地百姓的习俗,既不轻易变更,也不收取赋税,只要求这些地区服从中央的管辖即可,稳定了边疆秩序,显示出"因俗为制"的效力。

东汉永和五年(140)五月,南匈奴叛汉,入侵河西,杀害朔方、代郡长史。度辽将军马续等人率军出其不意,大败叛军。大将军梁商认为要实现西北地区的长治久安,应采用因俗为制的策略:

> 戎狄荒服,蛮夷要服,言其荒忽无常。而统领之道,亦无常法,临事制宜,略依其俗。今三君素性疾恶,欲分明白黑。孔子曰:"人而不仁,疾之已甚,乱也。"况戎狄乎!其务安羌

胡,防其大故,忍其小过。[1]

  他认为戎狄蛮夷"荒忽无常",一是其多为骑兵,来去自由;二是他们对汉的归顺并非从一而终,有时不重信义。梁商认为治理新归顺地区百姓的做法,要坚守两条原则。其一,临事制宜,遇到事情就解决问题,而不要作过多的设想;其二,略依其俗,尊重地方习俗,以求获得认同。前者为齐其政,后者为修其教。马续与周边各郡遵照梁商的治理策略,迅速稳定了西北局势。
  唐朝对在境内的外国人管理,也采用因俗为制的方式。《唐律疏议》规定:"诸化外人,同类自相犯者,各依本俗法;异类相犯者,以法律论。"[2]各国有自己的风俗,其法律认同与法律制度不同。外国来华的人发生法律纠纷,若当事人属于一国,就按照他们国家的俗法断之,这是同类相犯;若是当事人属于不同国家,就按照唐律论定,这是异类相犯。中国古代实行属人管理与属地管理相结合,属人管理采用因俗为制的管理模式。
  元、明、清对边疆区域的治理,也坚持采用因俗为制的策略。元朝在边境地区设立土司制度,只要认同并归顺中央政府,仍任命原来的长官管理当地百姓。明太祖朱元璋治藏策略的核心也是多封众建,"因俗以治",[3]在藏区各教派中先后封了三大法王、五个王及其他各级僧官若干,形成了互不隶属却相互制衡的治理体系。中央政府顺应藏区的政情、民俗进行治理,不轻易改变西藏本地的生活习惯,以促成边疆地区百姓对中央王朝的认同。后来,张居正

---

[1] 《后汉书》卷八十七《西羌传》,第 2895 页。
[2] 刘俊文:《唐律疏议笺解》卷六《名例》,中华书局,1996 年版,第 478 页。
[3] 《明史》卷九十《兵志》,第 2227 页。

认为土司之间忿争相杀,不能用中央政府的法律去过多干预。待土司之间决出胜负后,再派人安抚,让胜者管理这片区域。在土司辖区内,要先保证其接受中央管理,然后施以教化。张居正要求官员简静行事,协和总戎,不要轻易惊扰百姓、惹怒土司,尽量协调彼此关系,采用清静无为的治理策略,不轻易干扰地方行政,不随意干扰百姓的生产生活。清朝依旧坚持因俗为制、缘俗为制、因俗以治的原则,尊重蒙古、苗、回、西藏的地方习俗,在一个王朝内实行多种礼制、礼俗并存,实现了国家秩序的稳定,保持了领土的长期统一。

表面上看,因俗为制是简单的礼制问题,实际上,所有礼制都是有一套由行政体系、观念认知、治理策略和分配机制所构成的制度架构。因俗为制不仅是礼制问题,也是国家治理的策略。由因俗为制所形成的管理模式,充分尊重不同地区、不同阶段百姓的生产生活条件和社会风俗习惯,有利于特定时期、特定区域的治理,有利于实现国家的长治久安。

移风易俗

移风易俗是用礼乐教化、行政措施和司法手段去改良社会风俗。社会发展的总趋势是从蒙昧走向开明。但这种发展却是不平衡的,有的地区文明进程较快,有的地区文明进程较慢。在中华文明史上,周朝、汉朝时期,中原地区文明发展较快;南北朝时期,南朝的社会文明程度要高于北朝。在这些不平衡的发展中,中华文明的核心地区快速发展,带动周边地区文明的进步,主要通过移风易俗来实现。

《淮南子·要略训》言鲁国通过移风易俗方式所形成的儒家文化,对中华文明有着深远的影响:

> 成王既壮,能从政事,周公受封于鲁,以此移风易俗。孔子修成、康之道,述周公之训,以教七十子,使服其衣冠,修其篇籍,故儒者之学生焉。

伯禽封鲁国之后,采用周公之礼,彻底改变了鲁人的行为习惯和道德认知,至孔子时结成硕果。就个人而言,以文质彬彬的君子人格作为理想,追求健全人格的形成。就社会而言,以道德认同、礼乐教化、行为规范作为建构社会秩序的主要方式。就文化传承而言，通过经典文本巩固道德认同、形成价值判断，借助循序渐进、持之以恒的社会教化，可以最大程度地凝聚社会认同，建立公共秩序。

儒家所推崇的王道政治，不同于道家的无为而治，也不同于法家的严刑峻法，主要通过有限度的干预，借助社会教化体系，自上而下对百姓进行生活教化、道德教化和风俗教化。儒家所倡导的小康社会，正是按照礼的原则进行建构：

> 大人世及以为礼，城郭沟池以为固。礼义以为纪，以正君臣，以笃父子，以睦兄弟，以和夫妇，以设制度，以立田里，以贤勇知，以功为己。[1]

礼基于道德认同，付诸于行为自觉，转化为社会秩序，完善着人的心性修为。中华文明能够较快摆脱蒙昧状态，较早进入文明轨道，并在人类文明史上长期保持领先的地位，正在于将道德认同转化为行为自觉，按照礼的原则建构稳定的社会关系，推动了社会的整体进步。

礼既是道德认同在个人行为上的体现，也是价值认同在社会秩序中的展现。移风易俗，就个体而言，是培养文质彬彬的君子。在儒家学说中，道德要求不断提升，礼乐教育的学习，需要持续努力，付诸实践，才能成就理想的君子人格。因此，在《论语》中，孔子苦口婆心地对弟子进行训诫、引导和勉励，让他们体会到仁、义、忠、孝等道德的含义及其呈现方式。孔子也身体力行地为弟子进

---

[1]《礼记正义》卷二十一《礼运》，《十三经注疏》本，第660页。

行行为示范,这恰恰表明了实现道德自觉的艰难,维持得体行为的不易。每一个人都有需求、都有欲望,让其放弃动物本能,认同道德准则,接受行为规范,实现人格蜕变,需要高度的道德自觉和终生的行为坚持。

荀子论述了礼乐教化改变世道人心的模式:

> 君子以钟鼓道志,以琴瑟乐心,动以干戚,饰以羽旄,从以磬管。故其清明象天,其广大象地,其俯仰周旋有似于四时。故乐行而志清,礼修而行成,耳目聪明,血气和平,移风易俗,天下皆宁,美善相乐。[1]

荀子认为,经常听音乐,可以使喜怒哀乐发而皆中节,让人不耽于食色,约束心性,自觉去追求更高的道德境界,担负更多的社会责任,这能让人"志清",不沉湎于个人的欲望。修习礼乐,将其中的道德赋义和行为准则落实到个人的言谈举止中。一个人一个人地改变,一群人一群人地改造,社会风气就会发生根本转变。

通过礼乐学习来改变自我,通过移风易俗来改良社会,就是礼乐教化的实践。《孝经》将之概括为:"移风易俗,莫善于乐。安上治民,莫善于礼。"乐从内在改变人的心性,礼从外在改变人的行为。礼乐相辅相成,可以承担起移风易俗的使命。儒家认为礼乐教化不仅可以改变一个人,而且可以改变整个社会,只有具有君子人格的士大夫能够承担起这一任重而道远的使命。为了实现这一梦想,儒家不仅重新解释了五经,将之作为道德传承的经典文本;

---

[1] 王先谦:《荀子集解》卷十四《乐论》,第381—382页。

而且传承了四书,将之作为实现修为自觉的学说。正是以四书五经为核心经典,以道德认同、社会教化和行为规范作为促进社会发展的方式,才使得中华文明与时俱进,成为被世界推崇的礼义之邦。

  移风易俗的实现,需要建立社会教化体系。汉朝一方面在特定领域、特定区域采用因俗为制的国家治理策略,另一方面不断强化移风易俗的制度性建构,保持着国家核心区域的稳定统一。西汉初年陆贾的《新语》,其中的治国理念深刻影响了汉初的国家治理策略。陆贾在强调无为而治的同时,主张以移风易俗来改造社会:

    故君子之御下也,民奢应之以俭,骄淫者统之以理;未有上仁而下贼,让行而争路者也。故孔子曰:"移风易俗。"岂家令人视之哉?亦取之于身而已矣。[1]

在他看来,国家治理应该用简朴理性的原则来整治骄奢淫逸之风,引导百姓回归到俭朴、自觉的秩序中。孔子所谓的移风易俗,这不只是说说而已,而是应该落实到个人行动中,落实到治国者的个人修为中,才能自上而下改变社会风气。

  西汉一直在探索建构社会教化体系。汉文帝时,贾谊曾进谏:"汉兴至今二十余年,宜定制度,兴礼乐,然后诸侯轨道,百姓素朴,狱讼衰息。"[2]汉承秦制所延续的司法体系,维持着社会秩序的运

---

[1] 王利器:《新语校注·无为》,中华书局,1986年版,第67页。
[2] 吴云、李春台:《贾谊集校注》附录二《论定制度兴礼乐疏》,天津古籍出版社,2010年版,第369页。

行。由于秦朝"废礼义,捐廉耻",废弃了礼乐制度,只依靠国家强制来维持社会运行。贾谊认为只有移风易俗,才能形成社会自运行系统,实现纲纪有序,六亲和睦。

班固在《汉书·循吏传》中评价文景之治的移风易俗时,提到了若干案例,以证明移风易俗的有效:

> 至于文、景,遂移风易俗。是时,循吏如河南守吴公、蜀守文翁之属,皆谨身帅先,居以廉平,不至于严,而民从化。

河南太守吴公政绩显著,治平为天下第一。他求贤若渴,听说贾谊年十八时,能诵诗书属文称于郡中,就将其召置门下,力荐于汉文帝,汉文帝征其为博士。四川太守文翁,见蜀地民风野蛮,当地人不好读书而好诉讼,遂修建学宫,招下县子弟入学,任用优秀人才为吏,于是大家争为学官子弟。文翁恢复文教,发展生产,以身作则,宽政理民,蜀地风气为之一变。汉宣帝时,黄霸力行教化而后诛罚,朱邑存问耆老孤寡,龚遂躬率俭约劝民农桑,改善社会风气,使民从化。

移风易俗的效用,要通过制度建构才能长久维持。《淮南子·道应训》追述了鲁国移风易俗的努力,并肯定了孔子的做法:

> 鲁国之法,鲁人为人妾于诸侯,有能赎之者,取金于府。子赣赎鲁人于诸侯,来而辞不受金。孔子曰:"赐失之矣!夫圣人之举事也,可以移风易俗,而受教顺可施后世,非独以适身之行也。今国之富者寡而贫者众,赎而受金,则为不廉;不受金,则不复赎人。自今以来,鲁人不复赎人于诸侯矣。"孔子

亦可谓知礼矣。

这个故事在儒家经典中多次出现,《淮南子》进行重述,表明其认同孔子通过礼制来进行移风易俗的社会治理模式。为了移风易俗,鲁国立法来奖励良行,勉励百姓行善。其中规定,如果鲁人在其他诸侯处沦为奴隶时,若有人将其赎回,可以去官府领取赎金。子贡赎回了一个鲁人,却并没有去领赎金,孔子认为子贡不受奖励的行为并不可取。孔子觉得设立这样的制度意在移风易俗,让所有人都知道扶危济困值得奖励,久而久之,扶危济困就能成为社会风尚。国家中富者少而贫者多,能出于义举救人畏难者,值得鼓励,不能让其有经济损失。子路富足,赎人而不受金,会影响到这一制度的推广。子路开了先例,以后富者赎回人后,若是受金,就是不廉;若是不受金,就不再会主动出手相助,扶危济困的传统也由此被毁。《淮南子》对此事的评价是孔子知礼。并非是说孔子知道礼制,而是言孔子知道如何通过礼制来移风易俗。在这其中,礼作为规定的原则,应该严格遵循。该受的奖赏就要接受,不接受为不知礼。不该受的奖赏受了,不仅不知礼,而且不知法。

法家也主张利用制度建构来移风易俗。商鞅变法所建立的司法体系,立竿见影地彻底改变了秦国的风俗。早期秦民聚族而居,商鞅规定孩子成年后必须与父母分居,不仅增加了户数,而且形成了扁平化的社会管理体制。小门小户的农耕方式很难形成与地方政府相抗衡的大家族,行政体系和司法体系便能迅速发挥作用。商鞅推行的什五连坐法,改变了秦民的邻里关系和人际关系。如秦律规定,若是看到有人扬灰于路边而不举报,被发现后与违反者同罪。让秦民相互监督,不顾亲情,利于以吏为师。李斯在《谏逐客书》中说:"孝公用商鞅之法,移风易俗,民以殷盛,国以富强,百姓乐用,诸侯亲服,获楚、魏之师,举地千里,至今治强。"商鞅变法中的移风易俗,既改变了秦国的社会结构和百姓的生活习惯,也彻底改变了秦人的文化传统,影响了中国的历史进程。

汉武帝时,为了推行教化,董仲舒倡议建太学,在公孙弘和孔臧的支持下,西汉建立了以太学为核心的国家教育体系。太学系统中罢黜百家,独尊儒术,以儒家的礼乐教化作为改良社会的基本方式,培养了一批精通儒家经典、熟悉儒家学说的文官。汉元帝后形成朝野共识,借助礼乐教化,全面移风易俗。刘向认为,礼乐教化的目的是弘扬美德:"是故圣王修礼文,设庠序,陈钟鼓。天子辟雍,诸侯泮宫,所以行德化。"[1]主张按照道德原则进行倡导,让百姓形成道德认同,辅之以礼乐教化,内外兼修,引导百姓自觉改良旧俗。

移风易俗的持久,以经典所维持的道德自觉为根基。顾炎武在《与友人论学书》中总结了早期经典凝固的道德认同。他认为,读书求学的目的,是培养人的道德自觉和行为自觉。《诗》《书》等经典中对道德的学理阐释,求学过程中学习洒扫应对进退之事,正是将道德落实到日常行为之中,久而久之,个人养成了道德自觉与行为自律,就能够在出处、辞受、取与等方面行为得当。待出任职务后,可以融政令、教化、刑法为一体,担负起治国理政的责任。读经只是掌握了理论,修身是养成行为规范,将二者落实到个人修养和自我管理上时,才称之为教化,才能移风易俗。因此,读书治学的根本,是以内圣修养自我,不断提升德行,学会立身处世,然后推

---

[1] 向宗鲁:《说苑校证》卷十九《修文》,中华书局,1987年版,第476页。

行教化,治国平天下。

顾炎武概括了古代中国士大夫能够自觉推行礼乐教化来移风易俗的动因。古代史料记载并褒扬了诸多官员移风易俗的事迹,赞美了他们对社会的改良。正是无数读书人能够按照理想来教化百姓、引导百姓向善,社会基层才得以持续形成良好的社会风气。

宋徽宗年间的萧服担任望江县令,治理以教化为本,在当地寻访许多体现德行的古迹,为其筑亭,又刻文于石,教导百姓该如何行事。于是,望江出现了孝女侍奉母亲的事迹,百姓认为皆为萧服教化所致。

元代胡祗遹任济宁路总管时,发现当地民风简朴野蛮,就选择郡中优秀子弟,安排老师教导他们,有时亲自讲学,以改变当地风俗,成效显著。后来,他升任山东东西道提刑按察使,继续以礼乐教化来引导百姓,鼓励士风。如有父子兄弟相告的,他就以天伦之理劝之,实在无效时,才将其绳之以法。

明初魏观出任苏州知府时,前任太守陈宁十分苛刻,百姓深受其苦,称之为"陈烙铁"。魏观到任后,改变陈宁的做法,明教化,正风俗,建立学舍教导学生礼乐诗书;请当地名人制定学仪,教导学生待人接物;又请人修订经史,在辖区内推行乡饮酒礼。使得政令教化大行于治所,课绩被洪武朝评为第一。

清代汤斌担任江宁巡抚,在诸州县设立社学,给百姓讲《孝经》和小学,修整泰伯祠和贤臣祠进行祭祀,改变民间不良风气,尤其是禁淫词小说等不良文学。当地有五通神祠,数百年一直为百姓淫祀,祭品多到被称为"肉山""酒海"。有女子生病了,巫师就说是五通神要娶她为妇,将其献祭。汤斌上任后,收缴五通神的造像,烧木沉土,毁掉五通神祠,用其建筑材料修建了学宫,借助礼乐教化,彻底改变了当地人的淫祀之风。

中华文明圈的不断扩大,正在于这些有卓越见识的士大夫前赴后继地移风易俗,一个区域一个区域地推行礼乐教化,用人文理性精神来引导百姓形成道德认同,确立行为规范,形成公共秩序,使得中华文明能够持续发力,不断改良落后的风俗。因此,因俗为制和移风易俗是国家治理的基本策略,是一枚硬币的两面。因俗为制是在被动中寻求主动,移风易俗是采用主动方式来寻求社会变革。移风易俗是用文明成果进行广泛社会教化,主动接受、推广文明成果,彻底改善世道人心。

由此来看,中华文明的壮大,得益于较早形成的人文理性精神,经过经典的传承和诸子的深化,成为改造社会的学理体系。儒家将大同、小康作为社会理想,教育并引导了一批向往、追求这一社会理想的士大夫持之以恒、坚持不懈地践行。他们既有自我改良心性的经验,又有推行礼乐教化的理念,力所能及地在不同历史阶段、不同地区移风易俗,彻底改良社会风气。这就使得中国传统文化所蕴含的理想精神、道德自觉和行为准则成为全民共识,迅速提高了中华民族的文明程度,使得礼义不仅成为社会的道德认同,更成为全民遵守的行为规范。

礼法合治

礼法合治是古代中国社会治理的卓有成效的历史经验。礼用于提升道德的高度,法用于守护行为的底线。法关注的是行为结果,无论心里怎么想,只要不做,没有产生恶劣的后果,法就不加干涉。礼关注的是行为的动机,有些事虽然没去做,如果有了不合乎道德伦理的想法,就要予以禁止。就像现在说的腐败,让人不敢腐,需要法律来震慑和惩处;让人不想腐败,则需要道德自觉和行为自律。因此,礼更多是自我约束、自我管理,要主动做到"非礼勿视,非礼勿听,非礼勿言,非礼勿动"。[1]《大戴礼记·礼察》曾辨析道:"礼者,禁于将然之前;而法者,禁于已然之后。是故法之用易见,而礼之所为生难知也。"礼是基于道德自觉所形成的自觉行为,法是基于社会约定应遵守的基本准则。礼与法分别作为道德建构与行为管理的原则,成为古代社会治理相须相用的两个策略。

儒家认为法是礼的补充,应该先礼后法。孔子曾评价郑国子产、子太叔的治理经验:"政宽则民慢,慢则纠之以猛。猛则民残,

---

[1] 朱熹:《论语集注》卷六《颜渊》,第132页。

残则施之以宽。宽以济猛,猛以济宽,政是以和。"[1]宽则是为政以德,猛则为以法制民。国家治理应该宽猛并济,德刑并重。但孔子更注重道德认同,推崇以礼义来引导公共秩序:"道之以政,齐之以刑,民免而无耻;道之以德,齐之以礼,有耻且格。"[2]借助礼治来实现社会风气的根本好转。

孟子认同礼治与法治相结合的社会治理模式。他强调"徒善不足以为政,徒法不能以自行",[3]单纯依靠道德示范或刑罚处置皆不能解决社会问题,应该将道德倡导的善和社会约束的法相辅相成。荀子融合礼治与法治,主张隆礼重法:"隆礼尊贤而王,重法爱民而霸。"[4]隆礼是鼓励社会成员养成行为自觉,重法是全面维持行为底线,既能约束个人行为,又能提升道德境界。因此,荀子主张君子的学习,主要是修习礼法:"学也者,礼法也。"[5]掌握了礼,就知道何去何从;学习了法,就知道令行禁止。礼是安身立命的自觉要求,法是礼的延伸:"礼者,法之大分,类之纲纪也。"[6]礼义不仅是礼仪、礼制的内在要求,也是立法、司法的内在原则。按照"礼义生而制法度"的方式,[7]可以建构起既有内在自觉又有外在规范的行为准则。礼长于明德,法长于惩罚,礼主法从,德主刑辅,就可以进行有效的社会治理。

春秋时期礼崩乐坏,基于道德自觉而通行的"礼",不再被自觉

---

[1] 《春秋左传正义》卷四十九《昭公二十年》,《十三经注疏》本,第1407页。
[2] 朱熹:《论语集注》卷一《为政》,第54页。
[3] 朱熹:《孟子集注》卷七《离娄上》,第275页。
[4] 王先谦:《荀子集解》卷十一《强国》,第291页。
[5] 王先谦:《荀子集解》卷一《修身》,第34页。
[6] 王先谦:《荀子集解》卷一《劝学》,第12页。
[7] 王先谦:《荀子集解》卷十七《性恶》,第438页。

遵守。为了稳定社会秩序，诸侯开始制定成文法典，借用重典以治乱。郑国铸刑书、晋国造刑鼎、李悝作《经法》、商鞅颁布《法令》，法开始替代礼，作为治国的主要手段。法律条文的颁布，使法成为衡量社会事务的唯一准绳。法家并不讳言法条出于礼义，认为法能与礼一起维护社会公义。《慎子·威德》言："法制、礼籍，所以立公义也。凡立公，所以弃私也。明君动事分功必由慧，定赏分财必由法，行德制中必由礼。"礼、法各有侧重，礼维持道德，法约束行为，二者共同维持公共社会的基本秩序。《管子·枢言》也言："人之心悍，故为之法。法出于礼，礼出于治。治、礼，道也。"法之所以被制定，正是因为人人不能守礼，不得不强化刑罚来维护礼的原则。

由此来看，早期中国的成文法是将礼的精神、原则、做法不断细化，对缺少道德自觉和行为自律的社会成员进行惩治，更有效地维持公共秩序。《商君书·更法》也说："法者，所以爱民也；礼者，所以便事也。是以圣人苟可以强国，不法其故；苟可以利民，不循其礼。"礼、法作为国家治理策略，必须与时俱进，才能契合现实社会。商鞅原本以帝道、王道游说秦孝公，但秦孝公希望尽快实现秦国的强大，商鞅遂以法家学说为用。商鞅变法，强化了法令的严肃性，"法令者，民之命也，为治之本也"，[1]将法作为根本原则，强调"不法古，不修今，因世而为之治，度俗而为之法"，[2]建立起一套适用于秦国的司法制度。所有事务一决于法，主张放弃道德传统，建构了全新的社会秩序。秦太子犯法，不能施刑，商鞅为维护法的权威，刑其傅公子虔，黥其师公孙贾，以其师傅替罪，坚决守护一决

---

[1] 蒋礼鸿：《商君书锥指》卷五《定分》，第144页。
[2] 蒋礼鸿：《商君书锥指》卷三《壹言》，第62—63页。

于法的原则。

韩非作为荀子的弟子,不再固守礼对法的约束作用,走出了儒家学理的领地,出儒入法。他高度赞同秦昭襄王之言:"吾秦法,使民有功而受赏,有罪而受诛。"[1]主张以赏罚作为维持社会秩序的唯一手段,为秦朝行严刑峻法提供了学理依据。秦颁行大量法律条文用于社会治理,一是靠成文法明文流传,如睡虎地秦简《秦律十八种》与《秦律杂抄》《效律》、张家山汉简《二年律令》等,建构了严密的法律体系。二是采用"以吏为师"的方式,将国家治理完全依赖于司法官员,民众只需循法而行。这样,国家治理便被细化为一条条可资具体参照的行为准则,法律成为简单而粗暴的单一手段。

与此同时,儒家在为政以德的立场上,越来越认同司法的辅助作用。《礼记·乐记》言:"礼乐刑政,其极一也,所以同民心而出治道也。"将礼乐刑政视为国家治理的基本策略,意识到礼乐教化,刑政惩处,方才能形成公共秩序。郭店楚简《六德》言:"作礼乐,制刑法,教此民尔使之有向也,非圣智者莫之能也。"主张礼乐与刑法合一,让百姓既知道做人的方向,也知道做事的边界。荀子也认为,礼体现的是德,法体现的是刑,礼是个人修养的最高境界,法是社会秩序的必然保证。法是礼的延续:"圣人化性而起伪,伪起而生礼义,礼义生而制法度。"[2]礼是法的纲纪,法维持着礼的原则,要形成良性的社会治理,就要"明礼义以化之,起法正以治之,重刑罚

---

[1] 王先慎:《韩非子集解》卷十四《外储说右下》,中华书局,1998年版,第337页。

[2] 王先谦:《荀子集解》卷十七《性恶》,第438页。

以禁之"。[1]以礼为主导，促成道德自觉；以刑为辅助，约束个体行为。

在中华文化中，"礼治"与"法治"是两种不同的社会治理路径。儒家主张礼治，法家主张法治。二者的根本区别在于：法家放弃了礼对法的约束，将法作为维持社会秩序的唯一准则，主张治国"不务德而务法"。[2]秦兴之也勃、亡之也速的教训，使汉儒开始反思国家治理的缺失。

陆贾非常重视用礼义教化百姓，认为礼义不仅体现道德，而且维持社会秩序："民知畏法，而无礼义；于是中圣乃设辟雍庠序之教，以正上下之仪，明父子之礼，君臣之义，使强不凌弱，众不暴寡，弃贪鄙之心，兴清洁之行。"[3]主张以礼义作为行政的纲纪，借助法律来维持礼义，回到礼法合治的策略上。贾谊在《治安策》也强调："以礼义治之者积礼义，以刑罚治之者积刑罚。刑罚积而民怨背，礼义积而民和亲。"要求以礼义教化百姓，调整秦"一断于法"的严刑峻法，回归礼治传统，纠正秦弊。

汉初对"秦失礼义"的反思，使得儒生越来越重视礼对法的指导作用。在司法制度上，汉承秦律，但在司法实践中却也引经决狱，以缓解秦法的严酷。董仲舒作《春秋决狱》二百三十二事，依照经义对司法实践中的疑难案例进行判定，廷尉张汤常引之作为断案依据。汉宣帝也常以礼义对司法进行调整，宽刑减罚。如地节四年（前66）下诏，要求按照父子之亲、夫妇之道修改律令："自今

---

[1] 王先谦：《荀子集解》卷十七《性恶》，第440页。
[2] 王先慎：《韩非子集解》卷十九《显学》，第461页。
[3] 王利器：《新语校注·道基》，第17页。

子首匿父母、妻匿夫、孙匿大父母,皆勿坐。"[1]元康四年(前62),依照尊老原则下诏:"自今以来,诸年八十以上,非诬告杀伤人,佗皆勿坐。"[2]将礼义作为调整司法的学理依据。

晋制定泰始律,以"礼乐崇于上,故降其刑;刑法闲于下,故全其法"为原则,明确了司法要维护礼义,认为律令应该达成"尊卑叙,仁义明,九族亲,王道平"。[3]这就把礼治和法治融合起来,实现了礼乐刑政的合一,将四者作为维护公共秩序的手段。法律被作为维持社会秩序的手段而不再是目的,由此确立的礼法合治原则成为了古代中国社会治理的共识。李世民言:

> 故圣哲君临,移风易俗,不资严刑峻法,在仁义而已。故非仁无以广施,非义无以正身。惠下以仁,正身以义,则其政不严而理,其教不肃而成矣。然则仁义,理之本也;刑罚,理之末也。为理之有刑罚,犹执御之有鞭策也。人皆从化,而刑罚无所施;马尽其力,则鞭策无所用。[4]

强调国家治理,要通过移风易俗来改良社会风气,用礼乐教化形成道德自觉和行为自律,不能简单依靠严刑峻法,更要依靠仁义道德。国君要做大臣的榜样,大臣要为百姓示范,引导社会形成道德认同,改善行为方式,这是仁政。百姓出现纠纷时,要按照礼义的标准处理,不用严刑峻法,便能治理好国家。仁义是国家治理的根

---

[1]《汉书》卷八《宣帝纪》,第251页。
[2]《汉书》卷八《宣帝纪》,第258页。
[3]《晋书》卷三十《刑法志》,中华书局,1974年版,第929页。
[4] 谢保成:《贞观政要集校》卷五《论公平》,中华书局,2009年版,第293页。

本,刑法只是辅助手段。礼义体现道德,刑法体现赏罚,前者是国家治理的原则,后者是国家治理的手段,二者相辅相成,构成了德主刑辅的礼法合治模式。

《唐律疏议》借助经说对律令进行司法解释,确认了礼法合治的原则:"德礼为政教之本,刑罚为政教之用,犹昏晓阳秋相须而成者也。"[1]其采用疏议的方式对法律条文的立法原则、制定用意进行了全面的解读,形成了"一准乎礼"的司法实践。[2]如贞观前所用的《贼盗律》,在"谋反大逆"条中规定:"谋反之人,父子、兄弟皆处死,祖孙配没。"贞观修律时,房玄龄根据《礼记·祭统》中所言的"孙为王父尸",对该条文进行了司法解释:"孙为王父尸;按令,祖有荫孙之义。然则祖孙亲重而兄弟属轻。应重反流,合轻翻死,据礼论情,深为未惬。今定律:祖孙与兄弟缘坐者俱配没。其以恶言犯法,不能为害者,情状稍轻,兄弟免死,配流为允。"[3]认为祖孙关系重于兄弟关系,将律条修改为父子处绞,祖孙、兄弟配没,更合乎父为子隐、子为父隐的家庭伦理。这样,将经义作为立法原则和司法解释的参考,以道德认同作为司法依据,实现了人情、法理的契合。在《户婚律》中,直接移植《大戴礼记·本命》中"七去三不去"的原则来解释律法,强化夫妻之间的相互责任。之后,以礼决法的原则在《宋刑统》《大明律》《大清律》中得到延续,成为礼法合治的司法实践,体现着德主刑辅的治理观念,构成了独具特色的中华法理体系。

---

[1] 刘文俊:《唐律疏议笺解》卷一《名例》,第3页。

[2] 永瑢:《四库全书总目》卷八十二《政书类二》,中华书局,1965年版,第712页。

[3] 刘文俊:《唐律疏议笺解》卷十七《贼盗》,第1242页。

德主刑辅、以礼决法、礼法合治，既是古代中国国家治理的基本原则，也是社会治理的成功经验。这一做法将道德认同作为价值判断，将群体共识作为行为准则，既注重社会传统的自约束力量，又重视对公共秩序的强力维持，以法律作为维系道德共识的手段，以行为自觉作为良好风尚的导向。以道德自觉为基准，中国社会不依赖宗教来满足精神生活，就能自觉形成健全人格，维护社会公义；以行为自律为方式，普通百姓就能随时随地地尊重公共秩序，主动承担社会责任。古代中国能够形成具有道德自足、合乎礼义要求、能够行为自律的自运行体系，大多数社会成员能够坚守伦理、崇尚道德、约束行为，道德原则持续强化，社会秩序不断向好，因而被誉为礼义之邦。

结语

中华民族之所以成为礼义之邦，在于中华文明在史前时期，就通过绝地天通的方式，放弃了原始宗教对社会事务的决定作用，以人文理性来审视天人、人人、人神和身心的关系。与欧洲长期徘徊在宗教神学下的统治相比，中华民族在三千年前就通过诸子百家的争鸣，确立了以道德认同作为社会的基本准则，将仁义礼智信作为基本伦理，将忠孝廉勇耻作为社会观念，将温良恭俭让作为行为方式，建立了稳定的公共秩序。由此形成了以道德伦理为礼义、行为规范为礼仪、制度形态为礼制、适当调整为礼度的礼仪制度，不仅确立了古代中国的国家治理模式，稳定了社会运行秩序，而且影响了中华民族的行为方式，使得中华文明在长时段内在世界范围保持着领先地位，并深远地影响了世界文明的进程。

当我们站在世界文明的视角来重新审视中华文明的现代化进程时，就会发现传统的礼制在为古代中国的良性发展确定了稳固框架的同时，也在一定程度上制约着古代中国与近代世界的融合，影响了传统社会向现代社会的转型。特别是在明清时期，西方文明在快速发展，传统中国也在寻求制度的调整，以实现中华文明的自我更新。现在回看历史深处，就会发现明清时期的制度调整却显得沉重而缓慢,仿佛是一扇长时间不开启的大门,开合的枢纽处锈蚀斑斑,似乎无力面对人心的变化和世道的调整。

我们可以通过明清两个重大的礼仪之争,来观察传统礼制面对剧烈社会变动时的反应方式,也能看到传统礼制内在的困境。

明正德十六年(1521),明武宗朱厚照病亡,没有子嗣。其父亲明孝宗朱祐樘也无其他皇子在世,由谁来继承皇位,便成了朝廷最头疼的问题。经过朝臣紧急商议,确定由明武宗的堂弟朱厚熜继位。四月二十二日,朱厚熜到了北京郊外,对应当以什么礼仪迎接的问题,双方发生了争议。朝廷认为应当采用皇太子的即位仪式,但朱厚熜认为明武宗的遗诏是:"即日遣官迎取来京,嗣皇帝位。"[1]让自己即皇帝位,不是以太子的身份继位。若按照太子身份继位,应该由东华门入城,先居文华殿,择日登基。如果是即位,则从大明门入,直接在奉天殿即位。国不可一日无主,朱厚熜的坚持,让朝臣不得不妥协,让他直接即皇帝位,年号嘉靖。

嘉靖皇帝始终不承认自己是以太子的身份继位,而是以室宗之子的身份入继大统。这样,又面临着一个棘手的问题:他该如何称呼自己的父亲?内阁首辅杨廷和为首的朝臣坚持"继统继嗣"的原则,认为嘉靖是由小宗入继大宗,应尊奉正统。也就是说,只有嘉靖过继给明孝宗朱祐樘,他才是明武宗朱厚照的亲弟弟,才有资格继位。这样一来,嘉靖皇帝就成了亲生父母的侄子。嘉靖皇帝坚决反对,当时只有张璁等少数人主张可以"继统不继嗣",认为继承皇统并不一定要先继承皇嗣,嘉靖仍可以生父为考,在不改变自己的血统身份的同时,也可以即位。但即位之初的嘉靖皇帝拗不

---

[1] 谷应泰:《明史纪事本末》卷五十《大礼议》,中华书局,2015年版,第733页。

过大多数朝臣,只能将此事暂时搁置了。

嘉靖三年(1524),嘉靖皇帝旧事重提,再次遭到朝臣的集体反对。双方各自退让一步,朝臣同意让嘉靖皇帝亲生父母的谥号用"皇帝",但必须加"本生"二字。嘉靖皇帝的父亲兴献王被封为"本生皇考恭穆献皇帝",这等于承认了其为嘉靖皇帝的生父,但在宗法上,嘉靖皇帝仍要尊孝宗为"皇考",等于被过继到明孝宗名下。

这个争执,恰恰体现了传统礼制的困境,那就是,西周形成的礼义,是以宗法制为基石的,宗法制的意义在于维护财产继承权、爵位继承权和皇位继承权。倘若大宗没有继承人,就要从小宗过继子孙来延续大宗。过继过来的子孙只能放弃本宗而作为大宗的子孙。这样问题就来了,被过继来的子孙在宗法上是大宗的后嗣,但在血缘上仍是小宗的传承。理论说起来容易,做起来便违背了人情,那就是:小宗之子一旦被过继,就会既有宗法上的父母,还有亲生的父母。

按照传统,嘉靖皇帝认为自己继承了皇位,自然可以追认自己的父母为皇帝,就像朱元璋曾经追认其父为"仁祖淳皇帝"一样。但大多数朝臣认为,嘉靖皇帝必须过继给明孝宗,才有权利继位。这就等于让嘉靖当了皇帝,却不能再认自己的父母为亲生父母。坐稳了皇位的嘉靖想不通这个理,就坚持己见。七月十二日,嘉靖直接诏谕礼部,要为父母上册文,祭告天地、宗庙、社稷,等于向天下宣告要追认自己的父母也是皇帝,不承认自己是明孝宗的嗣子。群臣大惊,两百多位大臣在文华殿外跪请嘉靖收回诏命。嘉靖逮捕为首者八人,下诏狱。没想却引来了更多的朝臣抗议,双方都不退让。最终停职待罪的四品以上官员八十六人,下狱拷讯的五品以下官员一百三十四人,有十六人直接被廷杖致死。最终,反对的朝臣只好缄默不语，默许了嘉靖皇帝的做法。嘉靖二十七年（1548），嘉靖皇帝将生父"献皇帝"的牌位供入祖庙。

这个事件被称为大礼议，关于其背后的动因，历史学家有很多论述。有视为外戚与皇权争斗的，有视为嘉靖与朝廷旧势力斗争的，有将之视为明朝变迁的标志性事件，也有辨析继统继嗣之论孰是孰非的。其实，最为关键的是预先设定的礼制遇到了独特个案，宗法制度与伦理认知出现了冲突。

尽管春秋之后宗法制有所削弱，但在皇位的继承上，却更重视宗法的传承有序。汉武帝后昭帝继位，昭帝无子，就从武帝的孙子中选择了昌邑王即位。昌邑王被废后，又从汉武帝的曾孙中选择了宣帝继位。这就保证了汉武帝皇统与血统的延续。嘉靖在即位之前，未被立为皇太子，也就是说，他并非是先过继给明武宗，然后再即位。他是直接以兴献王嗣子的身份即皇帝位的。这样就出现了情与理的冲突：如果按照既往之理，嘉靖没有直接继承皇位的权利，只有先过继给堂哥父亲，子以父贵，他才能名正言顺地继承皇位。因此，朝臣们想得有道理。但嘉靖想得也有道理，做了皇帝，自己的父母就不是父母了，大臣们非要给自己另找父母，这于情也是说不通的。父以子贵，自己当了皇帝，父亲追封为皇帝是可以的。

这一冲突的根源是制度偏离了礼义，只不过在嘉靖继位过程中强烈爆发出来了。在中国礼制史的发展过程中，记载的或者设计的《仪礼》《礼记》《周礼》所提供的材料、观念和经验被不断强化，确定了古代礼制的基本框架，成为后代礼制变革的学理来源。汉以周之故事为经验，唐以汉为经验，宋明又以汉唐为参考。中国礼制有所损益，但皆未脱离周礼的基本框架，也未偏离周礼的主要精神,因其能够维持历代王朝的制度稳定。正因为要维持大局的稳定,其中便有诸多"存天理,灭人欲"的规定,难免矫枉过正。原本作为相互权利和彼此义务的君臣以义、父子以亲、夫妇有别的社会关系,在汉代被阐释成君为臣纲、父为子纲、夫为妻纲的"三纲",形成了君对臣、父对子、夫对妻的绝对控制权。这些在制度建构中被不断强化,其既是对周礼礼义的曲解,也是对传统观念的固化。嘉靖在十五岁即位,在此之前他是父母的儿子,即位后却不再是父母的儿子,成了伯父的儿子。从明朝的礼制而言,嘉靖变更身份有理有据,但从个人情感而言,嘉靖无法接受,为此不惜与朝臣作对。

礼因人情而为之节文,道出了礼的本质是尊重人情、维护人情,实现情与理的统一,在二者出现冲突时,要依人情进行调整。当程朱理学强化了"存天理,灭人欲"的原则时,理超越了情,成为维持社会秩序的首要原则,这就不可避免地导致了情与理的冲突,最终转化为人情与礼制的根本冲突。阳明心学的形成,正是从个体的角度重新审视世界,试图在礼的约束中发现人的价值、心的感知和情的合理,更加重视个人的需求。因此,嘉靖以父以子贵的要求来反对子以父贵的传统,是在强化个体权利。嘉靖可能还有诸多政治考量,但坚持自己身份的不变更,并冒着风险去挑战传统礼制和朝廷官员,十五岁的嘉靖考虑更多的,还是人之常情。

情与理的冲突,一直是中国礼制史内在的矛盾。朝廷为了维持秩序,不断强化礼制;官员为了维护既得利益,不断细化礼法;百姓为了获得理据,不断抬出道德来寻求正义。这就使得礼成为排斥异己、修订法律、制定族规的依据,成为约束个人情志、控制个人要求的绳索。特别是清朝强化了思想控制和社会控制,礼不仅失去了被反思被讨论的空间,在礼义的阐释上故步自封;而且也放弃了与时俱进的修订原则,成为朝廷禁锢社会的利器,在礼制变革上裹足不前。最终使得礼变为了维持皇权秩序、制约天下百姓的工具,也成为时代发展的负担。

乾隆时期,中国有一次与世界直接对话、平等交流的机会,也是因为对礼仪的理解,最终选择了关闭国门,导致了中华文明未能与世界同频共振,错失了走向世界的历史契机。

1792年,已经在工业革命中取得绝对优势的英国国王乔治三世,以贺乾隆帝八十大寿的名义,向中国派出正式使节,由马戛尔尼率使团,请求觐见乾隆皇帝。自诩有"十全武功"的乾隆皇帝,一听英国派使节远涉重洋前来祝寿,龙颜大悦。他认为英国的朝贡,会使得自己的寿宴锦上添花。于是批准英国使团直接从天津登陆,尽快来热河朝见。

1793年6月19日,英国使团上岸后,清朝官员便将使团视为英吉利贡使,他们所携带的礼物被视为贡物。当时乾隆皇帝驻跸热河,使团赶到热河觐见。但在采用何种礼仪时,双方发生了争执。乾隆皇帝和清朝官员秉持传统的朝贡体系,认为大清是天下唯一的共主,周边国家要么称臣进贡,要么被征服,不存在平等的国家关系。乾隆皇帝坚持认为各国贡使觐见,要行三跪九叩之礼。英国正使马戛尔尼却认为,英国与清朝都是主权国家,英国又是西方第一强国,出使的名义是祝寿,不是朝贡,而且两国平等,不能下跪。

双方皆不肯迁就,这次会面几乎破裂。马戛尔尼为了完成使命,依照觐见英王的礼仪,单膝跪地,完成了朝仪。英国使团带来了战舰模型、望远镜、九大行星的模型图以及蒸汽机模型、舰船模型等,代表着英国工业革命的新成就,他们期望以此让清朝正视自己,能相互通商。乾隆皇帝却因为礼仪之争,失去了对英国使团的兴趣,对马戛尔尼使团提出的互通贸易要求,一概拒绝。乾隆皇帝认为:"天朝物产丰盈,无所不有,原不借外夷货物以通有无。"[1]按照传统朝贡惯例,回赠了英国使团瓷器、玉器、丝绸、茶叶等礼品,认为英国使团进贡祝寿已毕,要求他们尽快离京回国。

马戛尔尼使团访华失败,表面是礼仪之争,实际体现了中华文明与世界文明初接触时的尴尬。在此之前,中华文明一直茁壮成长,遥遥领先于周边文明,形成了中央王朝观念,通过征伐与怀柔控制周边区域,建立了稳定的朝贡体系。随着欧洲航海技术的发展,原本不在中华视野中的西方诸国,不可避免地要与中国开始交流。在此之前,欧洲人对中国的理解,常常是通过口耳相传获得的。在《荷马史诗》中提到了希腊贵族使用精美的绮罗,从中国传来。在马可波罗和鲁布鲁乞的游记中,中国人礼貌、文雅,恭敬中有亲热,中国社会几乎不会发生欧洲常见的争闹、打斗和流血的事。在中国,车子与财物既不用锁,也无须看管,并没有人会偷窃。牲畜如果走失了,大家会帮着寻找,很快就能物归原主。莱布尼茨也认为中国人服从长上,尊敬老人,即便是普通百姓的日常谈话或隔日会面时,彼此也非常客气,他们之间的殷勤程度胜过欧洲所有贵族。伏尔泰甚至认为在道德上,欧洲人应当成为中国人的徒弟。在当时欧洲的想象中,中国不仅是富庶之地,更是礼义之邦。

马戛尔尼正是带着这样的美好想象,期望能够打开双方贸易之门。没想到双方因为观念的差异,发生了根本分歧。清朝依然秉持着朝贡观念,没有意识到以条约体系为基础的国家关系,已经

---

[1] 魏源:《海国图志》卷七十七《筹海总论一》,岳麓书社,2004年版,第1884页。

成为新的国家交往法则。乾隆皇帝拒绝通商,从世界秩序上来讲,意味着中国传统的天下秩序观,必将面临着系统的挑战。从文明进程上来讲,工业革命后的欧洲代表着世界文明发展的方向,清朝关上了主动面向世界的大门,使中国失去了一次与近代工业文明接触的机遇,从此停滞不前,逐渐落后于世界文明进程。

有学者认为,马戛尔尼使团的失败,体现着乾隆皇帝提防英国突袭的戒备。嘉庆二十一年(1816),英国再次派阿美士德为大使,请求通商。阿美士德依然拒行三跪九叩之礼,嘉庆皇帝直接说:"中国为天下共主,岂有如此侮慢倨傲甘心忍受之理?"[1]认为英国使团冒犯天威,直接下令驱逐英国使团。乾隆和嘉庆时期两次以礼仪拒绝使团,根本原因还在于其固守着传统的天下认知,未能睁眼看世界,排斥异质文明,拒绝与世界交流,导致中国在近代文明进程中不断落后。

从世界文明史来看,人类从野蛮走向文明的进程是不可逆转的。就一个时代而言,文明的进程或快或慢;就不同区域而言,文明的发展或先或后;但人类向着文明前进的步伐却是坚定不移的,趋势也是无法回避的。早期中国所确定的人文理性精神,使得中华文明长期保持着领先地位,为世界文明进程做出了巨大贡献,中华民族被称为礼义之邦,正是世界对中华文明的褒奖。

近代以来,中华文明在寻求自身文明突破的同时,也在探索融入世界文明的方式。这就需要我们充分吸收世界文明成果,将之作为发展中华文明的养分,成为中华民族伟大复兴的参照。因此,我们在与世界文明的互动中,可能会有阵痛,这更需要我们调整思

---

[1] 王之春:《国朝柔远记》卷七《丙子》,岳麓书社,2010年版,第290页。

想观念、更新道德认知、提炼人文精神,把中华文明的独特创造、历史经验想清楚、讲清楚。借助现代文明观念,重新审视传统礼义,将其中有益于世界文明发展的核心思想、传统美德和人文精神发扬光大,使之成为人类的共同财富。通过创造性的转化和创新性的发展,让中华民族曾经有过的道德认同、价值认同和秩序认同,不仅成为现代文明建设的学理支撑,也成为现代社会的行为法则,从而使得中华文明继续熠熠生辉,与其他文明一起,推动世界文明的进程。

传统中国是礼义之邦,有很多传统仍在当代延续,这是中华民族的历史荣耀。只要我们能够继承和弘扬中华优秀传统文化,不抱残守缺,不故步自封,能守正出新,能开放胸襟,形成道德自觉,促成行为自律,未来的中国仍然会是礼义之邦。

参考文献

李学勤主编：《十三经注疏》，北京大学出版社1999年版

《二十四史》，中华书局校点本

《新编诸子集成》，中华书局

(唐)长孙无忌等撰，刘俊文点校：《唐律疏议》，中华书局1983年版

(唐)杜佑撰：《通典》，中华书局1988年版

(唐)李林甫等撰：《唐六典》，中华书局1992年版

(北宋)王溥撰：《唐会要》，中华书局1955年版

(北宋)李昉等撰：《太平御览》，中华书局1960年版

(北宋)司马光编著，(南宋)胡三省音注：《资治通鉴》，中华书局1956年版

(南宋)朱熹撰：《四书章句集注》，中华书局1983年版

(南宋)郑樵撰，王树民点校：《通志二十略》，中华书局1995年版

(南宋)李焘撰：《续资治通鉴长编》，中华书局2004年版

(南宋)黎靖德编，王星贤点校：《朱子语类》，中华书局1986年版

(元)马端临撰：《文献通考》，中华书局2011年版

(清)黄宗羲著，(清)全祖望补修，陈金生、梁运华点校：《宋元学案》，中华书局1986年版

(清)黄宗羲著，沈芝盈点校：《明儒学案》，中华书局2008年版

(清)顾炎武著，(清)黄汝成集释，栾保群、吕宗力校点：《日知录集释》，上

海古籍出版社2014年版

（清）王夫之撰，舒士彦点校：《读通鉴论》，中华书局1975年版

（清）毕沅撰：《续资治通鉴》，中华书局1957年版

（清）陈士珂辑：《孔子家语疏证》，凤凰出版社2017年版

（清）阎若璩撰：《尚书古文疏证》，上海书店出版社2012年版

（清）孙诒让著：《十三经注疏校记》，中华书局2009年版

（清）严可均校辑：《全上古三代秦汉三国六朝文》，中华书局1958版

（清）荀悦撰，张烈点校：《汉纪》，中华书局2002年版

（清）章学诚著，叶瑛校注：《文史通义校注》，中华书局1985年版

（清）皮锡瑞撰，周予同注释：《经学历史》，中华书局2008年版

（清）梁启超著：《中国近三百年学术史》，中华书局2015年版

（清）徐世昌等编纂，沈芝盈、梁运华点校：《清儒学案》，中华书局2008年版

（清）王聘珍撰，王文锦点校：《大戴礼记解诂》，中华书局1983年版

陈来：《古代宗教与伦理：儒家思想的根源》，生活·读书·新知三联书店1996年版

陈其泰、郭伟川、周少川编：《二十世纪中国礼学研究论集》，学苑出版社1998年版

陈戍国：《中国礼制史》，湖南教育出版社2011年版

冯茜：《唐宋之际礼学思想的转型》，生活·读书·新知三联书店2020年版

潘斌：《二十世纪中国三礼学史》，南京大学出版社2016年版

潘斌：《经学·礼学与中国社会》，南京大学出版社2020年版

彭林：《〈周礼〉主体思想与成书年代研究》，中国人民大学出版社2009年版

彭林：《礼乐中国：首届礼学国际学术研讨会论文集》，上海书店出版社

2013年版

彭林:《三礼研究入门》,复旦大学出版社2012年版

钱穆:《国史大纲》,商务印书馆2010年版

钱穆:《中国近三百年学术史》,九州出版社2011年版

钱穆:《中国文化史导论》,九州出版社2011年版

王锷:《〈礼记〉成书考》,中华书局2007年版

王锷:《三礼研究论著提要》,甘肃教育出版社2001年版

吴丽娱主编:《礼与中国古代社会》,中国社会科学出版社2016年版

吴十洲:《两周礼器制度研究》,商务印书馆2016年版

杨华,薛梦潇主编:《经国序民:礼学与中国传统文化国际学术研讨会论文集》,上海古籍出版社2021年版

杨华:《中国礼学研究概览》,武汉大学出版社2021年版

杨天宇:《礼记译注》,上海古籍出版社2004年版

杨天宇:《仪礼译注》,上海古籍出版社2004年版

杨天宇:《周礼译注》,上海古籍出版社2004年版

杨志刚:《中国礼仪制度研究》,华东师范大学出版社2001年版

后记

在北京大学读博士时期,我对汉代的都城、校猎和礼仪制度有所涉猎。博士毕业之后,一度曾以两汉礼制为研究方向,阅读史料,写出了十几万字的初稿。近年来,为研究《诗经》相关诗作的礼义、乐义,又常翻阅礼书,辨析礼制。礼典卷帙浩繁,常感有叶彰目而不见泰山。

承蒙上海文艺出版社胡艳秋编辑的邀约,撰作《礼义之邦》。原想集合旧稿,但又觉得少作不足观,遂重新撰写。2020年翻阅资料,重新梳理相关问题,撰成提纲。2021年作了专题讲授。感谢叶葆琳、王楠将录音整理成稿,我又用三个月修订校读,终成此稿。礼学鸿富如山,绵薄之力开采,难免有误读误解之处,敬请贤达赐教。

曹胜高

2022 年 2 月 22 日

图书在版编目（CIP）数据

礼义之邦 / 曹胜高著. -- 上海：上海文艺出版社，2023
（中国礼乐文化丛书）
ISBN 978-7-5321-8437-8
Ⅰ.①礼… Ⅱ.①曹… Ⅲ.①礼仪－中国－通俗读物
Ⅳ.①K892.26-49
中国版本图书馆CIP数据核字(2022)第232735号

发 行 人：毕　胜
责任编辑：胡艳秋
装帧设计：钱　祯

书　　名：礼义之邦
作　　者：曹胜高
出　　版：上海世纪出版集团　上海文艺出版社
地　　址：上海市闵行区号景路159弄A座2楼　201101
发　　行：上海文艺出版社发行中心
　　　　　上海市闵行区号景路159弄A座2楼206室　201101 www.ewen.co
印　　刷：崇明裕安印刷厂
开　　本：890×1240　1/32
印　　张：9.625
插　　页：2
字　　数：216,000
印　　次：2023年4月第1版 2023年4月第1次印刷
Ｉ Ｓ Ｂ Ｎ：978-7-5321-8437-8/G・0364
定　　价：58.00元
告　读　者：如发现本书有质量问题请与印刷厂质量科联系　T: 021-59404766